ANDANDO NO FIO DA NAVALHA

SIDNEY SHINE

ANDANDO NO FIO DA NAVALHA

riscos e armadilhas na confecção de laudos psicológicos para a justiça

Artesã

DIRETOR
Alcebino Santana

COORDENAÇÃO EDITORIAL
Karol Oliveira

DIREÇÃO DE ARTE
Tiago Rabello

REVISÃO
Tatiana Iegoroff de Mattos

CAPA
Ana Stancioli Castriota

DIAGRAMAÇÃO
Isabela Brandão

S556 Shine, Sidney Kiyoshi.
Andando no fio da navalha : riscos e armadilhas da confecção de laudos psicológicos para a justiça / Sidney Shine. – Belo Horizonte : Artesã, 2022.
244 p. ; 23 cm.
ISBN: 978-65-86140-96-5

1. Avaliação psicológica. 2. Laudos psicológicos (elaboração). 3. Ética profissional. 4. Psicologia forense. I. Título.

CDU 159.98

Catalogação: Aline M. Sima CRB-6/2645

IMPRESSO NO BRASIL
Printed in Brazil

(31)2511-2040 (31)99403-2227
www.artesaeditora.com.br
Rua Rio Pomba 455, Carlos Prates - Cep: 30720-290 | Belo Horizonte - MG
/artesaeditora

Para

Lumi

e

Kenzo

APRESENTAÇÃO

Andando no fio da navalha: riscos e armadilhas na confecção de laudos psicológicos para a justiça; uma escolha preciosa para o título deste trabalho, fruto da tese de doutorado de Sidney que tive o prazer de acompanhar o percurso de sua confecção enquanto orientadora, ou melhor, como uma interlocutora com quem ele foi debatendo os caminhos para realizar o seu projeto.

Inicialmente, pretendia refletir sobre os percalços na confecção dos laudos psicológicos para a justiça; ele sabia, consequência de sua longa jornada como perito experiente, das muitas armadilhas que o psicólogo podia encontrar neste trabalho no qual se intercruzam Psicologia e Direito. Em sua tarefa, o psicólogo judiciário precisa "encontrar formas de conciliar as exigências do Direito e da Psicologia para o laudo psicológico ser uma prova....em Vara de Família".

O "como fazer" a pesquisa ocupou o autor por um certo tempo, até que surgisse a possibilidade de realizar este projeto a partir de uma amostra colhida de denúncias éticas contra psicólogos que produziram laudos nessa área.

Tal estudo permitiu que a frase citada se ampliasse: "encontrar formas de conciliar as exigências do Direito e da Psicologia para o laudo psicológico ser uma prova válida em Vara de Família, isenta de falhas técnicas ou éticas". Sidney nos mostra como enfrentou esse problema e percorre um instigante caminho no qual explora as problemáticas no exercício da psicologia jurídica.

A forma de fazê-lo só foi possível por ser o autor um experiente perito, com profundo conhecimento, não só de psicologia jurídica, mas também um sólido conhecimento psicanalítico que permitia aprofundar suas reflexões sobre esses atendimentos bem como manter-se em constante questionamento sobre seu "que fazer" nesse campo.

Encontramos neste texto uma efetiva contribuição não só para o campo da Psicologia Jurídica, mas também para aqueles que, como clínicos, propõem-se a trabalhar com famílias e com avaliação psicológica de crianças.

Importante destacar a preocupação ética e o rigor metodológico com que foi elaborada e lembrar que esta tese de doutorado foi escolhida pelo CAPES como a melhor tese de doutorado na área da Psicologia no ano de sua publicação.

Acompanhar seu texto vai permitir ao leitor conhecer um pouco os cuidados necessários para a elaboração de laudos na Vara de Família na qual estão entrelaçadas demandas legais com análises psicológicas.

Retomo aqui as perguntas levantadas pelo autor ao iniciar sua pesquisa. "Como escrever um laudo bom? O que ele deve conter? Como escrever um trabalho técnico sem deixar de comunicar o essencial ao destinatário não-psicólogo? Como ser fiel às pessoas atendidas e retratadas no laudo sem tornar o material maçante, ainda que científico, por um lado, ou produzir um romance, mas literatura, pelo outro? O psicólogo seria um "tradutor" de uma verdade que preexiste em algum lugar no examinando ou seria o criador de tal "verdade"?

Um bom trabalho científico começa com boas perguntas, mas ao mesmo tempo, ao fazê-las, comprometemos a não se esquivar dos conflitos e contradições que elas abrem: devo dizer que Sidney foi corajoso e rigoroso nesse percurso.

Convido aos leitores percorrer com ele este caminho, desde o delineamento de seu problema de pesquisa até a forma encontrada para abordá-lo. Conhecer através da cuidadosa elaboração teórica reflexiva apresentada sobre a utilização dos laudos psicológicos como prova judiciária, não se privando de discutir questões espinhosas que estão entrelaçadas nessa tarefa.

Antes de apresentar os resultados de sua pesquisa, ele nos instiga a pensar sobre a família enquanto objeto da avaliação, além de abordar aspectos que diferenciam a avaliação forense da avaliação clínica.

Sua metodologia de pesquisa nos é apresentada de forma clara, e destaco o cuidado na formulação das categorias de análise.

O profundo conhecimento do autor sobre o tema pode ser encontrado nas discussões dos casos profundamente debatidos e nas conclusões finais de seu percurso sobre os riscos e armadilhas na confecção de laudos psicológicos para a justiça que, a meu ver, oferecem valiosos instrumentos para os profissionais que trabalham ou pretendem ingressar nesta área.

São Paulo, 22 de março de 2021.

Audrey Setton Lopes de Souza

Professora Dra. Aposentada do Instituto de Psicologia
da Universidade de São Paulo (USP)

1. INTRODUÇÃO

A verdade
(Carlos Drummond de Andrade)

A porta da verdade estava aberta,
Mas só deixava passar
Meia pessoa de cada vez.
Assim não era possível atingir toda a verdade,
Porque a meia pessoa que entrava
Só trazia o perfil de meia verdade,
E a sua segunda metade
Voltava igualmente com meios perfis
E os meios perfis não coincidiam...
Arrebentaram a porta.
Derrubaram a porta,
Chegaram ao lugar luminoso
Onde a verdade esplendia seus fogos.
Era dividida em metades
Diferentes uma da outra.
Chegou-se a discutir qual
a metade mais bela.
Nenhuma das duas era totalmente bela
E carecia optar.
Cada um optou conforme
Seu capricho,
sua ilusão,
sua miopia.

Essa poesia de Drummond causou um grande impacto em mim à época em que procurava redigir os meus primeiros laudos psicológicos para a Justiça. A ideia de uma porta de entrada estreita o suficiente para a passagem de "meia pessoa" é genial. Penso que ela traduz poeticamente a sensação de me sentir cindido ao ouvir histórias tão díspares daquilo que supostamente teria acontecido com casais em litígio.

Desde o início, o laudo teve uma função terapêutica para mim como o seu autor: era o lugar privilegiado onde as histórias, por mais contraditórias e incoerentes entre si, poderiam ser harmonizadas. Era a forma de resolver a cisão que o atendimento me causava. Entretanto, o objetivo do laudo psicológico não é a sanidade do seu autor, por mais que mantê-la fosse a condição de produzi-la.

Em um primeiro momento, acreditava que o laudo deveria ter efeitos curativos para seus destinatários. Nessa época, escrevia pensando nos sujeitos que havia entrevistado e, particularmente, no casal parental que aparecia como o protagonista principal. Chamo os adultos dessa forma porque se não fosse a ação deles de constituir seus respectivos advogados e ingressarem na Justiça não haveria um caso. Ademais, tanto na minha experiência quanto na da maioria dos escritos científicos pesquisados para a dissertação de Mestrado (SHINE, S., 2002), os profissionais dedicavam maior tempo de trabalho aos adultos do que às crianças envolvidas.

Portanto, se para a Justiça o laudo era utilizado como uma prova técnica, ou seja, um instrumento que daria um acesso privilegiado à Verdade, para a Psicologia, ou pelo menos para mim, ela deveria ser uma forma de chamar atenção às necessidades psicológicas dos envolvidos. Poder simbolizar (interpretar conflitos), fazer circular a comunicação interrompida (os pais que não falam entre si) e escutar o infantil (também presente nos adultos) teria, no final das contas, um efeito terapêutico para adultos e crianças.

Foi com satisfação que encontrei certo eco na literatura pesquisada. Cito a passagem em tradução livre de Clulow & Vincent (1987).

> O processo de escrever o laudo era um processo integrativo para os welfare officers[1], permitindo-lhes apresentar visões discrepantes e proporcionar explicações. Em um clima altamente conflituoso e de fragmentação emocional, definir um ponto de vista era importante para a sanidade do investigador. O laudo representava uma forma de apresentar as informações contando uma estória e prover uma explicação para o comportamento das partes envolvidas no litígio. A estória era contado por um (ou uma dupla) de participantes (os welfare officers) que frequentemente focavam o próprio processo de investigação pericial. A partir desta experiência limitada, as conclusões eram retiradas sobre como os pais poderiam vir a se comportar no futuro. A estória era contada de forma diplomática, com o cuidado de apresentar os sujeitos no laudo sob a melhor perspectiva possível. Ao fazê-lo, nós e os colegas welfare officers éramos, às vezes, falsos em relação ao que sentimos, mas verdadeiros em nossos propósitos. Tanto quanto informar aos juízes, o laudo tinha a pretensão de ser como um bálsamo para as feridas das partes no processo na esperança que tivéssemos algum efeito terapêutico. O laudo era, então, um documento diplomático que tentava honrar as visões de ambos os lados e salvar a face de todos os envolvidos com o objetivo de atingir um estado de paz. (p. 188).

---

1 Preferi manter a designação original porque no Reino Unido os profissionais que são assistentes sociais de formação integram os serviços de *Welfare Office*, no caso, responsável por avaliar famílias e encaminhar seus pareceres aos tribunais.

Na época que entrei em contato com este livro In the child's best interests? Divorce court welfare and the search for a settlement, tive a oportunidade de me aproximar de um de seus autores, Christopher Clulow, por meio de um curso que se chamava Psychoanalytic Study of the Couple Relationship, na Tavistock Marital Studies Institute, ligada à Tavistock Clinic em Londres.

Eu já havia trilhado o caminho da formação psicanalítica por meio da análise pessoal, grupos de estudo e do Curso de Psicanálise do Instituto Sedes Sapientiae. O meu trabalho institucional como psicólogo no lugar de perito judicial em casos de Vara de Família e a utilização do referencial psicanalítico foi o que me motivaram a realizar essa especialização como Associado Clínico na Tavistock Clinic (Reino Unido) em 1994-1995.

Após o meu retorno ao Brasil é que levei a sério o propósito de ingressar na carreira acadêmica para sistematizar e fornecer minha contribuição no campo em que vinha atuando desde 1987. A minha dissertação de Mestrado foi uma revisão bibliográfica procurando levantar o estado da arte e buscar quadros de referência para a realização da avaliação psicológica pericial. Enfoquei o tipo de caso mais dramático em Vara de Família: a disputa de guarda de filhos. Dramático porque não permite meio termo, conciliação e acordos: ou a(s) criança(s) fica(m) com um ou com o outro responsável. Desde então, após muitos trabalhos e casos, volto à dificuldade original e peculiar deste tipo de fazer psicológico: como redigir e colocar no papel tudo o que é necessário? O que é necessário e suficiente para um bom laudo? Ou pelo avesso, o que não colocar no laudo?

Não tenho a pretensão de transformar esta pesquisa em um "manual de redação de laudos". Contudo, abordarei ao longo deste trabalho as questões acima, para permitir uma ampliação do ponto inicial: o laudo é o produto consubstancializado daquilo que foi feito na interação direta com as pessoas atendidas.

Voltando à poesia de Drummond, traço um outro paralelo. Desde sempre, mantive a convicção que um laudo psicológico não deveria trazer uma "escolha", isto é, advogar por um lado contra o outro[2]. Pelo menos, não caberia a mim, enquanto psicólogo, optar por uma das verdades, elegendo-a como a "mais verdadeira". É a isso que me refiro na pesquisa do Mestrado quando escrevi: "Ao término e ao final, ainda se

---

2 O que é conhecido na literatura especializada em língua inglesa como "*advocacy role of the expert*".

coloca outra questão polêmica: onde termina a avaliação para se iniciar o julgamento, nesta zona obscura de áreas contíguas entre a função de avaliar para conhecer (perícia) e conhecer para decidir (juízo)" (SHINE, 2002). Voltaremos a esse ponto no corpo deste trabalho, assinalando que ela aponta para uma questão ética da atuação do profissional psi.

Nesta obra, fruto de pesquisa de Doutorado no Instituto de Psicologia da USP (2005-2009), confronto-me novamente com laudos e julgamentos. Escolhemos como objeto específico de nossa pesquisa uma amostra de laudos psicológicos utilizados em processos judiciais de Vara de Família e que foram alvo de denúncia no Conselho Regional de Psicologia – 06 de 1997 a 2005. E novamente, a escrita retoma para mim a função de unificar, harmonizar e trazer uma sensação de menor fragmentação. Aqui, como lá, não há intenção de questionar os julgamentos realizados, mas conhecer melhor as questões que encontram no CRP-06 um campo para traçar limites e esclarecer dúvidas. É de se esperar que uma atuação que se dê na fronteira entre duas ciências encontre situações inusitadas e desconhecidas.

Corro o risco de ficar parecido com aquele colega psicólogo que ouviu de um juiz a seguinte queixa: "Toda vez que eu peço para você resolver um problema, você me apresenta dez outros?!"

Pelo menos agora, se queixa houver, será de psicólogo para psicólogo...

2. O PROBLEMA

Iniciamos o projeto de pesquisa do Doutorado com um objetivo que, na época, definimos como – realizar um estudo deontológico do laudo pericial em Vara de Família. Pretendíamos levantar as determinações técnicas e éticas da Psicologia na atividade de avaliação psicológica aplicada a uma questão legal consubstanciada, por escrito, em um documento-instrumento: o laudo psicológico. Pensávamos em tomá-lo como um "operador de verdade"[3] que os profissionais do Direito se utilizam para se chegar a uma solução jurídica. Portanto, o laudo seria, na sua execução o polo de chegada do trabalho de avaliação psicológica e, na sua utilização, o recurso jurídico (prova pericial) pelo qual buscar-se-ia a solução de um conflito litigioso familiar.

O laudo psicológico é peça privilegiada dos autos do processo em Vara de Família enquanto um documento no qual se entrelaçam as demandas legais com as análises psicológicas. Documento técnico e oficial em que as contradições dos pedidos e dos desejos se fazem presentes na escritura que busca "congelar" uma dinâmica e propor saídas pragmáticas e juridicamente válidas. O laudo em sua forma escrita possui um valor intrínseco ao processo e extrínseco à pesquisa como fonte de pesquisa pelo qual poderíamos observar a conjugação dos conhecimentos de uma disciplina do saber (Psicologia) comunicada a leigos, porém doutores em outra área do conhecimento humano (os operadores do Direito). Peça singular que enfeixa o drama familiar buscando uma destinação senão satisfatória, pelo menos justa.

Esse percurso nos levou ao problema operacional de definirmos e coletarmos uma amostra representativa de laudos psicológicos em Vara de Família que pudéssemos utilizar para nossa pesquisa. É claro que não poderíamos utilizar uma amostra dos nossos laudos – não se pode generalizar a partir de dados tão específicos e nem haveria um distanciamento necessário para submetê-los à análise necessária. Uma amostra de laudos psicológicos conseguidos com os colegas? Quantos seriam necessários? De que tipo de ação processual? Quais variáveis precisariam ser controladas? O universo possível parecia muito amplo e inespecífico.

Foi nesse momento que nos ocorreu que o interesse por tal pesquisa já estava delineado na própria dissertação de mestrado (SHINE, 2002).

> O questionamento do trabalho do psicólogo que atua na área jurídica tem se utilizado de uma outra "instância judiciária": através de queixas aos

---

3 Utilizo aqui o conceito de operador de verdade que se opõe à prova, enquanto um operador de força, nas palavras de Foucault (1973/1999). Ver na seção *A verdade e as formas jurídicas.*

> Conselhos Regionais de Psicologia. Uma queixa que seja acolhida pelo CRP dará início à instauração de um procedimento que repete o cenário do julgamento, tendo o psicólogo como réu. Uma hipótese interessante de pesquisa seria o de levantar as diversas queixas contra psicólogos e verificar se avaliações psicológicas em enquadre jurídico se prestam a maiores questionamentos éticos e se isto estaria reproduzindo a dinâmica de litígio das partes que se avaliam. Lembrando Foucault (1999), a reprodução da instância de julgamento se dá nas mais variadas instâncias segundo a lógica disciplinar (p. 120).

A resposta surgiu dentro do próprio universo de nossas preocupações. Por que não usar uma amostra de "laudos problemáticos"? O CRP-06 tem recebido denúncias cada vez mais frequentes sobre laudos psicológicos utilizados no sistema judiciário (CONSELHO FEDERAL DE PSICOLOGIA, 1999; CRP, 1999; 2003; 2004; LEMOS, 2003; MIRANDA, 2002; ROSA, 2003).

Pelo nosso percurso na área enquanto um profissional envolvido com essas questões e, também, um discente em centro reconhecido de pesquisa, encontrávamo-nos em uma posição privilegiada para endereçarmos nosso pedido ao CRP-06 (Ver a parte do Procedimento). Dessa forma configuramos o que seria a amostra de pesquisa da tese.

A Resolução nº 07/2003 do Conselho Federal de Psicologia revoga a Resolução nº 017/2002 que, por sua vez, havia revogado a de nº 30/2001, atualizando o Manual de Elaboração de Documentos Decorrentes de Avaliações Psicológicas. Esse documento classifica a modalidade de Laudo Psicológico ou Relatório Psicológico definindo seu conceito, finalidade e estrutura. A diretriz mais recente é a Resolução CFP nº 06/2019. Depois de dezesseis anos, tal diretriz mereceu um estudo detalhado ao qual remeto o leitor interessado (LOURENÇO; ORTIZ e SHINE, 2021). Ela aparece como uma diretriz mínima que possa trazer alguma forma de orientação a milhares de psicólogos brasileiros.

Todo laudo é o resultado de um processo de investigação. Ela pode ser experimental (McCLOSKY & EGETH, 1983; LOFTUS, 1981 e 1983) ou clínica (ALVES, 2002; ASSIS & SILVA, 1999/2000; BLAU, 1998; BICHARD & SHINE, 1995; BRAUER, 2000; BRODZINSKI, 1993; CAFFÉ, 2003; CASTRO & PASSARELLI, 1992; CASTRO, 2003; CLULOW & VINCENT, 1987; DERDEYN, 1976; EMERY, 1994; FELIPE, 1997; GOLDSTEIN et al., 1987; GRISSO, 1987; LANYON, 1986; LOURENÇO, ORTIZ & SHINE, 2018; MACHADO & CORRÊA, 2000; MARTINS, 1999; MIRANDA JR., 2000a, 2000b, 2000c, 2002, 2005, 2010; ORTIZ, 1986; PELEGRINELLI, 1993; POPE & SCOTT, 1967; RIBEIRO, 1999; ROVINSKI, 1998, 2000, 2004; SAMPER, 1995; SCHAEFER, 1992;

SILVA, 2001, 2005; SILVA et al., 2001a, 2001b; STAHL, 1999; SUANNES, 2000 & VAISBERG, 2000; SUANNES, 2011). Alinhamo-nos com aqueles que se utilizam do método clínico de abordagem.

Nesse sentido, há uma aproximação entre o resultado de um psicodiagnóstico e o laudo pericial. A dissertação de Faivichenco (1977), da PUC-RJ, chamou-nos a atenção para uma lacuna em nossa própria formação e que faz sentido à luz dos desafios do trabalho pericial. A Autora critica a menor importância que é concedida ao momento de redação do laudo psicológico no processo psicodiagnóstico. Em nossa experiência em graduação, também reconhecemos a grande ênfase na análise e interpretação dos dados contraposta à falta de orientação quanto ao momento de integrar e organizar os resultados de forma a transmiti-los. Uma dificuldade recorrente neste trabalho no Judiciário é a exigência da produção de um laudo ao final de cada caso.

Essa ênfase na análise em detrimento da comunicação se coaduna com o que deMayo (1997) também observa. Esse autor, supervisor clínico de uma universidade norte-americana, aponta para uma falta de orientação específica aos supervisionandos em como ser mais eficazes em suas apresentações de casos em seminários clínicos e aulas de supervisão. Apesar do foco do autor ser no incremento de habilidades verbais em apresentação de casos clínicos, o objetivo de bem informar o interlocutor sobre dados de observação, inferências clínicas e interpretações é o mesmo que se tem por meio do trabalho escrito. Essa é uma cobrança comum dos operadores do Direito em relação aos laudos psicológicos. É possível o psicólogo ser mais objetivo? Por que tantos termos incompreensíveis que confundem mais do esclarecem? Por que em vez de responder a um problema, levantam-se outros? Por que é tão difícil entender a conclusão do psicólogo?

Temos encontrado reflexões convergentes em autores que são clínicos e professores. Figueiredo (1995, p. 95-96), discutindo a tensão necessária e desejável entre teoria e prática no campo da clínica psicológica, sugere que as narrativas históricas e as narrativas dramáticas poderiam servir como dispositivos representacionais convenientes para operar tal mediação.

> Histórias e todo o conceitual elaborado e usado nas histórias de caso e nos relatos de sessão parecem colocar-se no nível ótimo de tensão entre tácito [colocado pelo autor como conhecimento prático, experiencial] e explícito [conhecimento objetivo, na forma de discurso representacional ou teoria]. No entanto, é preciso reconhecer que a composição de narrativas históricas e narrativas dramáticas requer um certo talento literário e um certo exercício

> da escrita. É notável a ausência desse tipo de preocupação e de treino nos cursos de formação de psicólogo, prejudicando sensivelmente a possibilidade dos profissionais se aproveitarem desses dispositivos representacionais que me parecem indispensáveis para que seja propiciada a tensão entre saberes de ofício e teorias acima advogadas.

Mezan (1998), psicanalista e professor de pós-graduação na PUC-SP, dedicou um curso especialmente voltado para estudar as questões da escrita com o objetivo de ajudar quem necessita escrever. O livro Escrever a clínica é bastante ilustrativo tanto em termos de várias dificuldades ligadas ao manejo da língua (ortografia, sintaxe etc.) quanto em relação ao tipo de material sobre o qual se escreve (material clínico).

Esse interesse pela escrita, motivado pela necessidade de exercê-la na prática psicológica pericial nos levou ao estudo das dificuldades do uso da linguagem científica versus o uso da metáfora (CARONE, 2004). A discussão que a Autora faz do uso cognitivo das metáforas e sua aplicação nas teorias psicológicas recolocou o desafio de manter a forma científica do laudo psicológico ao tentar passar um conteúdo que não é apreensível pelos cânones das ciências naturais. A tese da Autora acima, com a qual concordamos, é que o objeto da ciência psicológica não possui as mesmas características do objeto das ciências naturais e que estaríamos melhor servidos na tentativa de sua apreensão ao utilizarmos da característica de metaforicidade da linguagem. Isso significa que é próprio da língua, em sua evolução e utilização para dar sentido ao vivido, criar metáforas que representam melhor aquilo que se quer transmitir.

Cabe aqui confrontar um questionamento que surgiu em várias fases da pesquisa: O que queremos com a pesquisa? A motivação inicial surgiu da própria necessidade profissional de produzir laudos. Na prática diária do trabalho como psicólogo judiciário, perguntamo-nos: Como escrever um laudo bom? O que é um bom laudo? O que ele deve conter? Como escrever um trabalho técnico sem deixar de comunicar o essencial ao destinatário não-psicólogo? Como ser fiel às pessoas atendidas e retratadas no laudo sem tornar a sua leitura maçante para o leitor, mas mantendo o seu caráter científico e sem tornar um romance? O psicólogo seria um "tradutor"v de uma verdade que preexiste em algum lugar no examinando ou seria ele o criador de tal "verdade"?

O laudo, uma vez escrito, é um ótimo objeto de pesquisa. Ele é algo relativamente identificável. A sua leitura permite determinar os elementos essenciais de um caso. Porque deveria ser capaz de transmitir ao seu leitor as informações básicas de tal caso, espera-se que seja de fácil leitura. Essas eram nossas expectativas que confrontaremos ao que realmente encontramos.

Os laudos questionados pelos sujeitos que nele são retratados estão nos arquivos do CRP-06. Pensamos poder contar com a vantagem de tê-los separados em duas categorias: os laudos ruins e os bons. Aqui, entende-se "ruim" como falho e por isso julgado e condenado, e "bom" como considerado adequado e isentado de qualquer responsabilidade na Denúncia/Representação feita.

Tal amostra ainda teria a vantagem de revelar, pelo negativo, os problemas técnicos e éticos que os psicólogos poderiam estar enfrentando frente ao desafio de produzir laudos dentro dos parâmetros exigidos da profissão.

Esta pesquisa é relevante por se tratar de uma amostra bastante específica e pouco pesquisada que pode lançar luz sobre um problema que merece ser melhor conhecido. Não se trata apenas de uma questão pertinente ao campo da Psicologia Jurídica. O laudo psicológico resultante do processo de avaliação psicológica diagnóstica ou de um processo terapêutico retrata o cerne da atividade do psicólogo. Abordaremos essa questão em seu momento oportuno.

Na próxima seção iremos justificar e contextualizar a utilização do laudo psicológico como forma de prova judiciária. Nesse sentido, nos valemos de um autor que tem se configurado como referência teórica para vários trabalhos de psicólogos na interface com o Direito (BRANDÃO, 2004; BRITO, 1993; CAFFÉ, 2003; COIMBRA, 2004; LIMA, 1997; MIRANDA JR., 1998; SHINE, 2002).

2.1. A VERDADE E AS FORMAS JURÍDICAS

Michel Foucault (1926-1984) é um autor bastante conhecido e utilizado no meio da Psicologia em função de seus trabalhos abordando a loucura (História da Loucura, 1961) e a própria psicologia (Doença Mental e Psicologia, 1962).

Em meu percurso profissional, trabalhei um ano e meio (1985-1986) no Hospital de Custódia e Tratamento Psiquiátrico Professor André Teixeira Lima, ou, como é mais conhecido, Manicômio Judiciário de Franco da Rocha. Segundo o "livro-reportagem" do jornalista Tavolaro (2002, p. 17), ele pode ser considerado "o maior abrigo de doentes mentais criminosos no Brasil".

Ingressei na instituição como psicólogo concursado da Secretaria da Segurança Pública. Considero o Manicômio uma instituição "mista: de um lado um "hospital" que deveria tratar e, de outro, uma "prisão" que deveria custodiar seus pacientes-detentos. Desde essa época fui desenvolvendo uma identidade profissional como agente de saúde mental consciente do caráter coercitivo e repressivo da instituição: um psicólogo-carcereiro, digamos assim. Percepção essa que não foi tranquila desde o começo. Lembro-me das vezes em que fazia referência ao período em que havia ficado no Manicômio, sempre com a ressalva, "do lado de fora das grades".

Tanto a pesquisa histórica quanto à loucura (História da loucura, 1962) e sua obra sobre a prisão (Vigiar e punir, 1975) fizeram muito sentido. Em relação à loucura, sua obra relativiza a própria percepção do fenômeno, deslocando o foco do diagnóstico psicopatológico. Em relação à prisão, Foucault introduz a ideia do "Panoptismo" de J. Bentham como um princípio organizador do tempo e do espaço que permite identificar, controlar e manter o outro sob constante vigilância. Vejamos a descrição pelas próprias palavras do Autor, retirada de uma obra anterior (1973) na qual ele já antecipava o que desenvolveria em Vigiar e Punir.

> O Panopticon era um edifício em forma de anel, no meio do qual havia um pátio com uma torre no centro. O anel se dividia em pequenas celas que davam tanto para o interior quanto para o exterior. Em cada uma dessas pequenas celas, havia segundo o objetivo da instituição, uma criança aprendendo a escrever, um operário trabalhando, um prisioneiro se corrigindo, um louco atualizando sua loucura, etc. Na torre central havia um vigilante. Como cada cela dava ao mesmo tempo para o interior e para o exterior, o olhar do vigilante podia atravessar toda a cela; não havia nela nenhum ponto de sombra e, por conseguinte, tudo o que fazia o indivíduo estava exposto ao olhar de um vigilante que observava através de venezianas, de postigos semi-cerrados de modo a poder ver tudo sem que ninguém ao contrário pudesse vê-lo. Para Bentham esta pequena e maravilhosa astúcia arquitetônica podia ser utilizada por uma série de instituições. O Panopticon é a utopia de uma sociedade e de um tipo de poder que é no fundo, a sociedade que atualmente conhecemos – utopia que efetivamente se realizou. Este tipo de poder pode perfeitamente receber o nome de panoptismo. Vivemos em uma sociedade onde reina o panoptismo (FOUCAULT, 1973/1999).

O "panóptico" (literalmente, "vê-tudo"[4]) é uma figura arquitetural que compreenderia todo o tipo de instituição (escola, fábrica, prisão, hospício etc.). Segundo o Autor, a sociedade cria subjetividades específicas a partir da ênfase em disciplinar e adestrar os corpos. Portanto, seguindo seu raciocínio, temos como corolário do panoptismo a sociedade disciplinar. Hoje em dia, com a inclusão da tecnologia, a vigilância

---

4 *Cf.* STRATHERN, 2003, p. 63.

é feita por poderosas câmeras de segurança. Em matéria da revista Veja São Paulo, Bergamo e de Salvo (2008, p. 29) afirmam:

> Da garagem do apartamento à mesa do escritório, o paulistano é filmado, em média, 28 vezes. Em prédios, bancos, lojas, avenidas e estradas, câmeras de vigilância se multiplicam em São Paulo e ajudam na prevenção de crimes de todo tipo. São 500.000 equipamentos espalhados por aí, um para cada 22 habitantes.

Retomando a questão do laudo, no contexto do Manicômio Judiciário, e seguindo em frente, gostaríamos de ressaltar que a entrada e a saída do paciente-detento da instituição, do ponto de vista legal, se dá mediante a um parecer favorável obtido no laudo psiquiátrico encaminhado ao juiz da Vara Criminal.

O "cliente" do Manicômio Judiciário é necessariamente alguém que tenha obtido um diagnóstico psiquiátrico de algum "distúrbio mental" e que, por conta disso, não foi considerado responsável pelo ato criminoso pelo qual foi julgado. Sendo assim, a sua capacidade de autodeterminação estaria prejudicada no momento do ato criminoso, retirando-lhe, portanto, sua responsabilidade (livre arbítrio) pelo ato cometido. Dito de outro modo: a imputabilidade é a base psicológica da culpabilidade. Entendendo-se aí a capacidade de conhecer e respeitar a lei e a capacidade de determinação espontânea (FONTANA-ROSA & COHEN, 2006).

Portanto, a importância de um laudo favorável à saída do paciente-detento é condição *sine qua non* para que ele possa ser liberado pelo sistema judicial, uma vez que, tecnicamente, o sujeito não é um apenado ou sentenciado. Justamente por ser portador de algum distúrbio mental, o sujeito foi inocentado do ato criminoso a ele imputado e considerado inimputável, devendo cumprir uma medida de segurança.

A medida de segurança é a forma legal de tratamento aos doentes mentais que transgrediram a lei. Ela consiste em "internação em hospital de custódia e tratamento psiquiátrico ou, em sua falta, em outro estabelecimento adequado." (Art. 96 do Código Penal). A lógica da medida de segurança é de que ela não se constituiria em uma punição ao sujeito (por isso não é pena), mas estar-se-ia garantindo o tratamento do doente e defendendo a sociedade de alguém perigoso[5].

Para aqueles que recebem tal medida o problema é que não há prazo para sua desinternação, ficando sujeitos ao exame psiquiátrico para ava-

---

5 "*What disturbs society is an individual's dangerousness or grave disablement, for example. In other words, society believes that it must protect itself from dangerous persons, or protect incompetent ones from themselves*" (MORSE, S. J., 1978, p. 389).

liação da cessação da periculosidade[6]. O prazo mínimo para a internação é de um a três anos, devendo ser estendida de ano a ano. O que na gíria da cadeia é referido como "repique" ou "pegar repique".

São exatamente esses documentos periciais, os exames psiquiátricos, que serão abordados por Foucault em seus estudos sobre "a vontade de verdade e a vontade de saber" (ERIBON, 1990, p. 205).

Foucault inicia sua aula de 08 de janeiro de 1975 lendo extratos de dois exames psiquiátricos em matéria penal para criticá-los duramente. Pedimos licença ao leitor para fazermos esta citação e retomarmos a questão que queremos abordar com nossa pesquisa:

> Eu gostaria de me deter um instante sobre essa relação verdade-justiça, porque, claro, é um dos temas fundamentais da filosofia ocidental[7]. Afinal de contas, é um dos pressupostos mais imediatos e mais radicais de todo discurso judiciário, político, crítico, o de que existe uma pertinência essencial entre o enunciado da verdade e a prática da justiça. Ora, acontece que, no ponto em que vêm se encontrar a instituição destinada a administrar a justiça, de um lado, e as instituições qualificadas para enunciar a verdade, do outro, sendo mais breve, no ponto em que se encontram o tribunal e o cientista, onde se cruzam a instituição judiciária e o saber médico ou científico em geral, nesse ponto são formulados enunciados que possuem estatuto de discursos verdadeiros, que detêm efeitos judiciários consideráveis e que têm, no entanto, a curiosa propriedade de ser alheios a todas as regras, mesmo as mais elementares, de formação de um discurso científico; de ser alheios também às regras do direito e de ser, no sentido estrito, como os textos que li há pouco para vocês, grotescos (FOUCAULT, 2001, p. 14-15).

Queremos tomar a sério essa crítica de Foucault e examinar uma amostra de laudos psicológicos que foram utilizados na Justiça como "operadores de verdade", como discursos que deteriam uma verdade cientificamente respaldada, no nosso caso, na Psicologia. Será que tais laudos também são questionados no CRP porque "são alheios a todas as regras do discurso científico e do direito"?

Foucault não é um filósofo do Direito, tampouco nós. Concordamos, contudo, com a colocação acima de que a função de julgamento vai bus-

---

Ver também COHEN, C. Medida de Segurança. COHEN; C.; FERRAZ, F.C.; SEGRE, M. (Org.) *Saúde mental, crime e justiça*. São Paulo: Edusp, 2. ed. Ver. e atual., p. 123-129, 2006.

6 Sobre periculosidade vide QUEIROLO, S.C. Periculosidade: da norma médica à norma jurídica. *Temas IMESC*. São Paulo, v. 1, n. 2, p. 93-100, 1984.

7 *Cf.* M. Foucault, "La vérité et les formes juridiques" (1974) [trad. bras. "A verdade e as formas jurídicas". Rio de Janeiro: Edpuc, 1995] em *Dits et Écrits*, II, PP. 538-623.

car no laudo psicológico (ou de qualquer outro especialista de outra área) subsídio que se espera de uma ordem diferente da compreensão leiga. O que legitima o trabalho do psicólogo enquanto produtor do laudo psicológico na Vara da Família é o lugar de perito que este vai ocupar, lugar esse ocupado pelo psiquiatra no Direito Penal, foco das análises de Foucault. Lugar ocupado em nossa amostra pelo psicólogo em Direito de Família.

Observe o leitor como uma autoridade reconhecida do Direito explana sobre esse assunto.

> Os fatos litigiosos nem sempre são simples de forma a permitir sua integral revelação ao juiz, ou sua inteira compreensão por ele, através apenas dos meios usuais de prova que são as testemunhas e documentos.
> Nem é admissível exigir que o juiz disponha de conhecimentos universais a ponto de examinar cientificamente tudo sobre a veracidade e as conseqüências de todos os fenômenos possíveis de figurar nos pleitos judiciais.
> Nas raras vezes, portanto, terá o juiz de se socorrer de auxílio de pessoas especializadas, como engenheiros, agrimensores, médicos, contadores, químicos etc., para examinar as pessoas, coisas ou documentos envolvidos no litígio e formar sua convicção para julgar a causa, com a indispensável segurança.
> Aparece, então, a prova pericial como o meio de suprir a carência de conhecimentos técnicos de que se ressente o juiz para apuração dos fatos litigiosos. (THEODORO JR., 2002, p. 428).

Esse extrato retirado da obra de um conhecido processualista faz a ligação direta entre a necessidade do exame "científico" e sua relação com a "verdade" como" nos disse Foucault (2001).

A figura da autoridade em ciência é algo que estamos acostumados no meio acadêmico. O professor é indiscutivelmente uma autoridade em relação ao aluno. O saber especializado é o fundamento racional da autoridade científica. Demo (2007, p. 48) coloca a posição do perito nos seguintes termos.

> A posição do perito ganhou relevância modernamente por causa da complexificação crescente de nossa sociedade. Já não é factível o sábio universal. O dirigente de uma organização complexa não pode dominar todas as faces do problema administrativo, e cerca-se, em decorrência, de especialistas: gente que trata das finanças, de pessoal, da produção, da avaliação e controle, e assim por diante. É tamanha hoje a necessidade de especialização, que muitos observam o recuo do espaço político em favor de tecnocratas[8].

---

8 DREITZER, H.P. et. alli. *Tecnocracia e Ideologia.* Rio de Janeiro, Tempo Brasileiro, 1975. HABERMAS, J. *Technik und Wissenschaft als "Ideologie".* Frankfurt, Suhrkamp, 1969. BECK, U. *Risikogesellschaft:* auf dem Weg in eine andere Moderne. Frankfurt, Suhrkamp, 1986. DEMO, P. *Ciências sociais e qualidade.* São Paulo, Almed, 1985. ILLICH, I. *Seibstbegrenzung:* eine poltische Kritik der Technik. Frankfurt, Rowohit, 1975.

Concluímos essa parte inicial desta seção retomando os pontos principais que colocamos até agora. Buscamos discriminar os elementos principais do pensamento de M. Foucault enquanto um Autor que nos influenciou sobremaneira em nossa abordagem do problema-foco. A partir da atenção inicial ao tema da "doença mental" trabalhada por Foucault, fomos nos apropriando das conceituações do Autor em relação à pesquisa da verdade (vontade de verdade), por meio da análise dos procedimentos judiciários. Nesse percurso, em sua ênfase metodológica conhecida como Genealogia, Foucault questiona a representação de que o conhecimento surge enquanto uma coincidência entre o conceito e a coisa, entre a interpretação e o fato, como um desvelamento do "ideológico" (RAGO, 1995).

A sua perspectiva busca uma análise das práticas discursivas (dos documentos periciais, por exemplo) nas redes de poder que constituem objetos e figuras sociais. Novas práticas e discursos que produzem novas subjetividades (a figura do anormal no discurso psi). O surgimento da sociedade disciplinar deu lugar ao nascimento de determinados saberes, especificamente, as ciências humanas. Nesse, o modo privilegiado de estabelecer a verdade é o exame. Nessa forma de acesso à verdade, o poder não se realiza pela repressão ou pela visibilidade exemplar, mas de modo sutil na produção de gestos, atitudes e hábitos que vão configurando o indivíduo de acordo com a norma prescrita. O seu conceito de saber/poder é o fio condutor que desemboca na figura do perito: aquele que detém a verdade sobre seu objeto.

2.2. A NORMA E A REGRA

Uma vez que estamos utilizando um recorte que privilegia uma instituição em particular: o Tribunal de Justiça, e, na especificidade do Direito de Família, estamos nos defrontando com os limites traçados por legislações, provimentos e regulamentos. Nesse sentido, procuraremos fazer uma distinção dos termos "norma" e "normalização" utilizados por Foucault, esclarecendo a diferença com lei e regra enquanto formalizações do Direito. Para tanto, utilizaremos do subsídio de Fonseca (2002) cujo trabalho foi, justamente, identificar o que ele chama de "imagens do direito" na obra foucaultiana[9].

Em um primeiro momento, poder-se-ia pensar que "norma" para Foucault corresponderia ao que se entende por regra e lei no Direito.

---

9 Há que se reconhecer que o conceito de "obra" e de "autor" em se tratando de Foucault é um tanto quanto problemática. Não existe em seu pensamento a ideia de uma fundação própria de algo que se ligue univocamente a uma pessoa em particular.

Uma vez que existe uma clara sinonímia entre os termos. O que é justamente o contrário: "A norma em Foucault remete antes ao funcionamento dos organismos e aos domínios de saber e de práticas que lhes correspondem e não exatamente às categorias formais do direito." (FONSECA, 2002, p. 37). A dificuldade conceitual aqui é que a "noção" de norma não se refere a um conceito preciso, mas que remete a uma série de estados e situações. Esses "funcionamentos dos organismos" e "domínios do saber" correspondem, em nosso trabalho, ao campo da Psicologia (domínio do saber) e seu objeto de avaliação, no caso em tela, a família em litígio processual (funcionamentos dos organismos).

Compreendemos que a avaliação psicológica pericial, à medida que investiga e revela a dinâmica familiar por meio do litígio processual (SHINE, 1994), contribui com um tipo particular de saber/discurso ao desfecho do processo judicial, ou seja, àquilo que será tomado como a verdade e o fundamento da sentença judicial. O que enunciamos tem a seguinte formulação por Zarzuela; Matunaga & Thomaz (2000, p. 234-235) em uma obra técnica:

> Na realidade, sem pretender introduzir eufemismo, o LAUDO PERICIAL é a fonte de luz que ilumina o caminho do Juiz na aferição da verdade, normalmente constitui a lente que corrige as circunstâncias da visão deformada de um evento, cujas falsas premissas poderiam conduzir a conclusões que refugiriam à verdade, em detrimento dos superiores interesses da justiça. Assim, o LAUDO PERICIAL normalmente prova e também ilumina a prova, o que, sem dúvida, demonstra que a perícia não constitui simplesmente uma modalidade de meio probatório. Apesar da legislação brasileira não estabelecer, como dissemos, uma hierarquia das provas e permitir ao Juiz que se decida sobre aquela que lhe parece mais consentânea com os fatos[10], é necessário insistir que a perícia constitui a rainha das provas, porque delas emanam declarações de ciência, afirmação de juízos, apreciações e interpretações de especialistas que, em razão de formações universitárias, não podem ser comparadas e, muito menos, equiparadas as testemunhas claudicantes e normalmente imprecisas ou nebulosas de leigos, quando não eivadas de paixões tendenciosas; às confissões insinceras, quando não arrancadas pela sevícia ou distorcidas para acobertar o verdadeiro autor de um ilícito, as provas documentais que poderão conter em seu bojo toda a gama de sortilégios e falsidades que poderiam induzir a erros, não raro, insanáveis, a Juízes e Perito.

10 Art. 157, Código do Processo Penal – O juiz formará sua convicção pela livre apreciação da prova.

Art. 436, Código do Processo Civil – O juiz não está adstrito ao laudo pericial, podendo formar a sua convicção com outros elementos ou fatos aprovados nos autos (*nossas notas*).

Perceba o leitor que fizemos um deslizamento da noção de norma em Foucault para apresentarmos uma regra do Direito por meio da interpretação dos autores acima (vide as notas de rodapé). Essa contraposição será contínua em nossa tese uma vez que buscamos como objeto de nossa pesquisa os laudos psicológicos questionados no CRP-06, o que quer dizer que serão apostos ao enunciado de outra regra: o Código de Ética da Psicologia. Mas não nos adiantemos demais. Voltemos à noção de norma para explicarmos o que o Autor entende pelo processo de normalização e como isso se insere em nossa tese.

O leitor deve-se lembrar que no final da seção anterior fizemos um resumo no qual afirmamos nosso interesse no que pode ser chamado de ênfase genealógica em Foucault (FONSECA, 2002, p. 40). Isso se deve ao fato de que é nesse segundo momento da evolução das pesquisas do Autor que a questão do poder e dos procedimentos jurídicos vêm ocupar um lugar de destaque (FOUCAULT, 1973/1999 e 1975/1977). O que se liga diretamente ao nosso objeto de pesquisa.

Em A Verdade e as Formas Jurídica (1973/1999) Foucault vai demonstrar que existem três formas de acesso à verdade a partir das formas jurídicas segundo a prática penal: a prova (épreuve), o inquérito (enquête) e o exame (examen). Dessas três formas, é o exame que seria a forma privilegiada de saber/poder das práticas psis.

> Da mesma forma, no século XIX também se inventaram, a partir de problemas jurídicos, judiciários, penais, formas de análise bem curiosas que chamaria de exame (examen) e não mais de inquérito. Tais formas de análise deram origem à Sociologia, à Psicologia, à Psicopatologia, à Criminologia, à Psicanálise. Tentarei mostrar-lhes como, ao procurarmos a origem destas formas, vemos que elas nasceram em ligação direta com a formação de certo número de controles políticos e sociais no momento da formação da sociedades capitalistas, no final do século XIX (FOUCAULT, 1973/1999, p. 12).

Foucault opõe a ordem da lei que exerce um poder essencialmente punitivo, por meio da coerção e da exclusão, a uma outra forma de exercício de poder. A lei tem no mecanismo da repressão sua forma de expressão e é fundada na concepção jurídica do poder em torno da soberania (FOUCAULT, 1976/2000). É nos séculos XVIII e XIX, na formação dos Estados modernos que se vê, segundo o Autor, o surgimento de dispositivos formados pelo conjunto de práticas discursivas e não discursivas que agem no sentido da "normalização".

> Um direito de soberania e um mecanismo de disciplina: é dentro destes limites que se dá o exercício do poder. Estes limites são, porém, tão heterogêneos quanto irredutíveis. Nas sociedades modernas, os poderes se exercem

através e a partir do próprio jogo da heterogeneidade entre um direito público da soberania e o mecanismo polimorfo das disciplinas. O que não quer dizer que exista, de um lado, um sistema de direito, sábio e explícito – o da soberania – e de outro, as disciplinas obscuras e silenciosas trabalhando em profundidade, constituindo o subsolo da grande mecânica do poder. Na realidade, as disciplinas têm o seu discurso. Elas são criadoras de aparelhos de saber e de múltiplos domínios de conhecimento. São extraordinariamente inventivas ao nível dos aparelhos que produzem saber e conhecimento. As disciplinas são portadoras de um discurso que não pode ser o do direito; o discurso da disciplina é alheio ao da lei e da regra enquanto efeito da vontade soberana. As disciplinas veicularão um discurso que será o da regra, não da regra jurídica derivada da soberania, mas o da regra "natural", quer dizer, da norma; definirão um código que não será o da lei mas o da normalização; referir-se-ão a um horizonte teórico que não pode ser de maneira alguma o edifício do direito mas o domínio das ciências humanas; a sua jurisprudência será a de um saber clínico. (FOUCAULT, 1979, p. 189).

Portanto, para Foucault, o trabalho pericial poderia ser entendido como essa prática de normalização que separa o anormal do normal, o inadequado do adequado e o deficiente do sadio. É ao que se refere quando fala de uma "regra natural" na citação acima. "Natural" porque as ciências humanas derivariam da própria natureza do homem aquilo que se conformaria com a norma e o que distaria dela. É nesse contexto que gostaríamos de encerrar esta seção com as palavras de Frayze-Pereira (1989, p. 216), sobre o psicodiagnóstico em uma mesa-redonda organizada pelo CRP-06.

> Ora, se repensarmos agora a questão proposta à Mesa, o que revela o psicodiagnóstico, seria possível responder: uma prática de dominação-observação, um investimento analítico cujo efeito-objeto, diria Foucault, é o homem disciplinável, isto é, alma, individualidade, consciência, personalidade, pouco importa, aqui. O que teria alguma importância, a partir de então, seria pensar nas possibilidades que teríamos de resistir a esse olho do poder, que é longamente tematizado por Foucault, e de que tratei muito brevemente aqui. É só isso.

Procuramos nesta seção diferenciar a noção de norma[11] e o processo de normalização de Foucault daquilo que chamaremos neste trabalho

11 "A palavra latina *norma,* que está na origem do termo normal, significa "esquadro". A palavra *normalis* quer dizer "aquilo que não se inclina nem para a direita nem para a esquerda", ou seja, que é "perpendicular", que "se mantém num justo meio termo". Portanto, "uma norma, uma regra, é aquilo que serve para retificar, pôr de pé, endireitar". Nesse sentido, normalizar é impor uma exigência a uma existência que possui um caráter diversificado, irregular. Essa diversidade vai se apresentar em relação à existência como um elemento de resistência e indeterminação. Porém, é preciso node lei e regra enquanto formalizações do Direito. Reconhecemos a pertinência da compreensão foucaultiana em sua análise dos procedimentos de conhecer, identificar, classificar e nomear as diferenças humanas por meio do psicodiagnóstico como ação de normalização pelo qual se vai enquadrar o sujeito humano. Chamamos a atenção do leitor para o fato de que a perícia psicológica judicial (operador de verdade) se utiliza do conhecimento científico do saber psi para aferir e conferir a distribuição da justiça por meio do julgamento. Na próxima seção, enfocaremos as regras específicas do Direito a fim de especificarmos as questões relevantes do objeto de nossa pesquisa.

2.3. O CÓDIGO DA LEI

> - Meus senhores, a ciência é coisa séria, e merece ser tratada com seriedade. Não dou razão dos meus atos de alienista a ninguém, salvo aos mestres e a Deus. Se quereis emendar a administração da Casa Verde, estou pronto a ouvir-vos; mas se exigis que me negue a mim mesmo, não ganhareis nada. Poderia convidar alguns de vós, em comissão dos outros, a vir ver comigo os loucos reclusos; mas não o faço, porque seria dar-vos razão do meu sistema, o que não farei a leigos, nem a rebeldes.
> (ASSIS, M. de. O alienista. In: ASSIS, M. de. Melhores contos. São Paulo: Global, 2004. p. 115)

Passaremos a expor aquilo que se entende no âmbito do Direito a prova processual no qual se insere a prova psicológica, doravante tratado como laudo. Por outro lado, o laudo psicológico é um documento técnico-científico na área da Psicologia que necessita preencher determinados requisitos. Procuraremos estabelecer quais são estas condições do ponto de vista do Direito para, posteriormente, analisarmos as regras do ponto de vista da Psicologia.

A prova psicológica pericial e a prova pericial do serviço social são as provas técnicas ao lado dos dois outros tipos de prova em Vara de Família: a prova documental que vai desde documentos oficiais (certidão de nascimento, B.O., por exemplo) até produções da intimidade familiar (cartão do Dia das Mães, fotos de passeios etc.) e a prova testemunhal (pessoas que conhecem a família dão seu testemunho com firma reconhecida).

---

tar que uma norma, uma regra, se propõe, como um modo possível, a eliminar uma diferença. E ao se propor desse modo a própria norma cria a possibilidade da sua negação lógica" (FRAYZE-PEREIRA, J.A. *O que é loucura*. São Paulo: Brasiliense, 1982. p. 20-21. (Coleção Primeiros Passos).

Começamos por explicitar o que se entende por perícia dentro do Direito. Utilizamos uma outra citação do reconhecido processualista civil brasileiro, a quem nós recorremos anteriormente: Theodoro Jr. (2002, p. 428).

> Como ensina Amaral Santos, a perícia pode consistir "numa declaração de ciência ou na afirmação de um juízo, ou, mais comumente, naquilo e nisto". É declaração de ciência, "quando relata as percepções colhidas, quando se apresenta como prova representativa de fatos verificados ou constatados", como, v.g., no caso em que são descritos os danos sofridos pelo veículo acidentado, bem como os sinais materiais encontrados na via pública onde se deu a colisão. É afirmação de um juízo "quando constitui parecer que auxilie o juiz na interpretação ou apreciação dos fatos da causa", como, v.g., ao dar sua explicação de como ocorreu o choque dos veículos e qual foi a causa dele[12].

Por se tratar de uma "declaração de ciência", espera-se que o perito seja especialista na área, isto é, "douto em sua matéria". O recurso ao perito é sinônimo de recurso a um representante reconhecido de um determinado campo do conhecimento que se faz imprescindível para a administração da justiça. Assim, como reitera Jesus (2000, p. 2):

> Anteriormente ao advento do Código de Processo Civil de 1939 – DL n° 1,698, de 18-09-30 – tinham os juízes enormes de dificuldades para julgar, quando se deparavam com questões de caráter técnico-científico. Assim sendo, a lei lhes outorgou o direito de recorrer à pessoa de elevado e reconhecido conceito profissional – o perito ou expert – para auxiliá-los na busca da verdade dos fatos que compõem a lide e que, assim, se tornam inteligíveis ao leigo. De tal sorte, os juízes podem fundamentar cientificamente as suas decisões, aproximando-as o máximo possível da justiça plena e evitando possíveis obscuridades, opiniões pessoais ou ambiguidades. (grifo nosso).

Como se vê, "a busca da verdade" justifica o recurso à prova pericial, uma vez que a própria decisão judicial pretende "fundamentar-se cientificamente" nela, evitando "obscuridades, opiniões pessoais ou ambiguidades". Parece-nos que se postula uma decisão judicial impessoal e asséptica, erigindo o ideal de ciência neutra e objetiva como parâmetro norteador do procedimento jurídico.

Como circunscrevemos a pesquisa no âmbito do Direito de Família, abordaremos a seguir os itens sobre perícia judicial regulamentada pelo Código do Processo Civil de 1973 (CPC, Lei n° 5.869/73), parcialmente alterado pela Lei 8.455 de 24-08-92 e, posteriormente, pela Lei n° 13.105/2015. Os dispositivos legais regem a atividade do perito

---

12 Santos, A. *Comentários ao Código de Processo Civil*. V. IV, n.° 245, p. 334, 1976.

(Capítulo III, Dos Auxiliares da Justiça, Seção II, do Perito: artigos 156 a 158) bem como quanto o resultado de tal atividade, ou seja, a prova pericial (Capítulo VI, Título VIII " Das provas, Seção VII – Da prova pericial: artigos 464 a 480). Cumpre ressaltar que tal legislação vale para todos os tipos de peritos, incluindo-se aí o perito psicólogo que deve ter conhecimento da norma legal ao planejar e conduzir a sua intervenção sob o risco de ter seu trabalho nulificado. Mas o que se diz nesses artigos e como eles conformam a prática do psicólogo nesta esfera?

O psicólogo assumindo a demanda judicial (realizar perícia psicológica) torna-se um auxiliar da justiça (Art. 156). O parágrafo primeiro dispõe que os peritos serão nomeados entre os profissionais legalmente habilitados e os órgãos técnicos ou científicos devidamente inscritos em cadastro mantido pelo tribunal ao qual o juiz está vinculado. Nesse sentido, ser psicólogo devidamente inscrito no respectivo Conselho Regional de Psicologia não é mais a única condição para exercer a atividade pericial. Ele ou ela precisa proceder com seu cadastro no tribunal ao qual pretende prestar serviços. No caso dos psicólogos judiciários, o fato de passarem em concurso público e assumirem suas funções nos diversos locais de lotação já os colocariam como elegíveis de receberem tal nomeação da autoridade judiciária competente.

O Art. 464 em seu parágrafo primeiro estabelece que o juiz indeferirá a perícia quando a prova do fato não depender de conhecimento especial de técnico; logo, o que justifica a prova pericial é sua condição de dar acesso a um conhecimento não alcançável por outro meio.

Nesse contexto, o Art. 468 deixa claro que o perito pode ser substituído quando: faltar-lhe conhecimento técnico ou científico. Se, teoricamente, todo graduado em psicologia é especialista em Psicologia e pode ser perito, também é verdade que os profissionais se especializam e que certas áreas podem estar totalmente fora do campo de expertise de um profissional específico. Essa compreensão encontra eco em Rovinski (2004, p. 26), psicóloga perita gaúcha:

> Devido a grande diversidade do objeto de estudo da Psicologia, o psicólogo pode não se sentir capacitado para realizar determinado tipo de avaliação. Uma avaliação neuropsicológica, exigida nos casos de danos pessoais, difere substancialmente de uma avaliação sobre a determinação de guarda de filhos ou regulamentação de visitas. O psicólogo que tiver sua formação voltada para apenas uma destas áreas e sentir-se incapacitado para opinar sobre a matéria que será o foco de sua perícia, deve solicitar o seu afastamento do caso, sob pena de prestar informações inverídicas, conforme previsto no CPC. (Art. 147).

E em relação ao laudo? O que se esperaria dele? Rosa (1999, p. 124), magistrado capixaba, em obra específica sobre perícia judicial dá algumas indicações do que se esperaria do laudo. Pedimos licença ao leitor para reproduzir uma longa passagem de sua obra na qual pondera sobre a linguagem adequada na formulação dos quesitos que são perguntas que contextualizam a avaliação pericial.

> Os quesitos apresentados deverão ser redigidos dentro das características da redação oficial, com características próprias da redação técnico-científica, por ser uma comunicação técnico-científica de natureza oficial, que tem como destinatário o juízo que determinou a perícia. Com efeito, não se pode deixar de ter em vista que o diálogo parte-perito, pergunta-resposta, tem destinatário certo: o juiz, sendo importante ressaltar, também, que o perito responderá, o quesito diretamente ao juiz, e não à parte que o formulou.
> Sendo assim, os quesitos deverão ser claros e inteligíveis; precisos, de modo a não comportar diferentes interpretações nem originar ambigüidade; e objetivos, atendo-se exclusivamente ao objeto da comunicação e ao que necessita ser exposto; pautando-se, ainda, pelo padrão culto de linguagem, pela impessoalidade e pela formalidade e padronização.
> Tais considerações são importantes para se deixar claro que o indeferimento de quesitos poderá basear-se não só na pertinência, mas também na linguagem. Assim, por exemplo, quesitos ininteligíveis, imprecisos, que comportem interpretações e originem ambigüidades poderão, por estas condições, ser indeferidos, ainda que pertinentes.

Essa citação esclarece que, novamente, a ênfase recai na utilização de uma linguagem transparente e inequívoca [denotativa] que garantiria a "real compreensão da matéria".

Rovinski (2004) afirma que o laudo é o meio de apresentação do trabalho pericial e, nesse sentido, "deve ser entendido como uma comunicação técnico-científica, de natureza oficial, que tem como destinatário o juízo que solicitou a perícia" (p. 66). Ao confrontarmos as características preconizadas para o laudo, vemos que a Autora se coloca em oposição direta à ideia de que a metáfora possa sequer ser admitida no contexto da análise procedida pelo psicólogo perito.

> Cabe ao perito, nesse momento, demonstrar habilidades para a tradução de seus achados técnicos para leigos na matéria. Como documento oficial deve preencher algumas características relacionadas à eficácia da comunicação, quais sejam: clareza e inteligibilidade, precisão e objetividade, e se apresentar com padrão culto de linguagem, do tipo denotativo (nunca usar metáforas), usar impessoalidade (não redigir na primeira pessoa do singular) e da formalidade e padronização. (BRANDIMILLER apud ROVINSKI, 2004, p. 66, grifo nosso).

Ao observarmos as características do discurso dito científico, ele é tido como claro, objetivo, conciso, preciso e sem ambiguidades. Assim, na supremacia de uma linguagem que não admite a metáfora, passível de mal-entendidos e confusão, banida para o campo da poética enquanto um recurso estilístico ornamental. Essa exigência da linguagem científica teria sua origem na supremacia dos cânones das ciências naturais sobre as ciências humanas, cuja busca pela legitimidade fez com que se utilizassem parâmetros análogos aos consagrados por aquelas (CARONE, 2004).

O leitor mais atento poderia contra-argumentar que as recomendações para a prova judicial partem de profissionais do Direito[13]; contudo, como a prova/laudo é um produto técnico de outro campo profissional, com sua metodologia e objeto próprios, não seria legítimo esperar um produto diferente daquilo que esses leigos esperariam? Estaria aí um dos motivos de problemas de comunicação e desencontros entre a demanda (de um operador do Direito) e o produto/serviço prestado (pelo psicólogo?). Não seria, por acaso, a ignorância recíproca quanto a expectativas de ambas as categorias que resultaria em um diálogo de surdos e mudos? E, se este for o caso, não se poderia esperar que uma forma de insatisfação com o trabalho do psicólogo redundaria em queixas cada vez mais frequentes nos Conselhos Regionais de Psicologia por meio dos processos éticos?

Buscamos contextualizar legalmente o instituto da perícia enquanto prática psicológica no âmbito do Direito de Família. Levantamos uma hipótese inicial de que a ignorância das regras do Direito pelos profissionais da Psicologia seja responsável por parte dos problemas na área. Caberia indagar a razão pela qual profissionais se arriscariam em uma prática diferente aos quais estão acostumados, sem se inteirarem de suas diretrizes básicas legais. Ofereceremos algumas respostas nesse sentido em nosso trabalho. Na próxima seção, abordaremos o Código de Ética Profissional do Psicólogo, uma vez que é a partir deste código que as denúncias sobre práticas não consentâneas com a legislação vigente serão analisadas no CRP-06.

---

13 Consideramos Brandmiller o autor que vem do campo do Direito utilizado para qualificar o laudo.

3. A DENÚNCIA ÉTICA

Perspectiva ética é a perspectiva de uma vida boa, para e com outrem, em instituições justas (Paul Ricouer, citado por de La Taille, 2005).[14]

A Psicologia, bem como outras profissões, possui uma série de princípios que norteiam a sua prática na forma de um Código de Ética Profissional. O atual Código, o terceiro da profissão de psicólogo no Brasil, entrou em vigência por meio da Resolução CFP nº 010/05 em 27 de agosto de 2005. Em função do período compreendido pela amostra de nossa pesquisa, teremos que nos referir à versão anterior que vigorou de 1987 até 2005, visto que nossa amostra abarca processos julgados nos anos de 1997 a 2005.

O atual Código se diferencia do seu antecessor por "aproximar-se mais de um instrumento de reflexão do que de um conjunto de normas a serem seguidas pelo psicólogo." (CRP, 2005, p. 62). Isso fica claro se apreciarmos os artigos que fazem referência à Justiça. No Código anterior, os itens específicos faziam parte de um subgrupo intitulado: "Das relações com a Justiça". Esse se compunha de quatro artigos, a saber:

> Art. 17º O Psicólogo colocará o seu conhecimento à disposição da Justiça, no sentido de promover e aprofundar uma maior compreensão entre a lei e o agir humano, entre a liberdade e as instituições judiciais.
> Art. 18º O Psicólogo escusar-se-á de funcionar em perícia que escape à sua competência profissional.
> Art. 19º Nas perícias o Psicólogo agirá com absoluta isenção, limitando-se à exposição do que tiver conhecimento através do seu trabalho e não ultrapassando, nos laudos, o limite das informações necessárias à tomada de decisão.
> Art. 20º É vedado ao Psicólogo:
> - ser perito de pessoa por ele atendida ou em atendimento;
> - funcionar em perícia em que, por motivo de impedimento ou suspeição, ele contrarie a legislação pertinente;
> - valer-se do cargo que exerce, de laços de parentesco ou amizade com autoridade administrativa ou judiciária para pleitear ser nomeado perito. (CRP-06, 1999, p.112-113).

---

14 CORTELLA, M. S.; de LA TAILLE, Y. *Nos labirintos da moral*. 4. ed. Campinas: Papirus, 2005. 112p. (Papirus Debates).

No atual Código, os artigos que fazem a interface com as questões ligadas à Justiça são os artigos 2º, inciso k; art. 10º e 11º.

> Art. 2º - Ao psicólogo é vedado:
> k) Ser perito, avaliador ou parecerista em situações nas quais seus vínculos pessoais ou profissionais, atuais ou anteriores, possam afetar a qualidade do trabalho a ser realizado ou a fidelidade aos resultados da avaliação;
> Art. 10º - Nas situações em que se configure conflito entre as exigências decorrentes do disposto no Art. 9º[15] e as afirmações dos princípios fundamentais deste Código, excetuando-se os casos previstos em lei, o psicólogo poderá decidir pela quebra de sigilo, baseando sua decisão na busca do menor prejuízo.
> Art. 11º- Quando requisitado a depor em juízo, o psicólogo poderá prestar informações, considerando o previsto neste Código.

No Código antigo, tanto as recomendações quanto as restrições estão mais explicitadas, tais quais se configuram nos artigos do Código do Processo Civil. Por exemplo, as situações que aludem ao impedimento ou suspeição do profissional que atua como perito é o mesmo que se aplicam aos juízes[16]. No atual, existem princípios a serem levados em conta na ocorrência de situações que demandem do profissional uma escolha em função do mal menor (primum non nocere).

---

15 Art. 9º - É dever do psicólogo respeitar o sigilo profissional a fim de proteger, por meio da confidencialidade, a intimidade das pessoas, grupos ou organizações, a que tenha acesso no exercício profissional.

16 Art. 134. É defeso ao juiz exercer as suas funções no processo contencioso ou voluntário:

I - de que for parte;

II - em que interveio como mandatário da parte, oficiou como perito, funcionou como órgão do Ministério Público, ou prestou depoimento como testemunha;

III - que conheceu em primeiro grau de jurisdição, tendo-lhe proferido sentença ou decisão;

IV - quando nele estiver postulando, como advogado da parte, o seu cônjuge ou qualquer parente seu, consangüíneo ou afim, em linha reta; ou na linha colateral até o segundo grau;

V - quando cônjuge, parente, consangüíneo ou afim, de alguma das partes, em linha reta ou, na colateral, até o terceiro grau;

VI - quando for órgão de direção ou de administração de pessoa jurídica, parte na causa.

Lembrando que o Art. 138, em seu inciso terceiro, coloca o perito como alguém a quem se aplicam os mesmos motivos de impedimento e suspeição do juiz transcritos acima (Redação dada pela Lei nº 8.455, de 24.8.1992).

O Código de 1987 possui um capítulo específico referente às responsabilidades de sua atuação profissional, listando dez deveres e catorze interdições (Das responsabilidades gerais do Psicólogo). O não-cumprimento dessas disposições é passível de punições.

E quem é o responsável pela observância do Código? O Estado, investido das suas funções, criou o Conselho Federal e os Conselhos Regionais de Psicologia por meio da Lei nº 5.766, de 20/12/1971, cujo texto, no seu artigo 1º, Capítulo I, Dos Fins, diz o seguinte:

> Ficam criados o Conselho Federal e os Conselhos Regionais de Psicologia, dotados de personalidade jurídica de direito público, autonomia administrativa e financeira, constituindo, em seu conjunto, uma autarquia, destinados a orientar, disciplinar e fiscalizar o exercício da profissão de Psicólogo e zelar pela fiel observância dos princípios de ética e disciplina da classe.

A função de "orientar, disciplinar e fiscalizar" pode ser considerado como vetor da ação legítima correlata ao do Direito de exercer um poder por meio de sanções. É o que se pode chamar de normatização que não se confunde com o que Foucault (1973/1999) denomina de normalização[17].

E como é feita a denúncia em relação ao psicólogo? No Manual de Orientações (CRP-SP, 2006), em sua Seção IV, item 2.10 (Irregularidade Ética e Denúncia, p. 41-43), vamos encontrar os procedimentos previstos para que qualquer pessoa possa denunciar aos Conselhos Regionais de Psicologia o profissional psicólogo que esteja exercendo a profissão sem a sua inscrição ou infringindo as legislações do CFP e do Código de Ética Profissional. De acordo com o estabelecido pelo Código de Processamento Disciplinar (CPD - Resoluções CFP nº 005/88 e 006/2001), existe um trâmite para a denúncia e para a sua apuração. A partir de 2007, pela Resolução CFP nº 006/07 que revoga a anterior, não se utiliza mais o termo denúncia, substituindo-se por representação[18].

> Representação
> Qualquer pessoa poderá representar aos Conselhos Regionais, o profissional psicólogo que esteja infringindo as legislações do CFP e o Código de Ética Profissional dos Psicólogos.

---

17 "Volta-se aqui à ideia de que, concretamente, não há que se falar em uma separação rigorosa entre lei e norma para Foucault. A distinção entre ambas pode ser dita "rigorosa" apenas num plano conceitual, que tem sua aplicação restrita à necessidade de se especificar um domínio de mecanismos de poder representado pela normalização. Num plano que considera as práticas efetivas ligadas aos mecanismos de poder, a distinção deixa de ser fundamental e aponta para as diferentes possibilidades de implicação entre ambas" (FONSECA, 2002, p.148).

18 N. A. Manteve-se a designação anterior de "denunciante" e "denunciado" que constavam como os termos utilizados na época do processamento dos casos analisados.

> A representação deve ser formalizada de acordo com o estabelecido pelo Código de Processamento Disciplinar (Resolução CFP 006/07):
> Art. 19 - A representação, como disposto no Artigo 2.° deste Código, deverá ser apresentada diretamente ao Presidente do respectivo Conselho, mediante documento escrito e assinado pelo representante, contendo:
> a) nome e qualificação do representante;
> b) nome e qualificação do representado;
> c) descrição circunstanciada do fato;
> d) toda prova documental que possa servir à apuração do fato e de sua autoria;
> e) indicação dos meios de prova de que pretende o representante se valer para provar o alegado.
> Parágrafo Único - A falta dos elementos descritos das alíneas "d" e "e" não é impeditiva ao recebimento da representação.
> A fim de preservar o sigilo necessário, a Carta só poderá ser enviada pelo correio ou entregue pessoalmente, sendo que cartas enviadas por fax e e-mail não serão aceitas.

Desde o início, configurou-se uma hipótese que norteou esta pesquisa: seria o encontro das exigências de prova (Direito) e as exigências técnicas (Psicologia) algo irreconciliável? Haveria algo na própria natureza do conhecimento psicológico que seria "intraduzível" para a lógica da prova pericial requisitada pelo Direito? Seria uma das possíveis causas o fato da psicologia trabalhar com um objeto de conhecimento que não se é apreensível por uma metodologia das ciências naturais?

O pomo da discórdia se tornaria, por meio de uma denúncia ética, o próprio laudo psicológico. Ironicamente, a peça científica e neutra que deveria servir de subsídio a um julgamento imparcial e justo está sendo criticada; seu autor ocupará o banco dos réus em um outro tipo de processo. Um colega seu, conselheiro da entidade de classe, tornar-se-á um relator-juiz. O processo judicial em Vara de Família sofre um estranho fenômeno em que se desdobra em um outro conflito, lateral e, por vezes, comunicando-se com aquele, desembocando em uma outra arena jurídica. O laudo psicológico passa a ser prova em outro sentido, pois ele será a produção mais visível de uma prática que está sendo questionada. O seu autor, um psicólogo (perito), será julgado pela instituição CRP-06. Falar do psicólogo-juiz passa a ser uma competência claramente determinada nos códigos da instituição Conselho (CPD[19]).

---

19 CAPÍTULO IV

Do Julgamento dos Processos

Art. 58 - O relator designado deverá apresentar seu relatório na reunião plenária em que será submetido a julgamento.

Formalizada a queixa no Conselho, inicia-se o processo de averiguação conduzido pela Comissão de Ética a quem o Presidente do CRP-06 incumbe para tal, segundo o CPD. A Comissão de Ética (COE daqui para frente) pode propor a exclusão liminar da representação (anteriormente denominada 'denúncia'[20]) ou notificar o psicólogo representado para prestar esclarecimentos por escrito. Caso ainda maiores esclarecimentos sejam necessários, a COE tem a possibilidade de "convocar uma ou as duas partes para comparecer ao Conselho Regional e prestar outras informações que entender indispensáveis".

A COE tem a competência de propor o arquivamento da representação ou a instauração de um Processo Disciplinar Ético (daqui para frente PDE). Em qualquer das hipóteses "as propostas de exclusão liminar da denúncia ou instauração de processo devem ser encaminhadas ao Plenário com parecer por escrito da COE". A partir da decisão do Plenário, cabe ainda recurso ao CFP.

Passada a fase inicial, sem o arquivamento da denúncia, parte-se para a fase de instrução do julgamento ético. O PDE se torna um Processo Ético (daqui para frente PE).

Em um primeiro momento, o psicólogo denunciado é contatado e informado da denúncia, sendo solicitado a enviar uma "defesa prévia" por escrito das acusações que lhe são feitas. Os PDE's são esses processos que terminam nessa fase inicial e não se tornam PE's.

Quando se transformam em PE's, há, pelo menos em tese, evidências que apontam para a ocorrência de faltas éticas que terão que ser averiguadas. Dessa forma, o PE também não representa, automaticamente, a culpabilidade do psicólogo. Dependerá do trâmite final de julgamento

---

Parágrafo Único - O relatório conterá três partes:

a) uma expositiva, compreendendo o histórico sucinto dos fatos a serem julgados, a capitulação que foi dada pela Comissão de Ética e as provas colhidas;

b) uma parte conclusiva, compreendendo a apreciação dos fatos e das provas, bem como a fundamentação do voto do Conselheiro Relator;

c) o voto.

Parágrafo Único - O relator pode tirar elementos da tipificação feita, mas não pode acrescentar novas infrações identificadas.

20 Uma vez que nossa amostra contém os processos anteriores à mudança de designação, utilizaremos o termo 'denúncia'.

com a posição do Relator sendo corroborada pela Plenária e se não reformada pelo CFP, caso haja recurso[21].

Embora seja um procedimento administrativo extrajudicial, a representação no CRP-SP possui um trâmite análogo ao processo judicial, que envolve várias etapas, podendo chegar a até 05 (cinco) anos. Em todas as fases processuais é possível ocorrer a mediação. (Conselho Regional de Psicologia de São Paulo).

Estatutariamente, se o psicólogo é considerado culpado de uma falta ética, ele recebe uma das penalidades previstas no Código. As penalidades por ordem crescente de gravidade são: advertência, multa, censura pública, suspensão do exercício profissional, por até 30 (trinta) dias, ad referendum do CFP e cassação do exercício profissional, ad referendum do CFP (CRP-06, 2006, p. 43). Portanto, as duas últimas punições têm que receber o aval do CFP.

Chamamos a atenção do leitor para o fato de que os processos correm em sigilo[22] e somente nos casos de censura pública, suspensão ou cassação os psicólogos punidos se tornam conhecidos no nosso meio pelo Jornal Psi, publicado pelo CRP-06 e distribuído a todos os inscritos. Conhecem-se os nomes e os artigos infringidos, mas nada mais do processo.

Glassman (1995), psicólogo do Arizona (EUA), cita os dados compilados pela American Psychological Association (APA) no período de cinco anos (1990-1994), de que de todos casos de violação ética abertos nesse período, sete a dez por cento se referiam a queixas ligadas a avaliações

21 Após o julgamento, a parte que se sentir insatisfeita pode recorrer ao Conselho Federal de Psicologia para que haja alteração ou confirmação do julgamento e sentença dada pela Regional.

22 Art. 29 - O conteúdo do processo ético terá caráter sigiloso, sendo permitida vista dos autos apenas às partes e aos seus procuradores, fornecendo-se cópias das peças requeridas.

§ 1° - O dever de segredo estende-se à Comissão de Ética, às Comissões de Instrução e aos Conselheiros, como também aos servidores do Conselho que dele tomarem conhecimento por dever de ofício. § 2° - Todos os procedimentos durante a instrução processual correrão em sigilo, o que deverá ser informado, por escrito, às partes pela Comissão, sendo de responsabilidade das partes preservá-lo, sob pena de incorrerem em responsabilidade civil e penal no caso de divulgação do seu conteúdo. § 3° - A informação a respeito da existência do processo e das partes envolvidas, sem referência ao conteúdo, não se constitui desobediência ao disposto neste artigo (Resolução CFP n° 006/2007. Institui o Código de Processamento Disciplinar. Disponível em: http://www.crpsp.org.br/crp/orientacao/legislacao/resolucoes_cfp/proc_disciplinar/fr_cfp_006-07.aspx#titulo4_cap8. Acesso em: out. 2008).

psicológicas sobre guarda. O Autor não conseguiu colher dados comparativos nos conselhos de psicologia dos vários estados americanos para determinar o problema em nível local. Em suas próprias palavras em uma tradução livre:

> Embora o profissional que realize avaliação psicológica em casos de disputa de guarda se esforce para levar em conta todos os aspectos do problema, ser imparcial e objetivo, isto somente não lhe garante imunidade contra uma queixa ética alegando um viés na avaliação ou uma conduta antiprofissional. Tal queixa é mais provável de ocorrer em casos de divórcios com alto grau de litígio, casos em que haja acusação de abuso e em casos em que o conflito seja perene.[23]

Em nosso meio, Frizzo (2004) procedeu a uma pesquisa das infrações éticas no exercício profissional dos psicólogos de Santa Catarina a partir da análise das denúncias apreciadas pela Comissão de Ética do Conselho Regional de Psicologia no período de 1992 a 2003. Em sua pesquisa as avaliações e perícias psicológicas apresentaram o maior número de queixas, seguido de problemas no relacionamento de psicólogos, entre si, com clientes, e com outros profissionais, e o uso de práticas não reconhecidas pela ciência psicológica. Nas palavras da Autora:

> A caracterização das infrações éticas mostra a dificuldade encontrada pelos psicólogos para justificarem social e institucionalmente suas práticas profissionais, e demonstram evidências da relação existente entre a formação do psicólogo e os aspectos que devem ser mais enfatizados do ponto de vista do seu aprimoramento técnico e de sua fundamentação ética e científica. (FRIZZO, 2004, p. 09).

Segundo o jornal O Estado de São Paulo, de 23 de janeiro de 2002, a maioria das denúncias contra psicólogos está relacionada a casos de disputa familiar pela guarda de filhos. "São pessoas que, depois de perder a guarda das crianças, questionam o conteúdo da avaliação psicológica pela qual passaram. Casos que envolvem avaliações psicológicas equivalem a 70% das queixas que chegam ao Conselho Regional de Psicologia de São Paulo (CRP-SP)." (MIRANDA, 2002).

A nossa pesquisa não se debruçará sobre a totalidade de denúncias em um dado período, pois trabalhamos com um recorte específico: denúncias sobre laudos psicológicos envolvidos em processos judiciais de

---

23 Although the custody evaluator may *strive to be thorough, impartial, and objective, these attributes alone Will not insulate the practitioner from incurring an ethics complaint alleging bias or unprofessional conduct. Such a complaint is more likely to occur in acrimonious divorce cases, in cases where allegations of abuse have been leveled, and in cases where conflict is persistent.* (GLASSMAN, 1998, p. 121).

Vara de Família. Portanto, não temos como aferir o dado comparativo em relação ao número total de denúncias. Esperamos, no entanto, aprofundar no conhecimento das especificidades de denúncia em relação à amostra que privilegiamos. Ao leitor interessado na pesquisa em relação às queixas éticas e suas decorrências, tanto para a percepção social da profissão quanto para se pensar a formação do psicólogo, remetemos ao trabalho de Frizzo (2004).

Passamos, a partir de agora, a verificar como as orientações para a produção do laudo podem ser depreendidas dentro do próprio campo da Psicologia. Faremos isso recorrendo ao Manual de Elaboração de Documentos Decorrentes de Avaliações Psicológicas (Resolução nº 07/2003)[24]. Centraremos a análise sobre o conteúdo de tais recomendações que, por sua abrangência, são pertinentes a todos os psicólogos, independente de filiação teórica-técnica. Essa análise permitirá isolar as características que são exigidas nesses trabalhos cuja categoria se enquadra o trabalho de avaliação psicológica pericial (perícia). O que conduzirá nossa pesquisa é saber se a exigência do discurso científico, da forma como é preconizado no Direito, também se faz presente no campo da Psicologia.

3.1. AS REGRAS DA CASA: O PRIMADO DA LINGUAGEM TÉCNICA

A primeira iniciativa do CFP de normatizar os documentos elaborados a partir de avaliações psicológicas foi em 2001 com a Resolução nº 30/2001. O referido documento foi revisado pela Resolução nº 17/2002 e, em 2003, chegou à Resolução nº 07/2003. Pela própria rapidez com que as versões se sucederam, podemos pensar que existe muita dificuldade em se chegar a um consenso satisfatório nesta área. Essa rápida sucessão de "versões" do mesmo documento tem levado a certas confusões dentro do próprio meio: dois exemplos.

Rovinski publicou o livro Fundamentos da perícia psicológica forense em 2004, referindo-se à Resolução desatualizada de nº 30/2001. As pesquisadoras Granjeiro & Costa (2008), no artigo O estudo psicossocial forense como subsídio para a decisão judicial na situação de abuso sexual, fazem uma análise de um caso de abuso sexual julgado em uma Vara Criminal buscando "uma compreensão da função do estudo psicossocial forense". Contudo, utilizam a Resolução nº 17/2002 para balizarem suas análises.

---

24 N. A. A análise dos laudos teve como base a Resolução nº 07/2003, vigente à época da pesquisa. Quando for relevante, comentarei à luz da Resolução atual nº 06/2019.

Depois de dezesseis anos e algumas críticas (Lago et ali., 2016, p. 777), a Resolução sobre documentos foi atualizada pela de nº 06/2019. Para o leitor interessado especificamente nas questões ligadas à redação de documentos remetemos à obra de Lourenço; Ortiz e Shine, 2021.

Na justificativa do CFP para a elaboração de tal Manual, considera-se que o psicólogo tem sido solicitado a apresentar informações documentais no exercício profissional, destacando a necessidade de referências para subsidiar a produção qualificada de trabalhos decorrentes de avaliação psicológica. Tal necessidade levou em conta ainda a "frequência com que representações éticas são desencadeadas a partir de queixas que colocam em questão a qualidade dos documentos escritos, decorrentes de Avaliação Psicológica, produzidos pelos psicólogos." (Resolução CFP nº 30/2001). Logo, desde o nascedouro um dos motivos para se criar o Manual ligava-se à expectativa de que ela serviria para diminuir a tendência crescente de queixas em relação à qualidade dos documentos escritos oriundos do processo de avaliação psicológica.

Centraremos a análise na última versão do documento (Resolução CFP nº 07/2003), enfocando a subseção que trata do laudo psicológico, por ser o nosso objeto de estudo. Muito embora, os julgamentos dos laudos em nossa amostra se apoiarem nas versões anteriores dessa Resolução.

O documento tem um item inicial que aborda a questão da escrita: Princípios Norteadores na Elaboração de Documentos:

> 1- Princípios Técnicos da Linguagem Escrita
> O documento deve, na linguagem escrita, apresentar uma redação bem estruturada e definida, expressando o que se quer comunicar. Deve ter uma ordenação que possibilite a compreensão por quem o lê, o que é fornecido pela estrutura, composição de parágrafos ou frases, além da correção gramatical.
> O emprego de frases e termos deve ser compatível com as expressões próprias da linguagem profissional, garantindo a precisão da comunicação, evitando a diversidade de significações da linguagem popular, considerando a quem o documento será destinado.
> A comunicação deve ainda apresentar como qualidades: a clareza, a concisão e a harmonia. A clareza se traduz, na estrutura frasal, pela seqüência ou ordenamento adequado dos conteúdos, pela explicitação da natureza e função de cada parte na construção do todo. A concisão se verifica no emprego da linguagem adequada, da palavra exata e necessária. Essa "economia verbal" requer do psicólogo a atenção para o equilíbrio que evite uma redação lacônica ou o exagero de uma redação prolixa. Finalmente, a harmonia se traduz na correlação adequada das frases, no aspecto sonoro e na ausência de cacofonias. (CFP, 2003, grifo nosso).

Ainda na parte inicial, dentro dos Princípios Técnicos encontramos outra passagem que alude ao uso da linguagem:

> A linguagem nos documentos deve ser precisa, clara, inteligível e concisa, ou seja, deve-se restringir pontualmente às informações que se fizerem necessárias, recusando qualquer tipo de consideração que não tenha relação com a finalidade do documento específico. (CFP, 2003).

Chamamos a atenção do leitor à preocupação, nesta parte inicial, quanto à questão da correção da linguagem utilizada. A preocupação é claramente com o uso correto e adequado da linguagem (retórica).

Mais importante é que essa diretriz está enfatizada pela Resolução. A formação do psicólogo ainda não se voltou para um melhor treino para a apresentação de dados obtidos no processo de avaliação psicológica. Esse ponto já foi assinalado por Faivichenco (1977, p. 1), bem como por Figueiredo (1995, p. 95-96), como mencionamos. Verificamos que desde a formação de graduados em Psicologia, na maioria das vezes, o ensino e o treinamento em psicodiagnóstico dilui-se no exato momento de redigir o relatório psicológico. É como se após recolher os dados necessários, seja de que forma for, e integrar os resultados, não importasse a forma de transmiti-los.

Com as Resoluções lançadas pelo CFP (2001, 2002 e 2003), busca-se uma uniformização dos termos utilizados pela categoria como laudo, relatório psicológico e parecer. Mas, tal esclarecimento taxionômico seria suficiente para dirimir confusões? A simples normatização por meio de um documento diminuiria, por si só, o frequente número de queixas quanto aos problemas ligados ao laudo? Pensamos que não e os dados de nossas pesquisas corroboram tal afirmativa.

O laudo psicológico é contemplado no Documento nº 07/2003 como sinônimo de relatório psicológico.[25]

O relatório ou laudo psicológico é uma apresentação descritiva acerca de situações e/ou condições psicológicas e suas determinações históricas, sociais, políticas e culturais, pesquisadas no processo de avaliação psicológica.

O termo "laudo" está diretamente associado ao trabalho pericial, portanto com uma conotação específica dentro do discurso do Direito: "Peça escrita, fundamentada, na qual os peritos expõem as observações

25 Na Resolução nº 06/2019, laudo é diferenciado de relatório. Este último ainda se subdivide em duas possibilidades: relatório psicológico e multiprofissional (Conselho Federal de Psicologia, 2019).

e estudos que fizeram e registram as conclusões da perícia." (FERREIRA, 1988). Para Santos (apud ZARZUELA et al., 2000, p. 35):

> "o laudo constitui o parecer emitido pelo Perito, isto é, a fiel exposição das operações e ocorrências da diligência, com o parecer fundamentado sobre a matéria que lhe foi submetida a exame. No LAUDO PERICIAL reside a documentação da perícia, nele se documentam os fatos ocorridos, as operações realizadas e as conclusões, devidamente fundamentadas, a que chegarem os Peritos e os assistentes técnicos, estes últimos nas esferas cível e trabalhista".

A ênfase em caracterizar o laudo enquanto um instrumento científico é explícito tanto na Resolução quanto em vários autores (CAIRES, 2003; CASTRO, 2003; CRUZ, 2002; JESUS, 2000; ROVINSKI, 2004). Enquanto tal, a Resolução defende uma linguagem científica com as mesmas características que preconiza o Direito. Isso posto, tanto no Direito quanto na Psicologia a utilização da linguagem científica obedece aos cânones das ciências naturais como apontado por Carone (2004).

A questão da linguagem é retomada no subitem 3.2.4 Análise: "O psicólogo, ainda nesta parte, não deve fazer afirmações sem sustentação em fatos e/ou teorias, devendo ter linguagem precisa, especialmente quando se referir a dados de natureza subjetiva, expressando-se de maneira clara e exata." (CFP, 2003).

O grande desafio que se coloca é, justamente, apresentar uma "linguagem precisa, especialmente quando se referir a dados de natureza subjetiva". Convenhamos que isso é mais fácil de falar que fazer, principalmente se não existe um momento específico de treino na própria formação do psicólogo.

Cruz (2003, p. 275), em artigo que aborda o laudo, procura dar exemplos e diretrizes mais específicos. Pedimos licença ao leitor, mais uma vez, para fazer uma longa citação a respeito do tema que interessa à pesquisa.

> Sobre a linguagem a ser utilizada na redação dos laudos, deve-se estar atento a linguagem utilizada na comunicação científica, o que significa dizer primar por um texto objetivo, coerente e consistente. Que seja capaz de esclarecer o que se solicita, que demonstre organização dos argumentos e capacidade teórica e conceitual evidentes.
>
> Principalmente, deve-se evitar escrever no laudo argumentos que sinalizem:
>
> a) emissão de juízo de valor: "personalidade fraca", "bom temperamento", "extroversão exagerada";
>
> b) dogmas: "inseguro a tal ponto que somente poderá superar suas dificuldades através de auto-ajuda"; "apesar de instável, acreditamos em seu pleno restabelecimento emocional";

c) incorreções teóricas e técnicas: "falta maturidade", "não dispõe de recursos intelectuais";

d) impropriedade na escrita e no uso de termos: "estados emocionais o assaltam e o perturbam"; "é um indivíduo acometido de ímpetos agressivos"; "demonstra certa superioridade intelectual"; "mostra falsas reações"; "é uma pessoa tipicamente imprevisível"; "seu desempenho na avaliação foi muito razoável"; "demonstra um comportamento problemático";

De uma forma geral, o mais importante é resguardar a coerência interna na redação de um laudo, isto é, garantir que a escolha das técnicas e a comunicação dos resultados (forma e conteúdo) possuam correlações técnicas entre si e respondam objetivamente ao requisitado. O uso de linguagem técnica compatível como o que se quer transmitir é um componente crucial.

Caires (2003, p 149), psicóloga jurídica em perícia criminal, afirma:

> Fazer com que o outro profissional, seja de que área for, venha a compreender o nosso relatório, requer treinamento, prática assistida e simplicidade na redação. Essa meta é tão importante quanto a de manter-se, principalmente nos casos periciais, atrelado nas questões médicas (que motivaram nosso exame), porque nelas estão embutidas as questões (quesitos) jurídicas (que demandaram o exame médico-legal)[26].

Sá (1993, p. 43) falando na área da Vara Criminal aborda em seu trabalho as várias dificuldades observadas na operacionalização do trabalho interdisciplinar de exame criminológico. Em seu entendimento, o exame criminológico

> é peça pericial, analisa o binômio delito-delinquente e o foco central para o qual devem convergir todas as avaliações é a motivação criminal, a dinâmica criminal, isto é, o conjunto de fatores que nos ajudam a compreender a origem e desenvolvimento da conduta criminal do examinando.

O Autor preconiza uma "convergência" dentro da equipe criminológica não só nos aspectos gerais, mas também na utilização da linguagem técnica – que é o ponto que nos interessa mais de perto. Pensa que os profissionais deveriam buscar uma definição no âmbito das equipes de termos técnicos que utilizam.

> À guisa de ilustração, cito alguns termos técnicos que, embora importantes no âmbito da criminologia, percebo nem sempre serem igualmente compreendidos por todos os que os utilizam e os leem, na prática criminológica: "personalidade imatura", "infantilidade", "controle repressivo", "agressividade", "delinquência ocasional", "delinquência caracterológica", "mesocri-

26 A Autora coloca a interface entre as "questões médicas" e "jurídicas". Preferimos utilizar a terminologia "psico-legal", uma vez que se trata da relação da dúvida jurídica com a especificidade do campo psicológico. Abordaremos tal conceito mais à frente.

> minoso preponderante", "auto-crítica", "adaptação ao regime carcerário". "prisionisação", "prospecção de futuro". Há termos que inclusive por seu caráter de generalidade e pouca precisão, dão margens a múltiplas interpretações. Impõe-se buscar uma convergência na forma de compreendê-los (SÁ, 1993, p. 44).[27]

Podemos divisar os imensos problemas dentro do campo da Psicologia em manter a coerência entre o tipo de conteúdo de que se trata e a forma pela qual se o apresenta, da mesma maneira que procurar uma terminologia comum dentre as mais variadas linhas teóricas e correntes de pensamento.

A exigência de uma linguagem técnica e exata e, por conseguinte, correta e legítima, estaria codificada por essas duas regras, um no campo do Direito e outra no campo da Psicologia? A partir do que vimos até agora, considerando o uso da linguagem respeitando-se suas regras sintáticas e delimitando seu eixo semântico, podemos dar uma resposta afirmativa a essa questão. Caberia, então, verificarmos se o mérito a ser analisado em relação às denúncias éticas se centrará àquilo que se escreve no laudo.

Essa questão nos remete à necessidade de enfocarmos o conteúdo do laudo psicológico antes de continuarmos. Para tanto, retomaremos a pesquisa realizada no Mestrado (SHINE, 2002), buscando algumas categorias de análise pelas quais possamos nos orientar em relação ao atual estudo do produto final das avaliações psicológicas, isto é, o laudo. A delimitação da forma por meio dos requisitos formais e linguísticos dá conta do aspecto da apresentação do trabalho, sem adentrar nas questões do mérito da avaliação realizada.

A Resolução nº 07/2003 estabelece os parâmetros mínimos para uma delimitação conceitual (diferenciando laudo psicológico de parecer, declaração e atestado), impondo certas exigências formais. Contudo, resta ainda a questão da correção daquilo que se avaliou e se afirma no próprio conteúdo do laudo. Uma crítica formal, ainda que pertinente, não atingiria o âmago da questão quanto à veracidade ou não, correção ou não das conclusões psicológicas que se afirmam no laudo e que estejam sendo questionados no CRP por meio de uma denúncia.

---

27 O exame criminológico foi extinto pela Lei nº 10.792 de 1º de dezembro de 2003. Uma discussão crítica sobre a realização do diagnóstico psicológico no sistema prisional pode ser encontrada em RAUTER, C. Diagnóstico psicológico do criminoso: tecnologia do preconceito. *Revista do Departamento de Psicologia da Universidade Fluminense,* n. 1, p. 9-22, 1989.

Em relação ao nosso objeto de pesquisa poder-se-ia perguntar: Qual é a natureza dessa queixa? Sobre o que versa a queixa contra o psicólogo? Se o psicólogo procedeu a uma avaliação psicológica que foi utilizada no Judiciário, a denúncia ocorre como retaliação pelo sujeito periciando que se sentiu prejudicado com a sua conclusão? Ou o profissional estaria sendo questionado na qualidade de sua avaliação?

Morris (apud WEINER & HESS, 2006, p. 102), aponta em 1997 que, na realidade norte-americana, a participação em avaliações de guarda pode gerar denúncias éticas contra os profissionais que os realizam. Segundo o autor, isso se deve parcialmente ao objetivo das avaliações (pais que ficaram descontentes com o resultado final da guarda) e parcialmente em função do número de condutas éticas que tem relevância direta com esse tipo de avaliação.

Para avaliarmos nossa amostra, necessitamos criar categorias de análise em relação às próprias avaliações psicológicas para o contexto forense. Contudo, há que se deixar claro o que chamamos de avaliação psicológica em contexto forense, assim como dizer algo sobre o objeto específico da avaliação no trabalho pericial em Vara de Família. Esses são os objetivos nas duas próximas seções.

4. AVALIAÇÃO PSICOLÓGICA: CAMPO E PRÁTICA

Um engenheiro, por exemplo, não discute nunca a especificidade de engenharia; um arquiteto talvez pergunte. Um médico não duvida da especificidade da sua profissão; um psiquiatra, talvez. Um psicólogo, sempre (ALBUQUERQUE, J. G., s/d, p. 48).

A avaliação psicológica é uma atividade do psicólogo com grande variedade de abordagens e uma ampla gama de aplicação. Alchieri e Cruz (2003) fazem uma distinção terminológica entre exame psicológico, psicotécnico e psicodiagnóstico. Exame psicológico seria um procedimento de avaliação psicológica comumente usado em seleção de pessoal, nos concursos públicos e na avaliação para obtenção de carteira de motoristas. Segundo Cabral e Nick (1997) e Chaplin (1981) apud Alchieri e Cruz (2003), esse exame é considerado sinônimo de psicotécnico. A avaliação psicológica entendida como psicodiagnóstico está associada ao trabalho clínico (SILLAMY, 1998; CABRAL NICK, 1997 apud ALCHIERI & CRUZ, 2003).

Cunha (2000), Guirado (1990), Ocampo et al. (1990), Rosa (1997), Senne (2005), Silva Jr. & Ferraz (2001) e Tsu (1984) são alguns dos autores que utilizamos para pensar a prática da avaliação psicológica ligada à atividade clínica de psicodiagnóstico.

Cunha (2000, p. 19) ensina que, atualmente, "o psicólogo utiliza estratégias de avaliação psicológica, com objetivos bem definidos, para encontrar respostas a questões propostas com vistas à solução de problemas". A autora entende por estratégias uma "variedade de abordagens e recursos", incluindo aí o enfoque teórico (comportamental, psicanalítica, psicodinâmica etc.); a metodologia (métodos individualizados ou qualitativos, psicométricos, entrevista, observação, utilização de técnicas projetivas) tal como o tipo de "medidas" do psicólogo, entendido aqui como categorias semiológicas (classificação nosológica, definição de níveis de psicopatologia). Concluindo:

> Estratégias de avaliação é, pois, uma expressão com uma abrangência semântica muito ampla e flexível, ainda que possa ser usada de maneira muito específica. Psicólogos lançam mão de estratégias quando realizam avaliações. Numa perspectiva clínica, a avaliação que é feita comumente é chamada de

> psicodiagnóstico, porque procura avaliar forças e fraquezas no funcionamento psicológico, com um foco na existência ou não de psicopatologia. (CUNHA, 2000, p. 22).

Mais à frente (CUNHA, 2000, p. 26):

> Psicodiagnóstico é um processo científico, limitado no tempo, que utiliza técnicas e testes psicológicos (input), em nível individual ou não, seja para entender problemas à luz de pressupostos teóricos, identificar e avaliar aspectos específicos, seja para classificar o caso e prever seu curso possível, comunicando os resultados (outuput), na base dos quais são propostas soluções, se for o caso.

Grisso (1986), autor norte-americano, apoiando-se em Maloney E Ward[28] divide o processo de avaliação psicológica em cinco estágios, a saber:

1. Definição do problema: formulação, da maneira mais clara possível, das questões apresentadas pelo consulente.
2. Preparação: elaboração de um plano de ação por meio do subsídio da definição do problema e das informações disponíveis a respeito do examinando. Essa coleta de informações adicionais se procede por meio da abordagem direta com o(s) examinando(s).
3. Coleta de dados: utilização da observação direta do indivíduo ou grupo usando o plano elaborado na fase anterior.
4. Interpretação: formulação de uma opinião a respeito do problema original, conseguido por meio da contraposição dos dados obtidos em relação às normas dos testes, teorias ou modelos do psicólogo.
5. Comunicação: entrega, em uma forma utilizável pelo indivíduo, grupo ou terceira parte interessada, dos resultados atingidos pela avaliação.

Grisso (1986) enfatiza que a definição acima visa corrigir a interpretação errônea de que avaliação psicológica seja sinônimo de "aplicação de testes", deixando bem claro que o teste é um meio que o psicólogo pode ou não se utilizar para alcançar seus propósitos. Contudo, o autor reconhece que a utilização desses instrumentos diferencia o psicólogo dos outros profissionais de saúde mental. A avaliação psicológica marcou a inauguração do uso dos testes psicológicos, justificando, assim, a imagem do leigo que associa o psicólogo a testes, "já que principalmente testólogo é o que ele foi, na primeira metade do século XX." (GROTH-MARNAT apud CUNHA, 2000, p. 19).

---

28 MALONEY, M.; WARD, M. *Psychological assessment: A conceptual approach*. New York: Oxford University Press, 1976.

Silva Jr. e Ferraz (2001) e Rosa (1997) retomam historicamente o surgimento dos instrumentos de avaliação de medida intelectual e de aptidões, como também os testes projetivos que comporão a bateria do psicodiagnóstico. No Brasil, cumpre enfatizar que os testes psicológicos se constituem em área exclusiva do psicólogo[29].

Uma outra definição de psicodiagnóstico de autoras influentes em nosso meio é de Ocampo & Arzeno (1990, p. 17):

> Institucionalmente, o processo psicodiagnóstico configura uma situação com papéis bem definidos e com um contrato no qual uma pessoa (o paciente) pede que a ajudem, e outra (o psicólogo) aceita o pedido e se compromete a satisfazê-lo na medida de suas possibilidades. É uma situação bi-pessoal (psicólogo-paciente ou psicólogo-grupo familiar), de duração limitada, cujo objetivo é conseguir uma descrição e compreensão, o mais profunda e completa possível, da personalidade total do paciente ou do grupo familiar. Enfatiza também a investigação de algum aspecto em particular, segundo a sintomatologia e as características da indicação (se houver). Abrange os aspectos passados, presentes (diagnóstico) e futuros (prognóstico) desta personalidade, utilizando para alcançar tais objetivos certas técnicas (entrevista semidirigida, técnicas projetivas, entrevista de devolução).

Senne (2005) contrapõe a definição de Cunha (2000) com esta última, classificando a primeira como "mais naturalista" e a última "mais psicodinâmica" (p. 158). "Naturalista", para o Autor, é associado ao método das ciências naturais (observação do 'exterior' e experimentação). Nesse sentido, Senne não discordaria de nós ao afirmarmos que a proposta apresentada por Grisso (1986) também se enquadraria nesse modelo. Modelo este, diga-se de passagem, que retoma quase ponto a ponto a metodologia de pesquisa para produção de dissertações e teses que estudamos no Departamento de Psicologia da Aprendizagem, do Desenvolvimento e da Personalidade – PSA (vide LUNA, 1996, 16-17[30]).

De qualquer forma, o objetivo quer seja "entender um problema, identificar e avaliar aspectos específicos, classificar o caso, prever o cur-

---

29 Apenas o psicólogo pode fazer uso de instrumentos e técnicas psicológicas. Isso significa que ele não poderá divulgar, ensinar, ceder, dar, emprestar ou vender instrumentos ou técnicas psicológicas que permitam ou facilitem o exercício ilegal da profissão (Artigo 18 do Código de Ética). (CRP06, 2005, p. 33)

30 Os elementos básicos da pesquisa são: 1) formulação de um problema de pesquisa; 2) determinação das informações para encaminhar as respostas; 3) seleção de melhores fontes; 4) definição das ações que produzirão as informações; 5) seleção de um sistema para tratamento das informações; 6) uso de sistema teórico de interpretação; 7) produção de respostas às perguntas formuladas; 8) indicação de grau de confiabilidade das respostas obtidas; 9) indicação da generalidade dos resultados.

so" (CUNHA, 2000) ou "opinar a respeito do problema original por meio da contraposição dos dados obtidos em relação às normas dos testes, teorias ou modelos" (MALONEY & WARD, 1976), ou ainda "conseguir uma descrição e compreensão, a mais profunda e completa possível, da personalidade total do paciente ou do grupo familiar e, também a investigação de algum aspecto em particular, abrangendo os aspectos passados, presentes (diagnóstico) e futuros (prognóstico) desta personalidade" (OCAMPO & ARZENO, 1990), estão conforme aquilo que Foucault (1973/1999) qualifica como a terceira forma de acesso à verdade pelo meio do exame.

Miranda Jr., psicólogo jurídico mineiro, explicita claramente essa relação em seu trabalho (MIRANDA JR., 2005, p. 160): "A avaliação psicológica surgiu num momento histórico em que a sociedade disciplinar[31] encontrou na Psicologia Aplicada uma aliada na classificação dos indivíduos a partir do estudo das diferenças individuais." A mesma consideração é feita por Brito (2005, p. 11):

> Não se pode desconsiderar que, inicialmente, a Psicologia era uma disciplina identificada como uma prática voltada para a realização de exames e avaliações, sendo notório o valor atribuído a estes nos diversos campos de atuação profissional: escolar, clínica, a outrora denominada industrial e, consequentemente, a jurídica. Como afirma Foucault (1993), o corpo de conhecimentos da Psicologia era identificado por meio do diagnóstico da patologização, do qual passaram a se ocupar diversas instituições a partir do final do século XX".

Rosa (1997) localiza nos anos 70 o momento em que o psicodiagnóstico se torna o centro das investigações em Psicologia Clínica, propiciando a solidificação do psicólogo como profissional. Paralelamente, ter-se-ia processado um período de reformulação da Psicologia do ponto de vista epistemológico, repensando a visão de homem, de doenças e saúde mental. Tal movimento "recoloca novos lugares para os psicólogos, pensa as instituições, incorpora os conhecimentos e métodos da Psicanálise e Fenomenologia, busca novo estatuto para os clientes e suas vicissitudes." (p. 15). Falando desse mesmo momento, Vasconcellos (2000) sugere que a psicologia, destinada a avaliar o funcionamento mental, foi se voltando para avaliar o sofrimento psíquico erigido em objeto de atenção no campo da saúde. Como ele postula, o "reconhecimento social do sofrimento moral sem substrato orgânico

31 Utilizo este termo a partir da obra de Foucault e do texto de Luis Cláudio Figueiredo (*A invenção do psicológico*. Quatro séculos de subjetivação 1500-1900. São Paulo: Educ/Escuta, 1992. 178p.)

que Freud legitimou através do conceito de neurose, permitiu que a psicologia se instalasse como provedora de tratamento clínico em paralelo com a medicina." (p. 122).

A mesma autora chama a atenção para o fato de que as duas atribuições: avaliação e intervenção terapêutica – concebidas teoricamente como dois momentos independentes e executados por dois profissionais diferentes, na prática, eles podem se entrelaçar em um processo sem solução de continuidade (op. cit., p. 122). O clínico não só diagnostica, mas também trata.

Silva Jr. & Ferraz (2001), partindo de uma análise do pensamento psicopatológico em relação às diferentes concepções de normalidade, pensam o desenvolvimento da psicologia clínica em oposição à psiquiatria a partir da "subtração da causalidade orgânica". Esta seria a origem do tipo de causalidade eidética (ou representacional) segundo os autores, fundando a causalidade etiológica dual do fenômeno psicopatológico: a ordem material (orgânica) e a 'informativa' (representacional).

É interessante observar que, se num primeiro momento, a aproximação ao modelo das ciências naturais se faz em relação à Medicina, em um momento posterior é a aproximação com a Psicanálise e com a Fenomenologia que permite um contraponto ao modelo adotado. Pensamos que é neste momento que Rosa (1997) localiza um movimento de crítica ao psicodiagnóstico e, particularmente, ao uso de testes: "O Psicodiagnóstico e os testes psicológicos passam a ser criticados como representantes de uma época caracterizada pela ideologia de avaliação e julgamento, que produz efeitos discriminatórios".

Adiantamos ao leitor que este será um viés de análise que norteará nossa pesquisa: a queixa em relação ao laudo psicológico questiona o caráter científico do trabalho? Existem falhas na técnica pela qual os dados são obtidos e conclusões retiradas? Tratar-se-iam de "julgamentos" de caráter discriminatório, não condizentes com a ética da Psicologia?

Antes de adentrarmos aos dados da pesquisa em busca de respostas, necessitamos explicar melhor do que se trata quando falamos em uma avaliação psicológica em contexto forense. O psicodiagnóstico está referido ao contexto clínico. A terminologia no Direito nomeia o processo pelo qual o psicólogo buscará respostas a uma questão posta pelo processo judicial como perícia. Caberia a pergunta: Uma perícia psicológica (campo do Direito) se equivale a um psicodiagnóstico no enquadre clínico (campo da Psicologia)?

4.1. AVALIAÇÃO PSICOLÓGICA FORENSE

> *O que a lei diz é que uma mulher saberá cuidar melhor dos filhos, apenas por ser mulher? Não sei, acho que deveríamos pensar melhor sobre o que faz alguém um melhor pai ou mãe: paciência, compreensão, persistência, amor... Onde está escrito que um homem tenha menos destas qualidades do que uma mulher? (Ted, em Kramer versus Kramer, roteiro cinematográfico de R. Benton).*[32]

Em nossa pesquisa, a avaliação que nos interessa é a que ocorre em contexto forense (SHINE, 2005). Assim sendo, interessa-nos estudar uma amostra de avaliações psicológicas que foram utilizadas em processos judiciais. Entretanto, o campo do Direito se abre para um leque considerável de casos processados em foros distintos. Desse modo, um laudo psicológico resultante de uma avaliação psicológica em processo na Vara Criminal tem marcadas diferenças se comparado a outro que seja da Vara da Infância e Adolescência. Os exemplos não são aleatórios; retiramos da própria amostra que analisamos nesta pesquisa em que buscamos isolar e trabalhar apenas os casos de Vara de Família. Não é nosso objetivo entrarmos nas distinções entre os laudos, mas trabalharmos na especificidade dos laudos psicológicos que instruem os processos de Vara da Família.

Também aqui encontramos uma certa carência de literatura especializada na questão da escritura do laudo, retomando o que já foi dito sobre a redação da conclusão psicodiagnóstica. Espada (1984) aponta a ausência de referências em castelhano sobre o tema dos laudos psicológicos. Trabalhos que abordam a questão estão presentes na literatura em língua inglesa (HARVEY, 1997; PETRELLA & POYTHRESS, 1983; SCHAEFER, 1992; VIZARD[33], 1993; WEINER, 2006).

A caracterização das avaliações psicológicas em Vara de Família, especificamente em casos de disputa de guarda, foi feita por nós na dissertação de mestrado (SHINE, 2002). Seguimos a indicação de autores como Perrin e Sales (1994) e Grisso (1986) que insistem na identificação das questões,

---

32 Citado por JABLONSKI, B. Identidade masculina e o exercício da paternidade: de onde viemos e para onde vamos. In: FERES-CARNEIRO, T. (org.) *Casal e família.* Entre a tradição e a transformação. Rio de Janeiro: Nau, 1999, p. 60.

33 VIZARD, E. *Format for court reports in civil proceedings involving children.* London: Tavistock Clinic, 1992. p. 1-5.

chamadas por eles de psico-legais (isto é, a interface da preocupação legal com as questões psicológicas pertinentes). O que nós demonstramos que seria o esperado como parte do processo de trabalho do psicólogo ao assumir a incumbência de realizar uma avaliação psicológica[34].

Perrin e Sales (1994, p. 377) dão um exemplo para ilustrar o que seriam questões psicolegais:

> Por exemplo, um advogado pode requerer que o seu cliente passe por uma avaliação em um caso de disputa de guarda e também para subsidiar outro processo em que a capacidade do seu cliente para fazer um testamento é questionada. Quando as questões legais são diferentes, as avaliações psicológicas tendem a ser diferentes.

Com o devido respeito aos autores norte-americanos acima, pensamos que para o leitor não familiarizado com a arena jurídica não ficam claras, a partir do exemplo dado, as decorrências de uma e outra avaliação.

Explicitemos. Em um caso de disputa de guarda, aquilo que se buscará avaliar no "cliente" é sua capacidade de exercer guarda do filho em questão. Isso vai requerer do profissional um enfoque pelo qual possa examinar não só o adulto, mas também a criança e o seu relacionamento. O Direito em questão aqui está implicado no instituto do poder familiar[35]. Como se trata do tipo de casos analisado em nossa amostra, voltaremos a esse tópico quando abordarmos a questão da família enquanto objeto/sujeito da perícia em Vara de Família.

A questão da capacidade para fazer um testamento é pertinente à capacidade civil do "cliente", ou seja, o pressuposto colocado em dúvida seria a capacidade de autodeterminação do sujeito. Portanto, trata do instituto da interdição frente à existência de alguma "anomalia", "des-

---

34 CUNHA, 2000, p. 19. Na página 25, a Autora redobra sua recomendação nos seguintes termos:

"A questão básica com que se defronta o psicólogo é que, embora um encaminhamento seja feito, porque a pessoa necessita de subsídios para basear uma decisão para resolver um problema, muitas vezes ela não sabe claramente que perguntas levantar ou, por razões de sigilo profissional, faz um encaminhamento vago para uma 'avaliação psicológica'. Em conseqüência, uma das falhas comuns do psicólogo é a aceitação tácita de tal encaminhamento, com a realização de um psicodiagnóstico, cujos resultados não são pertinentes às necessidades da fonte de solicitação".

35 O termo poder familiar foi introduzido na lei pelo Novo Código Civil de 2002, substituindo a expressão "pátrio poder". Segundo Pimentel (2002) esta alteração é significativa, pois revoga uma expressão que evocaria o *poder paterno* em detrimento do *materno*. Diz respeito à obrigação de criar, educar e alimentar os filhos, dentre outros.

vio" ou "doença" que justifique aquela. Em relação a essa questão um interessante trabalho foi produzido por Zarias (2005) acerca do contexto brasileiro: Negócio público e interesses privados - A interdição civil e os dramas de família.

Voltando, agora, ao conceito de questão psico-legal mencionado acima, poder-se-ia dizer que a avaliação psicológica que pretendesse responder sobre a capacidade de exercício da guarda (corolário do instituto do poder familiar) teria que "traduzir" tal capacidade em termos de habilidades e competências que, daí, seriam buscadas no examinando por meio de técnicas adequadas. Mutatis mutandi o procedimento jurídico de intervenção civil só poderia ser levado a cabo, caso a avaliação psicológica "detectasse" alguma forma de transtorno psíquico que retirasse a capacidade de pensar e agir de forma consentânea.

O modo como colocamos a imbricação do ponto de vista psicológico com o legal pode dar a impressão que existe um consenso no meio profissional em relação a tais questões nos processos de avaliação psicológica, o que está longe da realidade. Ainda, as operacionalizações das estratégias de avaliação tais como exemplificadas acima estão mais próximas de um modelo positivista que faz uma distinção entre o sujeito de conhecimento (perito) e seu objeto de análise (a família ou o examinando). Por nossa própria opção, utilizamos uma abordagem psicanalítica que não admite tal distinção. O que queremos enfatizar, no momento, é que o resultante da avaliação psicológica na forma do laudo revela a forma de conceber o objeto de avaliação e o objetivo que o avaliador se propõe.

Aqui nos aproximamos de outra vertente importante em nossa pesquisa. O laudo psicológico informa ao leitor-destinatário a respeito de seu ou seus examinandos e também revela atributos importantes relativos ao comportamento do diagnosticador. Camillo (s.d., p. 201) explica:

> Assim, o exercício do psicodiagnóstico e seu produto final, que é a descrição diagnóstica, permite identificar, entre outros atributos, o tipo de orientação ideológico-científica a respeito da causação do comportamento humano que o diagnosticador adota. Vale dizer, como ele vê os processos pelos quais os comportamentos humanos são produzidos, sustentados ou modificados.

O autor divide as explicações causais do comportamento humano em duas orientações: a idealista e a materialista, refinando posteriormente estas categorias. Por idealista, entende Camilo (s.d.) que a explicação dos fenômenos se dá com base em causas imaginárias, hipotéticas, ou seja, elas existem somente nas ideias daqueles que as inventaram ou daqueles que as adotam. A posição materialista, por sua vez, entende os fenômenos com base em causas materiais, observáveis, verificáveis.

Ao considerar o relato de uma pessoa sendo avaliada, segundo o exemplo do autor, em que observem episódios intermitentes de insônia, aumento de consumo de cigarros, instabilidade motora, tendência à irritação, e referências verbais frequentes a sentimentos de insegurança e medo do futuro podemos classificar, ainda segundo Camillo (s.d.), tais comportamentos na categoria de padrão de ansiedade.

A ansiedade poderia ser simplesmente uma designação genérica pelo qual se entende o rol de comportamentos descritos acima. Se for explicado, contudo, que tais episódios de exacerbação na frequência ou duração desses comportamentos ocorrem sempre que aumenta o índice de desemprego no mercado de trabalho, e se intensifica a ameaça de corte de pessoal na firma onde essa pessoa trabalha, então, a causação do comportamento ansiedade é atribuída, de forma dinâmica e funcional, aos fatores externos sociais.

Alternativamente, ainda segundo o autor, a ansiedade pode ser entendida como a causa do comportamento. Isto é, o indivíduo apresenta maior consumo de cigarros etc. porque ele tem ansiedade. Investigando mais a fundo, poder-se-ia chegar à compreensão de que "a ansiedade exacerbada surgia como sintoma da intensificação do conflito edipiano inconsciente de competição com a figura paterna em luta pela conquista não do emprego na firma, mas do lugar junto à mãe, fonte de prazer e vida." (CAMILLO, s.d., p. 203).

A questão aqui não é o de escolher qual seria a explicação "mais verdadeira", uma vez que ambas fariam sentido se referidos ao contexto em que tais diagnósticos são elaborados, levando em conta qual é o objetivo do profissional que o realiza. Aqui caberia reafirmar o tênue limite entre diagnóstico e intervenção. Se o primeiro diagnóstico de ansiedade é dado a partir de um trabalho realizado pelo Setor de Recursos Humanos (RH) de uma empresa, a intervenção faria todo o sentido em se concentrar nos motivos ligados ao próprio trabalho (ou medo de perda de) que causam ansiedade. O segundo diagnóstico de ansiedade seria uma hipótese que orientaria a intervenção em um contexto clínico de um psicanalista que buscasse empreender a análise de seu paciente. Se invertêssemos os diagnósticos sobre a ansiedade nos contextos em que ocorrem (RH de uma empresa; consultório do analista), nem um nem outro profissional teria o que fazer a partir do tipo de trabalho que se propõem.

Ainda não estamos em condições de responder à pergunta que colocamos ao término da seção anterior. Ou seja, uma perícia psicológica (campo do Direito) se equivaleria a um psicodiagnóstico no enquadre clínico (campo da Psicologia)?

Para responder precisamos nos aprofundar nos trabalhos que tratam especificamente de avaliações periciais no campo de processos de Vara de Família. Recorremos aos trabalhos de BERNARDES, 2005; BLAU, 1998; BRANDÃO, 2004; CAFFÉ, 2003; CASTRO, 2003; GONZÁLEZ, 2003; GRISSO, 1986; HESS, 2006; LANYON, 1986; MARQUES da SILVA, 2001 e 2005; MIRANDA JR., 2000c; POPE & SCOTT, 1967; ROVINSKI, 2000, 2004 e 2006; RIBEIRO, 1999; SCHAEFER, 1992; SHINE, 2002 e 2005; STAHL, 1999; SWENSON, 1997; TRENTINI et al., 2006.

Para ilustrar a compreensão de tal conceito vejamos a definição de Shine (2005, p. 2):

> Observemos que a própria circunscrição do campo permite uma visualização do objeto e do objetivo de uma avaliação psicológica que se dê neste contexto. Ora, por objeto da avaliação psicológica se entende a questão pertinente que a avaliação trata de investigar, ou posto de outra forma, trata-se de um problema a resolver, uma questão a responder. Lembremos que a Psicologia funciona por meio da busca de uma resposta a uma pergunta específica (Qual é a inteligência do fulano? por exemplo). É fácil constatar, pois, que a avaliação psicológica em contexto forense recairá sobre uma pergunta cujo interesse reside no deslinde de uma questão do direito: uma questão legal.

Enfocar a questão legal leva em conta não só o destinatário e o demandante da avaliação (em última instância, o Juiz de Direito), mas também a mudança de perspectiva do profissional. O diagnóstico, resultante da avaliação psicológica, não tem como finalidade (pelo menos, principal) a orientação a um tratamento ou terapêutica. Aqui há uma volta à separação da fase do diagnóstico com uma possível fase posterior de atendimento (intervenção).

Rovinski (2000) retoma a diferenciação das avaliações em enquadres clínico e forense apoiando-se em Melton et al. (1997)[36]. A Autora propõe seis aspectos em que a avaliação forense difere do trabalho do psicólogo na área clínica. Essas discriminações vão nos ajudar a perceber como a tarefa do psicólogo, que está ligada ao objetivo da instituição judiciária (determinar a guarda), é diferente do colega em uma situação de atendimento no enquadre clínico. Serão abordados seis aspectos distintos, são eles:

> 1. Escopo: No enquadre clínico os aspectos primários são o diagnóstico, o funcionamento da personalidade e o tratamento para a mudança de comportamento; na avaliação em enquadre jurídico ou forense, a ênfase – diri-

36 MELTON, G.; PETRILA, J.; POLYTHRESS, N.; SLOBOGIN, C. *Psychological evaluation for the court*. 2. ed. New York: Guilford, 1997.

ge-se a eventos definidos de forma mais estreita ou a interações de natureza não-clínica, sempre relacionados a um foco determinado pelo sistema legal" (p. 184). Retomando os itens colocados anteriormente sobre o enquadre, o escopo define o objetivo da intervenção ou seja, remete à pergunta de para quê é solicitado os serviços do psicólogo. Responder para quê nos reporta, por sua vez, a todo o contexto jurídico do litígio, da necessidade de determinar fatos (no caso qualidade do relacionamento pais-filhos) e da utilização da avaliação como prova para a decisão judicial: a escolha de um guardião responsável em detrimento de outro e sua justificativa. Portanto, não nos interessa ter um diagnóstico de personalidade dos candidatos à guarda e do(s) menor(es) se isto não puder ser, de certa forma, ligado à questão legal (necessidade de definição de um guardião em função das necessidades da criança ou das crianças).

2. Perspectiva do cliente: No enquadre clínico privilegia-se a visão do cliente sobre o problema que motivou o atendimento. A avaliação forense não se restringe ao examinando, uma vez que deve responder sobre fatos que extrapolam sua subjetividade. Melton et al. não consideram o examinando como a única fonte de informação, sugerindo que o profissional deve recorrer a todas as fontes relevantes. Veremos que neste sentido, a prática de buscar dados adicionais com membros familiares mais próximos e profissionais de referência da família (médico, professor, psicoterapeuta etc.) vai variar dependendo da compreensão do profissional sobre o seu trabalho. No caso de se partir de uma concepção que o trabalho psicológico deve ficar inteiramente voltado à realidade psíquica dos membros da família, tal saída para o círculo social mais amplo não fará sentido. Pode ser até entendido como desvio ou viés que confundirá a percepção dos elementos intrapsíquicos. Para além da concepção do trabalho relevante, estaremos abordando como as informações que levam ao laudo psicológico serão levantados. Mais uma vez, este é o cerne da questão técnica deste livro.

3. Voluntariedade e autonomia: A busca pelo psicodiagnóstico geralmente é espontânea. A avaliação forense é feita sob demanda do juiz ou do advogado. Há maior probabilidade de resistência que não é de natureza inconsciente (Psicanálise). As razões podem ser por temor quanto ao resultado e/ou ressentimento pela intromissão em sua vida. O psicólogo será encarado como um aliado ou um inimigo da "causa".

4. Riscos à validade: Por se tratar de procedimento coercitivo, dentro de um sistema de ataque e defesa, os clientes são incentivados a distorcer a verdade. Esta característica é extensiva também aos terceiros chamados para informar sobre o cliente (parentes, amigos, profissionais etc.).

5. Dinâmica do relacionamento: No enquadre jurídico o profissional é visto de forma mais distanciada, pois ele não é um aliado em busca de um benefício (tratamento psicoterapêutico). Como mencionado no item c), o psicólogo pode até ser percebido como aliado ou inimigo se ele "advogar" a "causa" de um dos lados.

6. Tempo de avaliação: No enquadre clínico o diagnóstico pode ser refeito em qualquer momento do tratamento. No enquadre jurídico há pressão da

> instituição (prazo processual, limites de recursos etc.) que podem reduzir o tempo de contato com o cliente. Uma vez fechado o laudo a possibilidade de reformulação é mínima. E mesmo que o laudo seja reformulado, isto não implica automaticamente em mudança de uma sentença. Porque o laudo é apenas uma das provas pelas quais o juiz irá se guiar para formar seu convencimento (sentença) (SHINE, 2002).

Da mesma forma, Castro (2003) busca diferenciar as duas modalidades. Resumindo suas posições, temos os seguintes assinalamentos.

Em relação aos objetivos, o psicodiagnóstico infantil buscaria responder as questões que angustiam os pais. A procura é espontânea e seguir as sugestões do psicodiagnóstico é facultativo. Por outro lado, o objetivo do laudo pericial é subsidiar a decisão judicial, o que provoca alterações no esquema de vida. No primeiro caso, não há interesse em mentir (simulação ou dissimulação). No segundo caso, a mentira é motivada pela intenção de ganhar a causa.

Quanto à importância dos dados reais (a realidade objetiva), no psicodiagnóstico clínico ela é minimizada. No judiciário, importa não só como houve a introjeção de figuras parentais, mas se coloca também a questão de como eles são na realidade. A autora cita o exemplo da alegação de abuso sexual, se existe tal alegação é necessária "uma investigação minuciosa para concluir se de fato, ocorreu." (p. 37).

Em relação ao alcance social, o laudo, ao subsidiar uma sentença judicial, influencia mudanças sociais, haja vista que cria jurisprudência e modifica as leis de um país.

Quanto às técnicas empregadas, o perito ou o clínico que realiza o psicodiagnóstico, tem liberdade de escolha em relação à linha teórica e às técnicas projetivas a partir da qual terá uma visão de funcionamento mental e psicopatologia. Em função da existência de outros peritos e da possibilidade de polêmica, os testes psicológicos são recomendados como material concreto ao qual perito e assistentes técnicos podem se reportar, além de que certos testes projetivos, no qual o Rorschach é citado especificamente, o examinando "deixa aflorar um material que desejaria não comunicar" (p. 38).

A autora chama a atenção que o eixo do estudo pericial tem a criança como foco central, pois "a missão do juiz [...] é salvaguardar o interesse da criança".

Em relação à escrita do laudo, citamos textualmente a autora:

> A elaboração do laudo deverá ser muito bem formulada. O tipo de escrita deverá ser claro o suficiente para que profissionais de outras áreas o com-

> preendam: juízes, promotores e advogados. Deverá conter dados úteis para elucidar as questões ao juiz, com o cuidado de não expor elementos desnecessários, que possam abalar psiquicamente as partes, que poderão ter acesso ao laudo. É também imprescindível que o laudo evite ser mais uma peça a promover a discórdia entre as partes, em vez de auxiliar a solucioná-la. (p. 39).

Concluindo, poder-se-ia dizer que a avaliação psicológica em contexto forense, especificamente em Varas da Família, possui:

- um objetivo forense, ligada à necessidade de dirimir algum ponto controverso que versa sobre um fato psicológico;
- um enquadre específico que possui características próprias ligadas ao objeto e objetivo institucionais em pauta;
- um objeto de avaliação que não é o indivíduo, mas a família – haverá sempre mais de um sujeito a ser levado em consideração. Esse último ponto merece uma apreciação especial que será feita na próxima seção.
- uma pressão institucional que interfere na relação com o examinando, no prazo para o trabalho, na caracterização de seu resultado e na escolha de técnicas mais adequadas para sua ação.

Portanto, estamos em condições de afirmar que a avaliação psicológica pericial, em especial a realizada no contexto de Vara de Família, distingue-se do psicodiagnóstico clínico.

O que a distingue é a consideração do aspecto institucional presente tanto no objeto quanto no objetivo a que se propõe o psicólogo em sua tarefa. Nesse sentido, discordamos de Rosa (1997) quando desmembra a avaliação psicológica em duas especificidades distintas: um diagnóstico psicológico institucional, que buscaria refletir sobre a política da instituição; e o diagnóstico psicológico clínico, que se voltaria para a compreensão do sujeito, na dinâmica da demanda e do desejo. Aproximamo-nos da proposta de Guirado (2005), que considera que todo diagnóstico psicológico é sempre um estudo institucional. Essa Autora entende o diagnóstico em qualquer situação de atendimento como um discurso possível que atualiza as relações entre o profissional, a quem ele atende e todos as demais instâncias envolvidas. Em suas palavras:

> Agora, então, as bases de uma escuta que acompanha o dizer do paciente, no modo de sua organização, nas cenas enunciativas construídas, considerando que fala para nós, naquela cenografia e naquele gênero de discurso de um atendimento, de um diagnóstico ou de uma avaliação; uma escuta que considera não só discurso do paciente como também o do profissional

> para dizer de qualquer sentido produzido naquela relação. Então, se distraidamente e como quem nada quer, assim fazemos a instituição do conhecimento psicológico a cada atendimento, todo psicodiagnóstico é um estudo institucional. (GUIRADO, 2005, p. 22-23).

Na próxima seção, abordaremos o objeto específico da avaliação psicológica pericial em Vara da Família. Esclarecemos ao leitor, que nos referimos a "objeto" da avaliação cientes de que tal termo pode dar a falsa impressão que procedemos a uma distinção sujeito do conhecimento (psicólogo) e objeto do conhecimento (examinando, periciando). Se o fazemos, é por uma questão de facilidade de exposição, mas veremos que se trata tanto de um objeto-sujeito, no sentido de reconhecer a identidade ontológica entre perito e periciando, quanto de um objeto-coletivo: família.

5. A FAMÍLIA ENQUANTO OBJETO DA AVALIAÇÃO E DO LAUDO PSICOLÓGICO

Diz-se que uma família indígena compõe-se de pais, filhos e do antropólogo... (DEMO, 2007, p. 27).

A família, enquanto objeto da avaliação psicológica, merece uma atenção especial. Em primeiro lugar, estabeleçamos ao leitor que estaremos trabalhando na intersecção de dois objetos distintos quando se fala em família. "Objeto", aqui, está sendo utilizado como algo que é constituído no próprio processo judicial, por um lado, e pela apreensão psicológica por outro.

A família não pode ser considerada uma entidade ou instituição "natural" no sentido de uma existência "homogênea". O que se entende por família mudou conforme o contexto histórico, social e cultural. Concordamos com Mello (2002, p. 17) que aborda a questão de forma contundente:

> Há mais de um século, pelo menos, se descrevem as transformações da família, retirando-a da imobilidade metafísica ou biológica. Apesar disso, as ideias de uma sexualidade natural, de um parentesco natural e de uma família natural fazem parte de nossa imaginação e estão, há longo tempo, fixadas pela socialização e pela educação familiares, que se apresentam como definitivas formas históricas e cambiantes de relações. Também os padrões inconscientes ou desejos, igualmente inconscientes, contribuem para a manutenção de representações idealizadas do que costumamos chamar de família.

5.1. A FAMÍLIA SEGUNDO A REGRA

A família aparece referida na lei no Direito de Família. O Direito de Família faz parte do que é conhecido como Direito Positivo[37], inserido no âmbito do Direito Privado. O Direito Privado se contrapõe ao Direito Público.

> Existe, no entanto, uma mescla entre estes dois grandes ramos do Direito, que se manifesta de forma clara, por exemplo, no Direito de Família, no Direito do Consumidor, no Direito Ambiental, no Direito Agrário. São ramos

37 Direito Positivo é o ordenamento jurídico em vigor em determinado país, em certa época (MONTEIRO, W. de B. *Curso de Direito Civil.* 1 v. 30, São Paulo: Saraiva, 1991. p. 8 *apud* FARIA; VIEIRA & VENDRAMINI, 2000).

> do Direito em que o Estado interfere de forma mais evidente nas relações entre os particulares, por interesse público e de manutenção da ordem social, constituindo, na expressão de Ludwig Raiser, uma estrutura escalonada de interesses. (FARIA; VIEIRA & VENDRAMINI, 2000, p. 12).

O Direito de Família divide-se em três partes: casamento, relações de parentesco e institutos protetivos da tutela, curatela e ausência (GONÇALVES, 1997). Interessa-nos, particularmente, as ações judiciais que ensejam a participação dos psicólogos. Estes são, em sua maioria, aqueles que envolvem o interesse de crianças e adolescentes.

Se entendermos que a família se inicia com o casamento[38], a intervenção do Estado se faz sentir quando há conflitos entre os detentores do poder familiar no que se refere aos filhos. Esse termo veio substituir o termo pátrio poder. As obrigações do detentor do poder familiar são: dirigir a criação e educação dos filhos, tê-los em sua companhia e guarda, conceder-lhes ou negar-lhes consentimento para casarem, nomear-lhes tutor, por testamento ou documento autêntico, se o outro dos pais não lhe sobreviver ou não puder exercitar o poder familiar, representá-los até os 16 anos nos atos da vida civil e assisti-los, após essa idade, nos atos em que forem partes, suprindo-lhes o consentimento, reclamá-los de quem legalmente os detenha e exigir que lhes prestem obediência, respeito e os serviços próprios de sua idade e condição (PIMENTEL, 2002).

O poder familiar não se extingue com a separação, o divórcio ou a dissolução da união estável; extingue-se com a morte de um dos pais, pela emancipação, pela maioridade, pela adoção e por decisão judicial.

Podemos dizer que, de uma maneira geral, todos os delineamentos legais a partir dos condicionamentos históricos, sociais e culturais que envolvem a família têm um reflexo direto no contexto de atuação do psicólogo em Vara da Família.

Em uma retomada histórica, Pereira (1999) ensina que a primeira Constituição do Brasil, outorgada em 1824 por D. Pedro I, não fez referência à família ou ao casamento. A segunda Constituição e a primeira da República (1891) também não têm capítulo especial sobre a família. O Autor chama a atenção que o Art. 72, § 4º dizia: “A República só reconhece o casamento civil, cuja celebração será gratuita”. Esse artigo foi inserido em razão da separação da Igreja (católica) com o Estado (brasileiro). Até então, o casamento válido era o celebrado na igreja. Beneti

---

38 O casamento enquanto instituição contratual legal não é a única forma de constituição da família admitida atualmente, como estará explicitado mais adiante.

(1987) localiza a primeira regra sobre o destino dos filhos, no caso de separação legal dos pais, no Dec. nº 181 de 1890, estabelecendo que "a sentença do divórcio[39] mandará entregar os filhos comuns e menores ao cônjuge inocente". Perceba o leitor a imbricação da noção de erro e culpa pela separação e sua consequente punição (a perda da guarda dos filhos).

A segunda Constituição da República (1934) possui um capítulo dedicado à família, em que estabelece as regras do casamento indissolúvel (Arts. 144 a 147). As Constituições de 1937 (Art. 124), 1946 (Art. 163), 1967 (Art. 167, § 1º) e 1969 (Art. 175, § 1º - modificada pela Emenda Constitucional nº 9/77, que institui o divórcio) traziam em seu texto de que o casamento indissolúvel era a única forma de se constituir uma família (PEREIRA, 1999).

No Código Civil de 1916, segundo Beneti (1987), havia a distinção entre casos de dissolução amigável ou litigiosa. No primeiro caso, havia a concordância dos ex-cônjuges quanto a guarda dos filhos (Art. 325) e, no segundo, o término do vínculo conjugal se dava por meio de critérios que levavam em conta a culpa pela dissolução, o sexo e a idade da(s) criança(s), da seguinte forma:

> a) havendo um cônjuge inocente, este ficava com os filhos menores;
> b) sendo ambos culpados, as filhas permaneciam com a mãe enquanto menores, ao passo que os filhos ficavam até seis anos de idade, passando, depois, ao pai;
> c) o juiz podia resolver de forma diferente, havendo motivos graves. (BENETI, 1987, p. 38).

Do período de 1890 a 1916, houve a inclusão da preferência materna em relação às filhas menores e aos filhos até os seis anos. As pesquisas com os autos dos processos dos tribunais dão conta de demonstrar como o aparelho jurídico se configura como um instrumento disciplinar de imposição de determinada norma familiar, revelando padrões e papéis definidos para cada um dos sexos e a estrutura de poder (SOUZA, 1999).

---

39 "Divórcio" na acepção do decreto não tem o mesmo sentido do divórcio introduzido posteriormente em 1977, pois aquele não terminava o vínculo entre o casal. Sendo assim, admitia a dissolução da sociedade conjugal e a separação definitiva dos bens, resguardando, porém, a indissolubilidade do vínculo conjugal, isso significando a impossibilidade de formação de família legítima pelos cônjuges divorciados. "O termo divórcio, usado pela Igreja desde o Concílio de Trento, para designar separações de casais ratificadas pelos Tribunais Eclesiásticos, foi assimilado pela legislação republicana no Brasil, que, a partir de 1890, passou a designar a dissolução da sociedade conjugal. O Código Civil de 1916 mudou o termo para desquite" (SOUZA, 1999, p. 30).

Analisando processos de separação com litígio na Comarca de São Paulo de 1890 a 1930, Souza (1999) refere que em relação a filhos, menciona-se somente a existência, número e idades. "Nenhuma alusão é feita a seu bem-estar, nem à educação, nem às possíveis consequências (exceto herança) que recairiam sobre eles mediante processo de divórcio, em que o cônjuge culpado perde, necessariamente, a guarda dos filhos." (p. 217). O que a Autora afirma é que existem relatos, cartas e testemunhos dos sentimentos afetivos que unem mães e filhos, mas seus advogados não fazem o uso deles para sua argumentação. Mostra que "esses sentimentos estão subordinados a valores mais amplos que devem manter a unidade familiar legal." (p. 217).

A lei 4.121, de 27 de agosto de 1962[40], alterou as duas últimas cláusulas:

> b) sendo ambos culpados, os menores, independentemente do sexo e da idade, ficavam com a mãe, salvo disposição diversa pelo juiz, diante de constatação de existência de perigo moral para eles (Art. 326, § 2º);
> c) podiam os filhos ser colocados, pelo juiz, sob a guarda de pessoa notoriamente idônea, assegurado o direito de visita (Art. 323, § 3º). (BENETI, 1986, p. 38).

O Decreto Lei 9.701, de 03 de setembro de 1946, assegurou o direito de visita aos genitores, caso a guarda fosse atribuída a terceiro. A lei 4.121, de 27 de agosto de 1962, também mantém referido direito. O sistema se altera com a lei 6.515 de 26 de dezembro de 1977 que institui o divórcio, regulando as formas de dissolução da sociedade conjugal, revogando os dispositivos correspondentes do Código Civil (BENETI, 1986, p. 38). Essa lei previu uma maior amplitude de direito de visitas, com a inclusão dos direitos de ter os filhos em companhia e de fiscalizar-lhes a manutenção e a educação (Art. 15).

Destaca-se nesta evolução histórica, a Constituição de 1988 que provoca uma ruptura com o modelo de família até então presente do direito brasileiro (KOERNER, 2002). A partir dela, a família não é aquela somente formada pelo casamento, mas também a união estável[41] entre

---

40 A título de efeméride, vale lembrar que nesta data, por meio da Lei nº 4.119, foi regulamentada a profissão de Psicólogo no Brasil.

41 Segundo Pereira (1999), o termo *união estável* vem substituir a expressão *concubinato* [do latim *cum* (com) *cubare* (dormir)] "para atender uma realidade social". O autor se refere à carga de preconceito associado ao termo, pois "a palavra concubina não é simplesmente significado de uma forma de vida, a indicação de estar vivendo com outra pessoa. Quando não é motivo de deboche, é indicativa de uma relação "desonesta". (p. 65).

homem e mulher (Art. 226, § 3º) e a forma por qualquer dos pais e seus descendentes (Art. 226, § 4º). O mesmo artigo em seu parágrafo 5º determina que os direitos e obrigações inerentes à sociedade conjugal serão exercidos igualmente pelo homem e pela mulher. Os filhos havidos ou não da relação do casamento, ou por adoção, terão os mesmos direitos e qualificações, proibidas quaisquer designações discriminatórias relativas à filiação (Art. 227 § 6º). O Estado e a sociedade têm o dever de assegurar à criança e ao adolescente, com absoluta prioridade, o direito à vida, à dignidade, ao respeito, à liberdade e à convivência familiar e comunitária, além de colocá-los a salvo de toda a forma de negligência, discriminação, exploração, violência, crueldade e opressão (art. 227).

A igualdade entre homem e mulher na Constituição de 1988 se contrapõe aos ordenamentos legais anteriores em que havia uma dissimetria de poderes. É nesse diapasão que o Novo Código Civil de 2002 retira a preferência da guarda materna em caso de separação conjugal. Em caso de disputa, caberia ao Juiz de Família atribuir a guarda a quem tivesse melhores condições (Art. 1.584). Esse artigo foi alterado, por sua vez, pela Lei nº 11.698, de 13 de junho de 2008, que abre a possibilidade da guarda ser, em vez de unilateral, compartilhada. Esta lei, por sua vez, sofreu alterações pela Lei nº 13.058, de 22 de dezembro de 2014.

A guarda unilateral dividia o casal parental em guardiã(o) e genitor(a) descontínuo(a) (segundo a terminologia de Dolto, 1989) ou genitor(a) visitante (ou pai de fim de semana, segundo Brito, 1996). Na literatura inglesa, usa-se o termo noncustodial parent.

Na guarda unilateral, espera-se que o pai ou a mãe que não a detenha supervisione os interesses dos filhos (Art. 1.583, § 5º).

Ao atribuir a guarda compartilhada, o juiz, para estabelecer as atribuições do pai e da mãe e os períodos de convivência, poderá, de ofício ou a requerimento do Ministério Público, basear-se em orientação técnico-profissional ou de equipe interdisciplinar (Art. 1.584, § 3º). Esse parágrafo garante, do ponto de vista jurídico, a possibilidade do aporte psicológico como "orientação técnico-profissional ou membro de equipe interdisciplinar". Garante-se a participação do psicólogo, no Direito de Família, como já estava expresso nos artigos 150 e 151 do Estatuto da Criança e do Adolescente[42] no que diz respeito aos processos da Vara da Infância e Juventude.

---

42 Art. 150. Cabe ao Poder Judiciário, na elaboração de sua proposta orçamentária, prever recursos para manutenção de equipe interprofissional, destinada a assessorar a Justiça da Infância e da Juventude.

Essa rápida retomada histórica não é suficiente para realçar a modificação do instituto do pátrio poder, cuja origem se liga ao direito Romano, até o seu entendimento atual na forma de poder familiar. Sem nos afastarmos muito do foco de nossa pesquisa, podemos dizer que o pátrio poder estava ligado à ideia do "poder do pai"[43], entendido como o poder absoluto que o homem tinha em sua casa-família. A posição privilegiada do homem em relação à mulher se evidenciava de forma clara na letra da lei. No Código Civil anterior, de 1916, o marido era o chefe da sociedade conjugal e a mulher, sua colaboradora. Até 1962, as mulheres casadas eram consideradas relativamente incapazes e colocadas juridicamente ao lado dos silvícolas, pródigos e menores púberes. Essa situação somente se alterou com o Estatuto da Mulher Casada (Lei n. 4.121). (AOKI e TARDELI, 1994; PIMENTEL, 2002; de SOUZA, 1999).

A título de comparação, Derdeyn (1976) refere que no Reino Unido o direito superior do pai em relação aos filhos também emana do Direito Romano, permanecendo inalterado até o século XIV. A intervenção do Estado sobre a matéria privada da família começou com a doutrina do parens patriae, cujo entendimento é de que o Estado é o protetor e guardião dos interesses daqueles que não tem condições de fazê-lo[44]. Foi em 1839, por meio do Talfourd's Act, que a Corte obtém a prerrogativa de determinar a guarda de crianças menores de sete anos. O direito igualitário da mãe somente foi proclamado por meio do Guardianship of Infants Act de 1925.

Art. 151. Compete à equipe interprofissional, dentre outras atribuições que lhe forem reservadas pela legislação local, fornecer subsídios por escrito, mediante laudos, ou verbalmente, na audiência, e bem assim desenvolver trabalhos de aconselhamento, orientação, encaminhamento, prevenção e outros, tudo sob a imediata subordinação à autoridade judiciária, assegurada a livre manifestação do ponto de vista técnico.

43 Em latim, *patria potestas*, designava o poder de vida e morte do pai no Direito Romano sobre os filhos. Não existia a maioridade legal do filho, ficando este subordinado ao pai até sua morte (PEREIRA, 2004, p. 640-641).

44 "A doutrina do *parens patriae* é central para a lei que trata de questões domésticas. Esta doutrina tem sua origem no direito romano e foi adotada pela *Common Law,* no direito inglês, a partir do séc. XI. Ela presume que o estado seja o protetor e guardião dos interesses daquelas pessoas que não podem fazê-lo, geralmente crianças. Sob o *parens patriae*, o estado é representado pelo tribunal que fica, então, responsável por garantir o direito de propriedade de crianças menores e membros de outras classes consideradas incompetentes para administrar seus próprios interesses. No caso das crianças, isto ocorre quando seus direitos não podem ser protegidos pelos pais ou guardiões. Na *Common Law*, considera-se que este limite foi ultrapassado quando a família se apresenta ao tribunal em processo de ruptura e incapaz de se manter enquanto uma unidade intacta" (HESS, 2006, p. 99).

Nos Estados Unidos, ainda segundo Derdeyn (1976), as decisões sobre guarda refletiam as diretrizes do Common Law inglês. Ao longo do século XIX, o direito do pai foi superior ao da mãe em relação à guarda. O Autor dá alguns exemplos retirados de acórdãos, dos quais citamos um deles:

> In a similar vein, it was stated in an 1878 Virginia decision that "the father is the legal custodian of the minor children, and they will not be taken from his custody without the strongest reasons therefore"[45]. In that case a wife who refused to live with her husband was denied a divorce and also denied not only custody but visitation with the couple's 4-year-old boy. (DERDEYN, 1976, p. 1370).

No contexto norte-americano, de acordo com Derdeyn (1976), o direito da mãe em relação à guarda foi primeiramente estabelecido em relação a filhos pequenos, o que levou à doutrina do Tender Years Presumption. Tal doutrina, segundo a avaliação do Autor, revelava um critério de excepcionalidade naquilo que seria "a ordem natural das coisas". Sem pretender nenhuma autoridade no assunto, apontamos a coincidência em relação ao inciso "b" do Art. 325 do Código Civil de 1916.

A doutrina legal que vem substituir à apontada acima é conhecida como The Best Interest of The Child Test. O juiz tem a prerrogativa de atribuir a guarda a quem ele considere melhor capacitado a exercê-la, tendo em vista o bem-estar da criança em tela. Desse modo, o juiz age segundo o parens patriae, tomando para si a responsabilidade de resguardar os interesses da criança.

Conforme Pereira (2003), a modificação dessa orientação, relegando a preferência materna, deu-se por meio do que foi denominado tie breaker – teoria segundo a qual diversos fatores devem ser considerados e que, nesse sentido, deve prevalecer uma aplicação neutra do melhor interesse da criança.

A diretriz do "melhor interesse da criança" predomina atualmente em Direito de Família no âmbito brasileiro como encontramos em nossa prática. Fachin (2002, p. 65-66), operadora do Direito, coloca:

> A máxima "no interesse da criança"[46], preconizada pelo Estatuto da Criança e do Adolescente[47] relativamente à guarda, é princípio informador para que

---

45 Lathan v Lathan, 30 Grant 307 (Va 1878).

46 "Esta condição especial deve garantir-lhes direitos e deveres individuais e coletivos, bem como todas as oportunidades e facilidades a fim de lhes facultar o bom desenvolvimento físico, mental, moral, espiritual e social em condições de liberdade e de dignidade." (PEREIRA, Tânia da Silva. O princípio do melhor interesse da criança, 2000, p. 222).

47 Ver o artigo 22 da Lei 8.069 de 13 de julho de 1990.

> o juiz[48] confira a guarda àquele dos pais que efetivamente tenha melhores condições de realizar, dentro de padrões mínimos, esses interesses.

Tepedino (2004, p. 313-314), professor de Direito Civil, aborda essa questão na ordem civil-constitucional:

> No caso da autoridade parental, a utilização dogmática de uma estrutura caracterizada pelo binômio direito-dever, típica de situações patrimoniais, apresenta-se incompatível com a função promocional do poder conferido aos pais. A interferência na esfera jurídica dos filhos só encontra justificativa funcional na formação e no desenvolvimento da personalidade dos próprios filhos, não caracterizando posição de vantagem juridicamente tutelada em favor dos pais. A função delineada pela ordem jurídica para a autoridade parental, que justifica o espectro de poderes conferidos aos pais – muitas vezes em detrimento da isonomia na relação com os filhos, e em sacrifício da privacidade e da liberdades individuais dos filhos – só merece tutela se exercida como um múnus privado, um complexo de direitos e deveres visando ao melhor interesse dos filhos, sua emancipação como pessoa, na perspectiva de sua futura independência. (grifo nosso).

O Autor acima faz uma outra citação que vem abordar a mesma questão pela vertente da criança. Peço licença ao leitor para mais esta citação:

> A criança não é mais objeto da intervenção da família e do Estado, mas sim titular de direitos, sujeito de direitos, os quais devem ser respeitados, principalmente pelos pais. Se descumprem seu papel, os pais devem ser fiscalizados pela sociedade e pelo Estado e devem ser submetidos às medidas pertinentes, a fim de prevenir a ocorrência de ameaça ou violação aos direitos dos filhos. As medidas aplicáveis aos pais ou os responsáveis estão previstas no Art. 129, incisos I a X, do Estatuto da Criança e do Adolescente e podem ser aplicadas pelo Conselho Tutelar (incisos I a VII) e pela autoridade judiciária (incisos I a X). (FERREIRA, L. apud TEPEDINO, 2004, p. 321).

O entendimento do melhor interesse da criança está presente também na obra clássica conjunta de Joseph Goldstein, da Law School de Yale; Anna Freud, da Hampstead Child-Therapy Clinic de Londres, e Albert Solnit, da Child Study Center também de Yale, traduzida no Brasil em

48 Nesse sentido, colhe-se da doutrina: "A possibilidade da guarda ser exercida por outras pessoas que não os pais revela uma profunda alteração do instituto do pátrio poder. Deixa este de ser discricionário, arbitrário e onipotente (como os romanos o concebiam) e transforma-se num poder-dever, um direto-função que desaparece quando os pais não o exercem como um fator de proteção. (...) "O papel do Juiz, diante das novas tendências ficou sobremaneira valorizado. É ele que cercado de prudente arbítrio e máxima sensibilidade, respeitados os interesses e os sentimentos do menor, decidirá o futuro do mesmo, suas chances de uma vida normal e sadia, longe dos conflitos familiares, quase sempre insolúveis." (LEITE, Eduardo de Oliveira. *Temas de direito de família*, 1994, p. 135)

1987. O livro No interesse da criança? foi escrito na década de 70 e causou polêmica no meio ao propor uma diretriz específica e radical para atribuição da guarda. A abordagem do interesse da criança versus poder parental é colocada nos seguintes termos in verbis:

> As leis sobre a guarda da criança são a reação da sociedade ao "êxito" ou "fracasso" de uma família em proporcionar às suas crianças um ambiente adequado às suas necessidades. O grau de intervenção estatal no campo privado do relacionamento entre pais e filhos vai desde um mínimo – automática atribuição de uma criança a seus pais biológicos pela certidão de nascimento – a um máximo – remoção de uma criança, por ordem do tribunal, da guarda de seus pais por ter sido descoberto serem estes "negligentes" ou "delinquentes", ou por se saber que são "inaptos" para esta função. O objetivo tradicional destas intervenções é atender "ao maior interesse da criança". (p. 3, grifo nosso).

Os autores fazem uma crítica aos legisladores por não considerarem o "bem-estar psicológico" tanto quanto o bem-estar físico. É na defesa dessa tese e de como o bem-estar psicológico pode ser resguardado que a obra aborda a questão da guarda de filhos. Por meio do conceito do "pai psicológico", aquele a quem a criança está ligada de fato, preconizam que a guarda seja atribuída a este que terá todo o poder para limitar e ou se opor ao direito de visita do outro genitor.

Gostaríamos de assinalar que a família que existe nos autos pode não corresponder à família que existe na realidade. Mesmo porque, como já assinalamos, a família não é um objeto inanimado que se "molde" à percepção dos operadores do Direito. Existe a própria interpretação ou significação que cada membro da família faz sobre si e sobre o grupo a que pertence. Propomos confrontar a família por um outro viés; primeiro, levando em conta sua configuração macrossocial, para depois aprofundarmos a vertente psicológica que nos é própria. Não temos a pretensão de esgotar o assunto, mas somente apresentar os referenciais pelos quais nos pautamos na prática atual, levando em conta que é ela que informará, em parte, as categorizações que elaboramos para análise da amostra da pesquisa.

5.2. A FAMÍLIA ENQUANTO NORMA

> *Desconfie então, quando você reúne uma família e os membros, em acordo, apontam para um deles e dizem: "Doutor, trata dele"* (MEYER, 2002, p. 36)

Nas pesquisas domiciliares do Instituto Brasileiro de Geografia e Estatística (IBGE), a família é considerada primordialmente, para fins de investigação, como um grupo cuja definição está limitada pela condição de residência em um mesmo domicílio, existindo ou não vínculo de parentesco entre seus membros.

Segundo a Pesquisa Nacional por Amostra de Domicílios (Pnad) de 2007, divulgada no dia 24 de setembro de 2008, os brasileiros estão casando mais. A taxa de nupcialidade foi de 6,4% em 1997, caiu para 5,7% em 2002 e voltou a subir para 6,5% em 2006. O judiciário está sendo mais acionado pelos casais que dissolvem a relação conjugal. As separações judiciais litigiosas estão aumentando. Em 1997, de 81,7% de separações consensuais, esse número caiu para 76% em 2006.

A redução dos casamentos entre pessoas solteiras e o aumento das formalizações nas quais um dos cônjuges é divorciado ou viúvo são situações que corroboram as mudanças graduais que vêm ocorrendo na sociedade brasileira no que se refere ao padrão de organização das famílias. A pesquisa revela que 69% dos casais que se divorciam têm pelo menos um filho. Isso indica o crescimento do número de famílias reconstituídas.

Há que se destacar, também, nas estatísticas sobre divórcios, a hegemonia das mulheres na guarda dos filhos menores. Em 89,2% dos divórcios concedidos no Brasil, a responsabilidade pelos filhos foi concedida às mulheres, muito embora a pesquisa tenha revelado que o percentual de filhos com menos de 16 anos criados apenas pelo pai aumentou de 7,8% para 9,8%.

Os dados revelam que a consanguinidade é o eixo principal de união entre as pessoas. Segundo a pesquisa, 88,6% das pessoas que moram juntas têm parentesco. Desses, 48,9% são casais com filhos, número menor que o registrado em 1997 (56,6%).

Os percentuais de casais sem filhos cresceram de 12,9% para 16% entre 1997 e 2007, e de 8,3% para 11,1% de pessoas que vivem sozinhas. Os filhos estão cada vez mais sendo criados por apenas um dos pais. No período 1997/2007, no conjunto de famílias que têm todos os filhos menores de 16 anos, houve um crescimento da proporção dos filhos que viviam com apenas um dos pais, de 19,2% para 21,8%.

No Brasil, em 2007, o tipo monoparental apresentou a maior proporção (52,9%) dentre os arranjos familiares que têm a mulher como pessoa de referência. Comparados aos arranjos que têm o homem como pessoa de referência, fica evidente que a presença de cônjuge é o fator determinante das diferenças de gênero na chefia das famílias. Além disso, nas unidades unipessoais, o percentual de mulheres é maior em decorrência da mais elevada expectativa de vida feminina (8,3 contra 16,9%) (IBGE, 2008).

Observe o leitor que se a taxa de separação litigiosa gira em torno de 24%, a parcela dos casais litigantes com filhos a necessitar de uma perícia é menor ainda, uma vez ela não é necessária em todas as separações litigiosas. Se considerarmos a distribuição percentual na curva normal estatística, estamos realmente trabalhando com aqueles que estão no extremo dela, isto é, aquela parcela da população considerada "fora da norma".

Apesar da igualdade na letra da lei em relação à guarda de filhos, o censo aponta uma maioria esmagadora de mulheres com os filhos em relação a pais guardiões.

A perspectiva demográfica e histórica permite uma apreensão em perspectiva da família empírica da qual tratamos. Vejamos os dados de outro contexto social por meio de Roudinesco (2003, p. 197-198):

> No que diz respeito à França, os levantamentos mostram que o casamento está em constante declínio de um quarto de século para cá. Em 2000, 304.000 casamentos foram celebrados. O divórcio continua a progredir, e uma proporção cada vez maior da população nasce em famílias recompostas. Em Paris, existem mais lares solitários do que lares familiares. Para 29,6 milhões de pessoas vivendo como casal, 4,8 milhões não são casadas. Até vinte e seis anos para as mulheres e vinte e oito para os homens, os coabitantes ultrapassam em número os casados. O pacto de solidariedade teve um sucesso significativo, tanto junto aos homossexuais como junto aos heterossexuais: 29.855 foram assinados em 2000. Entre 1990 e 2000, o número de lares monoparentais passou de 1,2 milhão para 1,7. As famílias monoparentais representam 16% dos lares com filhos. (Le Monde, 2001 apud ROUDINESCO, 2003).

Podemos apontar a tendência similar do aumento de separações e de crianças em famílias recompostas ou reconstituídas (CARTER, 1995; WAGNER & SARRIERA, 1999). Não podemos falar de "família" no singular.

Não seria possível deixar de mencionar a contribuição de um psicanalista de formação médica que, utilizando-se do referencial foucaultiano, fez um estudo da família normalizada pela ação da Medicina. Jurandir F. Costa (1999), em sua obra Ordem médica e norma familiar, faz um rigoroso estudo de como o dispositivo médico introduziu-se no convívio íntimo da família, desenvolvendo uma nova moral da vida e do corpo por meio das prescrições médico-higiênicas. Em relação ao casamento e filhos, tópico mais diretamente relacionado ao nosso objeto, o Autor explica:

> No casamento idealmente concebido pela higiene o casal olhava o futuro e não o passado. Seu compromisso era com os filhos e não com os pais. A escolha do cônjuge estava manietada a esta proposição. O cuidado com a prole converteu-se, por esta via, no grande paradigma da união conjugal (COSTA, 1999, p. 219).
>
> No casamento produtivo, as diferenças harmonizavam-se porque homens e mulheres perseguiam um ideal superior, capaz de uní-los não obstante as divergências. Mais que isto, este ideal precisava justamente dessa diversidade para ser levado a termo. A educação dos filhos começou, desta forma, a surgir como uma nova maneira de amar. O cuidado das crianças não era mais uma obrigação, mas um ato espontâneo de amor. Amor paterno e amor materno eram o denominador comum entre homens e mulheres. Só este modo de amar conciliava o inconciliável. Enquanto o amor insistisse em viver fora deste padrão teria uma existência instável e conflituosa (COSTA, 1999, p. 238).

O Autor alerta não só para a atuação normalizadora dos médicos, mas a dos agentes a quem ele chama de "especialistas" que, estando sempre ao lado da família burguesa, vão "revelando os excessos e deficiências do amor paterno e materno." (p. 15). Enxergamos o perigo que pode haver na prática do psicólogo em determinar certos modelos e padrões de família e de comportamento como "adequados, sadios, normais", classificando os demais em "desestruturados, patológicos e anormais". Esse maniqueísmo seria ainda mais perigoso na posição de perito trabalhando dentro de um sistema que tende a atribuir "erro" e "culpa" a um e "verdade" e "inocência" a outro.

Em se tratando de famílias, penso que a melhor forma de abordagem psicológica é ter como referência subsídios de outros campos do saber para se evitar "psicologismos".

Nesse sentido, destacamos o trabalho da antropóloga Cynthia Sarti (1999) chamado A família como espelho. A Autora pesquisou os fundamentos que estruturam as relações na família no mundo dos pobres. O estudo da moralidade dos pobres, expressa nessas relações e nas relações com as pessoas da vizinhança, tornou-se também um estudo da construção da identidade social. A autodefinição dos pobres (definição do lugar que ocupam no mundo social) constrói-se dentro de uma concepção da ordem social como ordem moral. O que ela nos traz, a partir de sua pesquisa, no cuidado e trato de filhos foi bastante convergente com o que encontramos em nossa prática. Peço licença ao leitor para citar a Autora.

> Diante do fato cultural de que o cuidado da criança é preferencialmente confiado à mãe e à sua rede de sociabilidade, torna-se evidentemente mais

> fácil desvincular a categoria pai de sua origem biológica de sangue. Mesmo assim, embora o genitor (pai biológico) não crie a criança e, por isso, não mereça o afeto e a designação de pai, por não estar junto, nas horas boas e ruins, não se desfaz a imagem idealizada de um pai de sangue. Confirmando o habitual desconforto diante de situações formalizadas, que caracteriza os pobres, uma mulher casada comentou as soluções para os casos de separação conjugal, argumentando que, ao contrário do que diz a lei, quando os filhos são pequenos é melhor não verem o pai, em lugar de verem em dias marcados. Em sua opinião é ruim para a criança ver que o pai não volta para casa, não está, portanto, nas horas boas e ruins. Os filhos devem, então ver o pai quando crescerem, se, por iniciativa própria, quiserem saber do pai, porque o que conta é quem está junto. (SARTI, 1996, p. 58-59).

Para algumas famílias tais como as que Sarti (1999) descreve, a Regulamentação de Visitas protocolar de fins de semanas alternados entre pai e mãe não faz nenhum sentido. Uma sentença como essa teria grande probabilidade de não ser cumprida, deixando o foco do conflito intocado. Da mesma forma que a própria terminologia legal pode causar um estranhamento. Certa vez, uma senhora ao ouvir do Juiz que seus filhos ficariam com o pai e que ela teria "visitas", teria dito: "Doutor! Não pari os meus filhos para visitar, mas pra criar"!

Vale a pena enfatizar que se a família é uma referência simbólica para alguns como sustenta Sarti (1999), isso faz com que haja um privilégio da ordem moral sobre a ordem legal, da palavra empenhada sobre o contrato escrito, do costume sobre a lei, do código de honra sobre a exigência dos direitos de cidadania. Portanto, a reivindicação do sujeito que parte desse ponto de vista entra em contradição com o próprio sistema e a lógica jurídica. Peço licença ao leitor para citar o exemplo de um caso atendido em perícia psicológica no qual a mãe de uma filha de 11 anos disputava com o pai a sua guarda.

Na entrevista, a mãe não se queixava do ex-marido, contra quem a ação se estabelecia, mas contra a sua ex-sogra. Segundo seu relato, confirmado posteriormente pela avó da criança, sua ex-sogra havia se oferecido para "ajudar a criar a criança" em um período de dificuldade pós-separação. Ela havia assumido o compromisso de devolvê-la quando ela completasse oito anos. Promessa não cumprida e cobrada, agora, judicialmente. Ocorre que, legalmente, o titular do poder familiar é o pai da criança (Requerido da Ação de Disputa de Guarda), com quem a filha efetivamente não morava[49], mas que disputava a guarda para não

49 Como é também comum em algumas famílias, a avó era dona do terreno em que o pai da criança tinha um "puxadinho", convivendo no mesmo meio que ela e a

tirá-la de sua própria mãe (avó da criança em questão). Do ponto de vista jurídico e formal, essa avó nem aparecia nos autos como parte, mas aparecendo por meio da avaliação psicológica como um importante membro da família em foco.

Vale a pena fazer menção a outro trabalho de referência que ajuda a compreender certas famílias. É o de outra antropóloga, Claudia Fonseca (1993; 2002a; 2002b), que aborda as práticas com filhos diferentes da norma hegemônica da família conjugal. Sua pesquisa enfoca o que ela designa por "circulação de crianças", prática e forma de sobrevivência na qual crianças são colocadas em casas de parentes para serem cuidadas. Depois de certo tempo, podem eclodir conflitos entre a mãe biológica e a mãe de criação buscando no Judiciário uma solução. Opõem-se duas lógicas, como diz a Autora, defendidas por duas máximas opostas. Aquela diz: "Mãe é uma só", e a outra contradiz: "Mãe é quem cria"! A dimensão antropológica vem matizar a compreensão psicológica da família. De certa forma, o trabalho do antropólogo tem aproximação com o do psicólogo, pois como diz Fonseca (2002): "É a partir da paciente observação no dia a dia durante certo período de tempo, justapondo casos que, à primeira vista, pareciam isolados ou excêntricos, que o pesquisador começa a descobrir patterns freqüentemente inesperados da vida social". Na avaliação psicológica também se buscam padrões de repetição que vão configurando certas dinâmicas privilegiadas de interação pelas quais podemos pensar em termos de sintomas, defesas, ansiedades, quadros semiológicos etc.

Nesta seção, procuramos ver como a família é uma instituição em transformação que provoca em quem a estuda um efeito de familiaridade e estranhamento. Parte-se sempre daquilo que é próximo e conhecido, para nos surpreendermos com a diferença, procurando não cair no preconceito ou na ingênua defesa de uma norma social, cultural ou de classe. Falar em sentimentos que nos aproximam ou distanciam do objeto de estudo é algo que faz parte do referencial teórico-técnico do psicólogo que utiliza o referencial psicanalítico. É por meio da dinâmica transferencial-contratransferencial que o pesquisador se torna "parte" do campo em que se encontra o outro (sujeito-objeto) de sua escuta e observação. Na próxima seção, abordaremos como o referencial psicanalítico toma a família como objeto de investigação, fechando esta parte inicial de nosso trabalho.

---

filha. Porém, seus cuidados básicos (cuidar da roupa, comprar coisas etc.) estavam delegados à avó.

5.3. A FAMÍLIA PELA PSICANÁLISE

> *Como o psicanalista ou psicoterapeuta se submete às regras da abstinência e sigilo, não responde, neste contexto, às solicitações de conselho e indicação que os membros do grupo familiar frequentemente fazem, evitando assim o papel de peritos ou juízes.* (CORREA, O. B. R. *O legado familiar*, 2000, p. 53).

Existe um risco quando se trabalha com famílias que é de procurar apreendê-las a partir do nosso próprio referencial de família. Afinal, todos têm uma. Palavras supostamente de sentido conhecido são fontes de "desentendimento": 'mãe', 'pai', 'amor', 'abuso', 'carinho', 'violência' etc. Por outro lado, não se pode conhecer coisa alguma se não partimos de algum ponto. Essa tensão entre o conhecido e o desconhecido se revela de forma viva e dramática quando podemos estabelecer enquadres de atendimento em que se incluem diferentes membros da mesma família. Nas entrevistas com os casais em litígio é muito comum observarmos a dinâmica descrita por Alves (s.d.) como a do "casamento como jogo de tênis".

> O tênis é um jogo feroz. O seu objetivo é derrotar o adversário. E a sua derrota se revela no seu erro: o outro foi incapaz de devolver a bola. Joga-se tênis para fazer o outro errar. O bom jogador é aquele que tem a exata noção do ponto fraco do seu adversário, e é justamente para aí que ele vai dirigir a sua cortada - palavra muito sugestiva, que indica o seu objetivo sádico, que é o de cortar, interromper, derrotar. O prazer do tênis se encontra, portanto, justamente no momento em que o jogo não pode mais continuar porque o adversário foi colocado fora de jogo. Termina sempre com a alegria de um e a tristeza de outro.

E precisamos fazer algo além de ficarmos acompanhando "a bola" ir de um lado a outro, pois no momento em que ela cair, o casal, fatalmente, vira-se para o psicólogo tornado juiz: "Foi dentro ou fora"?

Macedo (1993), professora da PUC-SP, reconhece que embora a influência da família, sempre tenha sido importante para a Psicologia Clínica, ou do Desenvolvimento, Social ou da Personalidade, "muito pouco tem sido abordada como objeto de pesquisa psicológica considerada enquanto um todo, em termos de estrutura ou dinâmica". Refere a Autora que os estudos de família não constituem uma área da Psicologia. Ela vem sendo estudada na área da Psicoterapia. Isso porque a família é um fenômeno complexo que requer uma especificidade teórico-metodológica. É o que vem sendo desenvolvido no campo da Terapia Familiar.

A avaliação psicológica que procura tomar a família enquanto objeto-sujeito de seu conhecimento impõe ao psicólogo a necessidade de sustentar esse campo de tensão entre versões conflitantes, posições subjetivas diversas e dinâmicas consolidadas. Relembrando o que disse Meyer (2002, p. 36) que quando começou a trabalhar como terapeuta de família, "ninguém sofria de família". Essa ideia foi melhor desenvolvida em Família: Dinâmica e terapia. O Autor aborda a institucionalização dos sistemas de assistência à saúde em que "o ponto nodal desse processo é a estimulação da consciência da necessidade, acoplada ao desenvolvimento de uma capacidade de relacionar tal necessidade ao sistema apropriado para cuidar da mesma" (p. 147). Aplicado aos problemas psicológicos, o Autor defende a ideia de que a família está acostumada com o paradigma acima, do qual o modelo médico é o exemplo mais acabado, em que se vai considerar patológico o comportamento de um de seus membros, solicitando ajuda para a sua "correção".

O modelo acima é exemplificado de uma maneira bastante pertinente por Tsu (1984, p. 36) dentro do enquadre do psicodiagnóstico infantil:

> Observamos, na experiência clínica, que o serviço psicológico é, via de regra, procurado pelos pais espontaneamente ou por indicação da escola. As coisas se encaminham habitualmente de forma tal que aquele que procura a ajuda profissional já vem com uma definição prévia de quem é o cliente, no sentido de portador do problema. Mesmo em situações que exibem claramente, para o profissional, o comprometimento de toda uma dinâmica familiar, observamos, freqüentemente, a apresentação de queixa focalizada sobre uma suposta "criança-problema".

A Autora deixa claro que se o leigo já vem com uma definição acerca de quem é o indivíduo-problema, o profissional não poderia aceitar de uma forma ingênua tal colocação. Essa afirmação não deve encontrar nenhuma resistência no meio clínico atualmente. Há inclusive outras profissionais em nosso meio que demonstraram a pertinência do sintoma infantil ligado a dinâmica familiar ou do casal parental.

Destacamos Souza (1995) que enfoca a queixa da inibição intelectual. A Autora demonstra em sua tese de doutorado que a criança portadora do sintoma funcionava como porta-voz da angústia do seu grupo familiar. Diante disso, propõe uma entrevista familiar diagnóstica, no psicodiagnóstico infantil, para avaliar a relação do sintoma infantil com a estrutura familiar.

Gomes (1998 e 2001) busca um recorte específico na interrelação da criança com a família, procurando correlacionar o sintoma da criança com a dinâmica do casal. Utilizando o enfoque psicanalítico, a Autora privilegia a abordagem do casal como fonte de estudo e entendimento do sintoma da criança. Esse privilégio do casal guia o modelo de diagnóstico-intervenção apresentado Clulow & Vincent (1987).

Quando falamos da avaliação psicológica forense fizemos a distinção com a avaliação psicológica clínica ou psicodiagnóstico. Destacamos as diferenças em termos do caráter obrigatório versus voluntário, da aliança terapêutica que se estabelece com o profissional versus a preocupação com a simulação ou dissimulação e, principalmente, de que o foco é uma questão psico-legal e não ligada à saúde mental.

É muito comum a avaliação psicológica pericial em Vara de Família se focar na "criança" enquanto pessoa cujos interesses devem ser preservados acima de tudo e o "indivíduo-problema" ser localizado na figura do pai ou da mãe, ou ambos. Buscaremos na nossa amostra realçar tal situação.

Sugerimos, como explicação para tal forma de compreensão, a participação de duas circunstâncias: primeiro, a utilização do modelo do psicodiagnóstico infantil que parece mais adequado à demanda que é feita pelo adulto ao psicólogo; segundo, a contribuição da própria doutrina legal vigente do "melhor interesse da criança" que faz com que no lugar da "criança-problema" do psicodiagnóstico infantil apareça a "criança a ser salva" e os adultos sejam enquadrados no lugar do "culpado" ou do "inocente".

Aqui devemos citar outra referência importante em nosso trabalho: Clulow & Vincent (1987). Não os citamos quando abordamos a avaliação psicológica em contexto forense, uma vez que a abordagem que realizam não é a de psicólogos. Tecnicamente não seria correto afirmar que eles realizam uma avaliação psicológica. Os dois são psicanalistas e assistentes sociais de formação. Eles utilizam a abordagem psicanalítica de casal e família da Tavistock Marital Studies Institute, mesma fonte de formação do paulista Luiz Meyer. O trabalho destes profissionais se dá no mesmo contexto institucional que nos interessa, utilizado-se do instrumental psicanalítico forjado na Tavistock Clinic.

Os autores são explícitos em sua abordagem quando privilegiam o casal parental como o foco de seu trabalho, vejamos (Clulow & Vincent, 1987, p. 207-208):

> It may be considered a weakness of our story that parents feature more prominently than their children. This may have something to do with being marital therapists; welfare officers telling the same story might highlight the parts played by children. But parents occupied the centre stage of our

> enquiries for two reasons. First, they put themselves forward. They compelled our attention, they tried to upstage each other, and they were reluctant to draw their children in from their wings. Second, we regarded parents as holding the key which could unlock the door to their children's well-being. Propositions which discounted their importance were not considered practical except in very extreme circumstances.

Com Clulow & Vincent (1987) sentimo-nos estranhamente "em casa". Depois de todo um esforço para contextualizar a família do ponto de vista histórico, cultural e social, encontrar uma identificação com profissionais trabalhando em lugar tão longínquo é, no mínimo, inquietante. Cumpre notar que o interesse pelo viés do estudo do casal e da família já estava posto antes do contato com os trabalhos de Clulow & Vincent (1987).

Realizei uma série de encontros de discussão e supervisão de casos de atendimentos em Vara de Família com colegas psicólogos da Vara Central João Mendes e com Magdalena Ramos em 1988 graças ao convênio do Tribunal de Justiça de SP e a extinta FCBIA (Fundação Centro Brasileiro para a Infância e Adolescência). Esse trabalho que articula a caracterização da instituição judiciária com a pesquisa clínica com famílias deu origem ao trabalho O lugar possível do psicólogo no Tribunal de Justiça. O material foi publicado no Manual de Iniciação Funcional (Tribunal de Justiça de SP, 1991/1992) e depois ampliado e co-escrito no artigo A família em litígio, publicado em 1994 (RAMOS & SHINE, 1994).

Da mesma forma, reconhecemos a importância que teve o trabalho de Brito (1993) Separando em colocar questões que viemos, ao longo de todo nosso percurso profissional, buscando confrontar e nos posicionar na vez e na hora do atendimento de um caso, sempre único e ao mesmo tempo familiar em relação ao anterior.

Na próxima seção adentraremos ao material empírico da pesquisa. Explicaremos os passos tomados para a efetivação da pesquisa de campo antes de abordarmos a amostra.

6. PROCEDIMENTO

Formalizei um pedido oficial de vistas "aos processos éticos julgados pelo CRP 06, cuja queixa esteja vinculada a laudo psicológico pericial em Vara de Família", encaminhando-o à Presidente da Comissão de Ética do CRP-06 em 15/03/05 (em anexo A). O meu pedido recebeu um parecer favorável no CRP, seguindo ao CFP para consulta por meio do Ofício n.º 375 da COE. A resposta positiva veio na forma do Ofício nº 0791-05/CT-CFP em 14/07/05 (em anexo B).

Um "Termo de Responsabilidade" foi redigido e assinado por mim, comprometendo-me a resguardar sigilo e utilizar os dados somente para fins de pesquisa acadêmica. Ao final, firmo o compromisso de dar a conhecer o resultado final do trabalho "como procedimento norteador e estimulador de pesquisa dos dados existentes na autarquia" (em anexo C).

Seguindo a exigência do CFP[50], ingressei com protocolo solicitando parecer da Comissão de Ética em Pesquisa Humana – CEPH no final de maio de 2005 (em anexo D). Em função dos procedimentos internos de tal Comissão, a discussão do projeto só foi realizada no ano seguinte. Em função de dúvidas que ainda pairavam sobre o projeto, encaminhei um "Anexo ao Projeto de Pesquisa" para o Comitê de Ética da USP em 04/08/06 (em anexo E).

A aprovação pelo referido Comitê de Ética foi exarada em 21/08/06 (em anexo F). Somente, então, a pesquisa de campo foi iniciada. A pesquisa foi realizada nas próprias dependências do CRP-06 na Rua Arruda Alvim, 89 - Jd. América, São Paulo, Capital. O CRP disponibilizou uma sala com acesso ao computador para leitura e notas dos autos dos processos e dos laudos.

Pela questão do sigilo e da responsabilidade pela guarda dos autos, eles não foram autorizados para retirada ou xerocópia. Toda a transcrição teve de ser realizada manualmente ou digitada no computador, o

---

50 "2. Ainda que se trate de pesquisa documental, mas que envolve sigilo de responsabilidade da instituição, a referida pesquisa deve passar pela Comissão de Ética em Pesquisa da Universidade de São Paulo – USP, a fim de que este, enquanto órgão consultivo traga alguma contribuição no sentido que na referida pesquisa seja alcançado o máximo zelo" (Anexo II).

que tomou considerável tempo. Foi combinado um dia fixo na semana para a pesquisa para melhor adequação da rotina do CRP.

O contato principal dentro do CRP foi com a Presidente da COE em exercício na gestão anterior. A mesma pessoa continua a ocupar o cargo na atual gestão (2008-2010). Ainda que assim não fosse, o compromisso de permitir a pesquisa foi estabelecido com o CRP ad referendum do CFP e não haveria motivos para sua interrupção mesmo com a mudança de gestão.

Os critérios para a seleção da amostra foram discutidos com a referida Presidente da COE. Coube à equipe do CRP a elaboração da lista com os números de identificação dos processos e sua disponibilização no dia e hora combinados para pesquisa.

A pesquisa de campo teve três momentos distintos. No inicial, entramos em contato com os processos e nos familiarizamos com o material. Nesse momento, experimentamos formas diversas para coletar e organizar os dados dos processos. Ao final da leitura dos dez primeiros processos do começo ao fim, chegamos a uma forma padrão de coleta de dados (em anexo G).

O segundo momento foi o da leitura e coleta de dados dos autos dos processos que não se constituíram em processos éticos, tendo sido arquivados em sua fase inicial. Ou seja, o que será tratado em nossa pesquisa como PDE (Processo Disciplinar Ético). Isto será melhor explicado à frente. O terceiro momento foi o de manipular os dados dos dois grupos da amostra. Explicaremos as especificidades das amostras na seção seguinte.

Entre o primeiro momento da pesquisa e o segundo, articulamos certas hipóteses que buscamos verificar no terceiro momento.

Iniciei a leitura dos PE's, aquelas denúncias que passaram da fase inicial de defesa prévia e que se constituíram em processos éticos (vide Tabela 3), e comecei a ler os autos dos processos seguindo uma ordem cronológica inversa, ou seja, fui lendo a partir dos processos mais recentes e retrocedendo cronologicamente na minha amostra. Considerei que os processos mais recentes trouxessem questões mais próximas ao cotidiano da minha própria prática profissional, facilitando a leitura e proporcionando uma melhor apreensão de alguma diretriz de análise. Utilizei a mesma metodologia de leitura dos autos processuais quando atuo em perícia. Sempre parto de trás para frente para entender o momento e a questão jurídica que faz com que o juiz determine a perícia psicológica. É somente em um segundo momento que me detenho na identificação dos membros da família, dos advogados e outras pessoas importantes, procurando entender aquilo que chamamos de "questão psico-legal".

O primeiro período de pesquisa de campo se estendeu de outubro de 2006 até final de 2007. O Exame de Qualificação se deu em dezembro de 2007.

A leitura dos PDEs cobriu o período de maio a setembro de 2008. Os autos dos processos foram lidos também a partir dos casos mais recentes. Isso significa que a progressão da pesquisa se iniciou com os últimos casos julgados e seguiram em uma ordem regressiva. Cabe ressaltar que nas duas amostras não estão todos os casos de laudos psicológicos que deram entrada com queixa no Conselho, mas somente aqueles que tenham sido transitados e julgados, não cabendo mais nenhum tipo de recurso.

Um outro achado também ampliou o foco da nossa atenção. Iniciamos a pesquisa procurando focar nossa atenção no laudo. Parecia-nos que a problemática giraria em torno da dificuldade da escrita seja pela atividade em si, como também pela sua inclusão em um contexto institucional não tradicional da prática do psicólogo: a instância judiciária. A amostra nos revelou casos em que ainda não existia um laudo propriamente dito, cuja queixa fora prestada antes de sua eventual produção. O questionamento ao CRP também se fez em relação à prática profissional do atendimento em que questões de comprometimento técnico e ético estavam voltadas tanto à prática do psicodiagnóstico quanto da terapia. Abordaremos os dois tipos de casos e as decorrências dessa descoberta na análise mais à frente.

Cumpre notar o importante papel que o Exame de Qualificação (dezembro de 2007) desempenhou para testar o foco e o rumo da pesquisa. Antes dos dados empíricos, a pesquisa se concentrou eminentemente na questão da linguagem científica opondo os cânones das Ciências Exatas versus o objeto da Psicologia não apreensível pelos instrumentos de uma ciência positiva. Então, haveria uma dissonância entre forma e conteúdo do laudo psicológico?

A realidade dos dados e seu impacto na leitura demandaram uma ampliação do foco inicial centrado na linguagem, isto é, na forma. O conteúdo dos laudos frente ao desenrolar do processo de julgamento abriu todo um amplo leque em que a dimensão do fazer a avaliação psicológica se destacou, assumindo uma proporção não imaginada no início da pesquisa.

Buscaremos caracterizar a amostra pesquisada em seus dados numéricos sem uma precisão estatística frente ao universo das queixas e denúncias que o CRP recebe. Para tal, precisaríamos categorizar todas as denúncias recebidas o que estava além de nossa possibilidade e objetivo. O critério-recorte do privilégio do laudo psicológico se deveu, relembro o leitor, frente à necessidade de uma amostra dos mesmos sobre os quais poderíamos averiguar a adequação da forma (linguagem) ao seu conteúdo (análise). Contudo, a pesquisa nos confrontou com uma amplitude de informações para além do laudo psicológico por meio dos autos do processo ético. Tal vivência remete, para aqueles que têm familiaridade, aos próprios processos judiciais com seus trâmites, ritos e procedimentos normativos. Apesar do formalismo inerente a esse tipo de documento é possível perceber uma carga afetiva considerável à medida que dramas familiares são narrados e as acusações felinas e defesas apaixonadas são feitas, nada deixando a dever aos processos de Vara de Família. Algo estranhamento familiar...

6.1. A AMOSTRA

Estabelecemos a amostra selecionando os casos em que constem laudos psicológicos que tenham relação com a Vara da Família e que já tenham sido transitados e julgados pelo Conselho Regional e/ou pelo Conselho Federal. Trabalhamos apenas com os processos contra os quais já não cabem recursos e cuja decisão final já havia sido determinada. Isso garantia, em cada caso estudado, um começo, meio e fim para a denúncia que fora realizada.

A equipe do próprio Conselho fez a triagem dos laudos a partir dos critérios da pesquisa. A pesquisa apresenta somente os processos/denúncias de 1997 até 2005, pois antes disto não há como se detectar suas temáticas. Não há registro dessa informação nos anos anteriores a 1997. Depois de 2005, alguns processos ainda não estavam finalizados, lembrando que o estudo de campo se iniciou em outubro de 2006.

Atualmente, o CRP-06 conta com um arquivo informatizado. Anteriormente, os registros eram feitos em um livro. Frizzo (2004) refere que os COE's não têm um procedimento padrão para o registro e guarda dos processos.

Colocamos a seguir a tabela com a distribuição dos processos por ano. A amostra total da pesquisa comportava 45 processos éticos. O ano de referência é o da entrada da denúncia no CRP-06.

Tabela 1 – Distribuição de todos os casos por ano

ANO	Número de Casos
1997	02
1998	04
1999	03
2000	05
2001	04
2002	10
2003	07
2004	16
2005	2
TOTAL	**43**

Fonte: Elaboração do autor (2009).

Da amostra total de 43 casos, foram analisados 17 PDE's ou Processos Disciplinares Éticos – Fase Preliminar, que significa que o processo não passou da primeira fase de averiguação e 19 PE's – Processos Éticos, ou seja, que foram instruídos e julgados entre 2005 e 1997. Apontamos a seguir o número total de casos analisados divididos em duas tabelas, a Tabela 2 de PDE's e a Tabela 3 de PE's:

Tabela 2 – Distribuição de PDE's por ano

ANO	Número de Casos
2003	03
2004	13
2005	01
TOTAL	**17**

Fonte: Elaboração do autor (2009).

Desses casos, sete são do interior do estado de São Paulo (Marília, Bauru, Taubaté, Santos, Campinas, São Bernardo do Campo, Ribeirão Preto, Guarulhos e Piracicaba) e o restante da Grande São Paulo e capital.

Tabela 3 – Distribuição de PE's por ano

ANO	Número de Casos
1998	02
1999	01
2000	03

ANO	Número de Casos
2001	01
2002	06
2003	02
2004	03
2005	01
TOTAL	**19**

Fonte: Elaboração do autor (2009).

Os casos são provenientes de Lins, dois de Guarulhos, Santos, Marília, Jundiaí e Assis. Doze são de São Paulo, capital.

Nós tínhamos à disposição uma amostra total de 34 PDE's que recuava até o ano de 1997. Mas acabamos delimitando nossa amostra de pesquisa em 17 processos em função do tempo e por considerarmos que a amostra era suficiente para uma análise comparativa com os 17 PE's. Os PE's foram analisados em sua totalidade, ou seja, pesquisamos todos os laudos psicológicos utilizados em Vara de Família que foram julgados pelo CRP-06, não cabendo mais recurso.

Frizzo (2004, p. 23) refere que a condução de processos éticos é prática pouco ou nada conhecida, acarretando dificuldades para os próprios membros do COE, diretoria e plenária que necessitam votar pelo arquivamento de uma denúncia ou pela instauração do processo ético. Se isso é verdade para os membros dos Conselhos, é mais ainda para os psicólogos de uma maneira geral. Como consideramos importante o leitor entender o processo pelo qual a denúncia formalizada chega a se constituir um PDE e/ou não um PE, vamos explicá-lo, brevemente, antes de continuarmos.

Em um primeiro momento, o psicólogo denunciado é contatado e informado da denúncia. Acompanha essa informação a solicitação de enviar uma "defesa prévia" por escrito, a respeito das acusações que lhe são imputadas. Os PDE's são esses processos que terminam nessa fase inicial e não se tornam PE's.

Cumpre esclarecer que é função da COE fazer uma primeira triagem da denúncia e determinar qual é a que merece esse procedimento. A COE recusa sumariamente a denúncia quando ela não envolve a atuação profissional, por exemplo uma denúncia do sujeito que brigou com o vizinho que é psicólogo e se queixa ao CRP. Ora, o conflito existe, mas é de outro âmbito por não envolver atuação profissional. O pleito deveria ser dirigido à justiça comum porque o CRP não tem competência para julgar a conduta do cidadão quando não está no desempenho de atividade profissional. Voltaremos a essa questão mais à frente, pois apesar do que foi falado parecer claro, há casos que suscitam dúvidas.

Quando se transformam em PE's há, pelo menos em tese, evidências que apontam para a ocorrência de faltas éticas que terão que ser averiguadas. Em outras palavras, o PE também não representa, automaticamente, a culpabilidade do psicólogo. Dependerá do trâmite final de julgamento com a posição do Relator sendo corroborada pela Plenária e não reformada pelo CFP, caso haja recurso[51].

Estatutariamente, em relação à amostra pesquisada, se o psicólogo é considerado culpado de uma falta ética, ele recebe uma das penalidades previstas no Código (CPR-SP, 1999, p. 127). As penalidades por ordem crescente de gravidade são: advertência, multa, censura pública, suspensão do exercício profissional, por até 30 (trinta) dias e cassação do exercício profissional, ad referendum do CFP. Com a vigência do Novo Código de Ética, a partir de 2005, também a pena de suspensão profissional por até 30 dias necessita de referendo do CFP (CRP, 2006, p. 43).

Ao todo, existem 17 Conselhos Regionais em todo o País, distribuídos por Estados ou regiões. O CRP-SP é o regional de número 6, com uma sede na Capital paulista e oito subsedes no interior do Estado: Assis, Baixada Santista e Vale do Ribeira, Bauru, Campinas, Grande ABC, Ribeirão Preto, São José do Rio Preto e Vale do Paraíba e Litoral Norte. Os processos que dão entrada nas subsedes são enviados à Sede, em São Paulo, para o seu processamento.

A partir da nossa amostra analisada de 17 PDE's, retiramos três casos relativos a processos da Vara da Infância e Juventude, portanto fora do escopo de nossa pesquisa. O mesmo aconteceu com a amostra de 19 PE's; dentre eles estavam um processo de Vara Criminal e outro sem nenhum envolvimento com a esfera jurídica. A razão para sua inclusão na amostra é que se tratavam de casos envolvendo laudo psicológico, condição necessária, mas não suficiente para figurar na pesquisa. Logo, a amostra final de nosso estudo comportou 14 PDE's e 17 PE's.

Poder-se-ia indagar se, pelo inverso, não houve casos que tenham ficado fora de nossa amostra. Isto é uma possibilidade, apesar de pouco provável. O envolvimento com o processo judicial é algo bastante relevante seja na queixa apresentada como nas provas que vão sendo anexadas aos autos dos processos éticos. É um tipo de caso de grande visi-

---

51 Após o julgamento, a parte que se sentir insatisfeita pode recorrer ao Conselho Federal de Psicologia para que haja alteração ou confirmação do julgamento e sentença dada pela Regional op. cit. *cf.* CPD.

bilidade. O que também se pode constatar pelo volume dos processos. Portanto, a possibilidade de se ignorar um caso em sua ligação com a Vara da Família nos parece menor do que a inclusão de outros processos (Criminal e da Infância e Juventude) que envolvam confecção de laudo ou tenham como objeto de avaliação criança e/ou família.

É possível verificar que a denúncia que se refere a laudos psicológicos em Vara de Família começa a aparecer como mais significativa durante a segunda metade da gestão 2001 a 2004 do CRP-SP, observando o crescimento dos números nas tabelas apresentadas. Em 2004, o ano com o maior número de casos (16), vemos que somente três casos efetivamente foram julgados, os demais sendo arquivados por decisão do CRP. Numa relação inversa, temos o ano de 2002 com quatro PDE's contra seis PE's.

Na próxima seção explicitaremos as categorias de análise que formulamos a partir da literatura disponível na área a fim de podermos trabalhar os dados da pesquisa e começarmos a verificar nossas hipóteses.

6.2. AS CATEGORIAS DE ANÁLISE

A partir dessa amostra e tendo em vista a pesquisa realizada no Mestrado (SHINE, 2002), criamos certas categorias de análise. Essas categorias foram elaboradas a partir de certos delineamentos encontrados na literatura disponível.

Uma primeira categoria seria a identificação do psicólogo denunciado: quem é o psicólogo que sofre denúncia no CRP-06? Obviamente não nos interessa a identificação do indivíduo, mas localizar a qual grupo ele pertence. Diante disso, com base nas leituras realizadas, podemos dividir os profissionais que costumam realizar laudos psicológicos em Vara de Família em sete grupos, a saber:

1. Profissional liberal autônomo no exercício em consultório particular que entra no processo judicial nomeado pelo Juiz como Perito[52] (BERRY, 1989; BLAU, 1998; BYRNE, 1991; CAFFÉ, 2003; GLASSMAN, 1998; GRISSO, 1987; HESS, 1998; ORTIZ, 1986; LIMA, 1997; PERRIN & SALES, 1994; SILVA & COSTA , 2000; STAHL, 1999; TURKAT , 1993).

---

52 São considerados Peritos Louvados, Peritos Nomeados, Peritos Designados, Peritos "*ad hoc*", Peritos Inoficiais ou Peritos Não Oficiais (ZARZUELA et al., 2000. p. 330).

2. Profissional liberal autônomo no exercício em consultório particular que entra no processo judicial como Assistente Técnico (BYRNE, 1991; SILVA, M.T.A., 2000; SILVA COSTA, 2000).
3. Profissional liberal autônomo no exercício em consultório particular como psicoterapeuta da parte (pai ou mãe) e que fornece laudo à Justiça (STRASBURGER et al., 1997).
4. Profissional liberal autônomo no exercício em consultório particular que é psicoterapeuta da criança, foco do processo judicial, que fornece laudo à Justiça (APA, 1994).
5. Profissional liberal autônomo no exercício em consultório particular que é psicoterapeuta familiar e fornece laudo à Justiça (BLINDER, 2002; WILCOXON, 1994).
6. Profissional contratado em instituição especializada ou centro de referência que fornece laudo à Justiça (MARTINS, 1999; BICHARD & SHINE, 1995; CLULOW & VINCENT, 1987).
7. Profissional contratado em instituição judiciária cuja função é fornecer laudos aos Juízes[53] (ASSIS, 2007; BARROS, 1997; BRANDÃO, 2004; CASTRO, 2003; CASTRO & PASSARELI; 1992; COIMBRA, 2004; FELIPE; 1997; FERNANDES et al., 2001; PELLEGRINELLI, 1993; MACHADO & CORREA, 2000; MIRANDA Jr., 1998, 2000a, 2000b, 2000c e 2002; RAMOS & SHINE, 1994; ROVINSKI, 1998, 2000a; RIBEIRO, 1999; SILVA, 2001, 2005; SHINE, 2002, 2004 e 2005; SUANNES, 1999).

Antes de continuarmos, necessitamos esclarecer alguns termos que somente agora apareceram. O grupo 2 se refere a Assistente Técnico, um termo legal, incomum no campo da Psicologia. Deve-se essa designação em função do artigo do Código do Processo Civil que nomeia o profissional que pode ser contratado pelas partes para auxiliá-lo no processo de defesa de seus direitos. Quando o Juiz determina que alguma questão precisa ser apreciada pelo perito, ele abre a possibilidade de cada um dos lados contratarem um profissional da mesma qualificação do perito para exercerem seu direito de controle sobre a prova técnica[54].

É preciso destacar a importância do modelo adversarial do Direito para se entender o papel e as expectativas que recaem sobre o profissional quando assume tal trabalho. No modelo adversarial entende-se

53 Considerados Peritos Oficiais (ZARZUELA et al., 2000. p. 229).

54 "Incumbe às partes, dentro em cinco dias, contados da intimação do despacho de nomeação do perito: I – indicar o assistente técnico" (Cód. Proc. Civil, art. 421, § 1°, n.° 1).

que a Justiça será melhor servida quando a lide, ou o conflito que opõe duas pessoas (partes), for alimentada pela ampla possibilidade de cada lado externar suas queixas e apresentar seus argumentos. É dentro desse contexto do Direito que a atuação do Assistente Técnico será entendida como "contrária aos interesses da parte adversária". Destacamos a atuação do Assistente Técnico em Shine (2002, p. 87).

> Como diz explicitamente Byrne (1991), psicólogo com atividade clínica e forense na Austrália, "a maioria dos juízes dará pouca relevância ao relatório do assistente técnico porque eles claramente entendem que há dois lados para a estória, e o outro lado não foi ouvido pelo profissional de saúde mental" (p. 8). Este mesmo dado é encontrado por Brito (1993), uma vez que os assistentes técnicos estão comprometidos com as partes "juízes e curadores esclarecem que não costumam levar em consideração tais laudos, centralizando sua atenção nos esclarecimentos fornecidos pelo perito do juízo" (p. 100).

Landry (1981), psiquiatra perito francês, utiliza o termo perito contraditório (referência ao princípio do Contraditório no Direito ou modelo adversarial, como explicamos). É no bojo dessa discussão que propusemos o termo perito parcial, visto que não deixa de ser um expert da área, mas limitado à sua relação contratual com a parte que lhe retém como cliente. A parcialidade não se confunde com isenção. O profissional pode ser isento, entendido como não tendencioso à parte que o contratou, mas se ficar restrito ao ponto de vista de um dos lados, sua posição só pode ser, a partir dessa condição de trabalho, parcial. Essa posição de parcialidade é característica do advogado por "abraçar a causa" de seu cliente e defender seus interesses na melhor forma do Direito.

A fim de facilitar o entendimento da posição do Assistente Técnico, gostaríamos de propor uma comparação com o profissional do grupo 4, o psicoterapeuta infantil. Nós recorremos a Tsu (1984) quanto à atenção que o profissional deveria ter para não assumir, ingenuamente, a interpretação do problema e a delegação de cuidados feita a ele. É neste momento que a Autora coloca:

> Definir, a priori, a criança como cliente a receber atenção psicológica leva o psicólogo a endossar, com seus procedimentos técnicos, a formulação social prévia que colocou a criança nessa posição. Tal postura conduz à realização de diagnóstico apenas parcial, na melhor das hipóteses, mascarando situações humanas mais complexamente problemáticas do que o grupo social pode reconhecer sem ajuda especializada. (Tsu, 1984, p. 38, grifo nosso).

A Autora acima está falando de um erro técnico, pois o profissional teria como questionar a delegação de problema na criança e não estar limitado em seus procedimentos técnicos para aumentar o escopo do seu trabalho para uma maior eficácia. Essa mesma liberdade o Assistente Técnico não possui, por não ser contratado por ambos os pais querelantes. Mesmo que o profissional entenda que quando o assunto é filho, o outro genitor deveria ser ouvido, sua tentativa de falar com ele ou ela tende ao fracasso. Ele pode até fazer o movimento de convidá-lo para conversar, mas dentro da arena jurídica, o psicólogo investido do papel de Assistente Técnico está comprometido com um lugar e um objetivo que é ser aliado à parte que o contratou. Isso em si é impeditivo de um relacionamento profissional imparcial.

Para ilustrar o que estamos dizendo vamos reproduzir, nas palavras do Conselheiro Relator na ocasião da sentença, a situação que apresentamos acima:

> Em resumo, as denúncias do presente processo se referem a:
> - realização de um psicodiagnóstico de uma criança sem o consentimento e a participação da mãe, que é quem tem legalmente a guarda da mesma[55];
> - avaliação da dinâmica familiar sem entrevistas com a mãe e com seu segundo marido;
> - apresentação de laudo psicológico da criança à advogada do pai da criança, a qual o utilizou em ação de modificação de guarda;
> - que o laudo teria sido apresentado na ação em questão com o objetivo de influenciar a decisão daquele foro.
>
> Em sua defesa, a psicóloga declara que:
> - a criança em questão foi atendida por ela, para diagnóstico psicológico, com fins de avaliação de sua saúde mental e emocional, sendo que a criança foi encaminhada pelo médico pediatra e que foi trazida pelo seu pai legítimo;
> - a mãe da criança foi contatada por telefone e se negou terminantemente a comparecer, mas em nenhum momento se opôs à avaliação, tendo sido até comunicada dos resultados da mesma;
> - o laudo psicológico somente foi entregue à advogada do pai da criança, unicamente porque a pedido dele a advogada também poderia ter acesso ao referido laudo;
> - o laudo psicológico foi juntado à ação em questão pelo próprio pai da criança. (Caso PE n. 09/98, grifo nosso).

Parece-nos adequado colocar uma outra questão quando se fala na relação de trabalho que se estabelece, pois é a partir dela que uma denúncia/queixa pode ser elaborada e recebida pelo CRP. Aproveitaremos outro assinalamento que Tsu (1984) faz em seu trabalho enfocando o

55 Cumpre ressaltar que isto se refere ao Art. 2°, alínea "i" (CRP-SP, 1999, p. 109). No Novo Código de Ética, o referido artigo sofreu alteração, referindo que o psicólogo deverá obter autorização para atendimento não eventual de criança ou adolescente, "de pelo menos um de seus responsáveis" (CRP-SP, 2006, p. 28).

psicodiagnóstico infantil. A Autora lança a pergunta: "Quem é o cliente do psicólogo no psicodiagnóstico infantil"?

"Depende", responde ela. Se o conceito de cliente vir da tradição médica, o cliente é definido como aquele recebe a atenção clínica. Nesse entendimento, a criança é o cliente e os pais são os responsáveis que estão demandando um serviço. Contudo, o cliente é outro se for entendido no modelo contratual em que "alguém contrata o serviço, apresenta queixa em relação a outrem ["queixa" aqui no sentido de queixa clínica] e tem particular interesse no trabalho contratado." (p. 36).

Ao Assistente Técnico não se pede uma "atenção clínica à criança", entendida no sentido terapêutico. Tanto é que ele não é procurado para um atendimento psicoterapêutico, mas para auxiliar no litígio por meio de sua intervenção. Intervenção essa que pode ter a criança como sujeito-objeto de sua avaliação, mas que será uma relação "instrumental", no sentido de se fazer uso do que se puder entender da condição psíquica da criança a fim de produzir um documento técnico: o laudo psicológico é o fim, a avaliação psicológica da criança é o meio. Avançaremos mais nos meandros dessa prática e de seus problemas pela amostra de pesquisa.

Em relação aos profissionais do grupo 7, ao qual pertencemos, havíamos levantado um questionamento no trabalho anterior (SHINE, 2002). Será que o psicólogo judiciário, por trabalhar diretamente nas questões em que envolvem a participação de profissionais do Direito, estaria mais sujeito a sofrer "ataques à sua atuação"? Se esse raciocínio procede, então, os psicólogos judiciários seriam os mais numerosos no rol de denunciados no CRP. A ver.

Os profissionais atuando nas categorias 3, 4 e 5 estariam, claramente, contrariando as orientações já existentes na área no ao assumirem dois papéis concomitantes com prejuízo técnico e comprometimento ético de sua atuação (BURAK & SALITERMAN, 1980; GREENBERG & SHUMAN, 1997; HESS, 1998; DELERAY, 1988; PERRIN E & SALES, 1994). Em relação a essa questão podemos lembrar o Art. 20º do Código de Ética antigo que expunha em sua alínea "b": "É vedado ao Psicólogo ser perito de pessoa por ele atendida ou em atendimento." (CRP-SP, 1999, p. 113).

Uma vez determinado quem é o psicólogo que forneceu o laudo, passaremos à seguinte categoria de análise: Qual é o tipo de queixa? Para tal, utilizamos os próprios enquadramentos[56] que a Comissão de

56 O relator nomeado pelo Comitê de Ética deve indicar quais os artigos do Código de Ética que foram infringidos ou não e sugerir um Voto que será confirmado ou não pela Plenária (CPD 06/2007).

Ética realizou a partir do Código de Ética vigente à época em que os Processos foram julgados. Iremos agrupá-los com referência aos artigos do Código de Ética e comentaremos sobre eles à medida que os dados forem sendo preenchidos. No momento que adentrarmos nessa categoria, teremos uma visão mais clara do que da ação profissional está sendo questionado no Conselho.

Discriminaremos quem é a pessoa que denuncia o psicólogo. Devido ao Conselho somente poder atuar quando houver uma relação profissional em jogo, essa categoria será importante para saber qual era o contrato de trabalho que unia o Denunciante e o Denunciado e qual a relação com a Vara da Família.

Fizemos uma distinção do termo "cliente" especificando que em alguns contextos a palavra designa quem demanda um serviço do profissional psicólogo, em outros designa aquele que recebe a sua atenção clínica. Nesse sentido, pareceu-nos importante criar uma categoria de quem é atendido pelo psicólogo.

Ao final, também podemos agrupar as sentenças e as penalidades que foram atribuídas. As sentenças explicitam quais os artigos que foram considerados infringidos, permitindo adentrar no mérito da acusação e procurar uma relação com o laudo psicológico.

Observando as datas de início e término dos processos também teremos o dado de DURAÇÃO do julgamento ético nos casos de PE's, ou então, o tempo necessário para que o PDE fosse arquivado.

7. RESULTADOS

7.1. QUEM É O PSICÓLOGO DENUNCIADO NO CRP-06?

Referimo-nos ao exemplo de uma briga entre vizinhos, no qual um deles se queixa ao Conselho pelo seu desafeto ser psicólogo. O CRP não tem competência para julgar casos como este em que o conflito existe, mas cujo foro específico para sua resolução não implica na participação do Conselho. Isso se deve porque a ação questionada não tem relação com atuação profissional. A pessoa pode ser interpelada na justiça comum na instância competente para julgar tal caso. O que nos parece evidente à primeira vista, aparece na vida real com uma sutileza e complexidade maiores do que podemos imaginar.

7.1.1. O CASO DA PSICÓLOGA QUE NÃO ESTAVA TRABALHANDO

Vejamos o exemplo do PE n. 04/2001. Neste caso, uma psicóloga, sócia em uma clínica com outra profissional de saúde, fornece uma declaração à sócia a respeito da conduta do ex-marido desta. O homem em questão, divorciado, litigava na Vara da Família em matéria que envolvia o filho em comum. A declaração da psicóloga foi utilizada no processo judicial, o que faz com que o cidadão entre com uma denúncia no CRP-06.

Por ser importante a apreciação do conteúdo da declaração para as conclusões que queremos demonstrar, solicitamos permissão ao leitor para citá-la integralmente.

7.1.1.1. EXEMPLO DE UMA DECLARAÇÃO MALFEITA

DECLARAÇÃO
Declaro conhecer Sr. K.B.O desde 1996, e observei muitas situações **agressivas e de descontrole emocional.** Presenciei na minha frente uma situação de **extrema fúria e agressividade física** em Novembro de 1996, quando o Sr. K. agrediu fisicamente a Dra. L. empurrando e batendo, apertando o seu braço deixando grandes hematomas visíveis por todo o corpo. Nesse mesmo dia, em uma situação inesperada ele se dirigiu a um quadro da parede retirou, disse apenas que não gostava do quadro e atirou contra uma mesa de dentista que estava próxima, quebrando o quadro em vários pedaços, sem a menor explicação do fato. Mostrando uma **personalidade inconstante, imprevisível, e violenta**. Em nenhum momento se retratou nem perante a Dra. L., nem perante o outro Dr. que faziam parte desse consultório e que também eram donos desse quadro, não pediu desculpas nem se comprometeu em assumir os gastos dessa propriedade lesada. Mostrando ser uma pessoa que **não assumi [sic.] a responsabilidade pelos seus atos**, nem a responsabilidade financeira. Já em outro endereço, o Sr. K. gritou com a Dra. L. em frente ao meu consultório, **agredindo verbalmente, ameaçando** e chamando atenção dos vizinhos e dos próprios pacientes que estavam no local nesse momento. Em uma outra situação quando estava a noite, em meu consultório atendendo, escuto um barulho na recepção, e pude verificar que era o Sr. K., que forçando a janelinha do lado da porta, enfiou a mão por dentro e destravou a porta para entrar, sem tocar a campainha e sem ser anunciado, entrou subiu até a sala da Dra. L., verificando que ela não estava, saiu sem falar nada. Ele entrou numa propriedade particular, à noite, invadiu e saiu. Mostrando características de **falta de limites** pela propriedade dos outros e falta de percepção de até aonde vão os seus direitos. Considero o Sr. K. um **homem perigoso, tendo necessidade de uma avaliação psiquiátrica mais aprofundada e detalhada.** Consultório Endereço Telefone Assinatura (grifo nosso)

Os negritos no texto são nossos para ressaltar as palavras para os quais queremos chamar a atenção do leitor. O texto foi reproduzido na sua forma original. Colocamos um [sic.] quando percebemos alguma passagem que não compreendemos bem. Daqui para frente utilizaremos esses recursos ao citarmos passagens específicas dos laudos pesquisados.

Nesse exemplo, realmente temos o "vizinho briguento" que denuncia a psicóloga. Mas tudo começa com a psicóloga "denunciando" o "vizinho". A sua "declaração" é um documento testemunhal, ou seja, ela relata o que viu e ouviu. Mas, então, por que estaria sendo questionada profissionalmente no CRP?

Segundo o enquadramento realizado da psicóloga no caso pela COE estão os artigos 2º, alínea "m" e o 17º[57]. Tanto o primeiro quanto o segundo se relacionam com a diretriz profissional de que sua ação deve ser no sentido de não causar malefício e dar alguma contribuição.

57 Art. 2º, alínea "m": estabelecer com a pessoa do atendido relacionamento que possa interferer negativamente nos objetivos do atendimento.

Esse caso chegou a configurar um PE e somente ao final do julgamento a psicóloga foi considerada inocente por não haver uma relação profissional entre ela e a pessoa a respeito de quem faz a declaração. Nas palavras do Relator do caso:

> Assim se atentarmos para os termos do documento vamos encontrar: declaro conhecer o Sr.... Observei muitas situações agressivas e de descontrole emocional. Presenciei... mostrando uma personalidade inconstante, imprevisível e de descontrole emocional. Fui vítima da invasão... Considero um homem perigoso, tendo necessidade de uma avaliação psiquiátrica...
> N. D. [psicóloga denunciada] e o Sr. K. [Denunciante] estão de acordo quanto ao fato de que não havia qualquer relacionamento entre eles. Assim, N. D. não poderia estar oferecendo um documento profissional, pois não possuía qualquer dado obtido por meio de técnicas e métodos psicológicos.
> Os termos utilizados configuram um linguajar psicológico, mas, sem fundamentação, este linguajar perde seu caráter técnico-científico. (P.E. n. 04/01, grifo nosso).

Podemos concluir daí que é o próprio linguajar técnico utilizado de forma inadvertida pela profissional que se sobrepõe às afirmações testemunhais. Ao tecer considerações de ordem psicológica e ao fazer uma indicação para avaliação psiquiátrica, ela se aproxima de um documento técnico. Logo, a declaração que foi parar nos autos de um processo judicial não é um documento proveniente de avaliação psicológica (cf. CFP nº 07/2003). A denúncia ética em que o sujeito é o Denunciante se opõe ao processo judicial em que é interpelado como parte. A lógica seria: o testemunho de uma psicóloga é mais fidedigno porque ela tem um "olhar profissional" versus não é documento técnico porque não houve uma avaliação psicológica profissional.

A denúncia ao CRP coloca em xeque a ideia de um "olhar" técnico (e, implicitamente, mais confiável do que o do leigo). O que estamos afirmando é que a queixa ao CRP pode ser uma estratégia de anular o efeito prejudicial que a manifestação profissional pode ter sobre o pleito judicial do interessado.

Isso fica explicitado na conclusão do PE 09/1998 em que a Relatora assim se manifesta em seu julgamento:

> Neste sentido, entende a relatora que as declarações da psicóloga denunciada e as provas contidas na peça deste processo ético sustentam o enquadra-

---

Art. 17°: O Psicólogo colocará o seu conhecimento à disposição da Justiça, no sentido de promover e aprofundar uma maior compreensão entre a lei e o agir humano, entre a liberdade e as instituições judiciais. (CRP-SP, 1999, p. 109 e 112).

> mento das ações denunciadas nos artigos acima citados, inclusive no artigo 1°, alínea "c", no que concerne à ética profissional.
> Contudo, configuram também por sua origem e pelo próprio pedido do denunciante de arquivamento da denúncia (sob alegação de que o processo no qual se originou o seu pedido já está decidido a favor da mãe da criança, folha 141), tentativa de formalização e utilização de peça processual de caráter ético em outros espaços legais de litígio civil/familiar. (grifo nosso).

No caso anteriormente exposto, a queixa dizia respeito a uma ação que não tem o cunho de atuação profissional. Há uma outra situação em que o CRP não tem competência de cumprir sua função de fiscalização e normatização: quando a pessoa imputada não é uma psicóloga devidamente inscrita no CRP. Antes de mais nada, a pessoa denunciada precisa ser identificada como sendo inscrita no sistema Conselho. Ao abordar esse assunto, Frizzo (2004, p. 66) chama atenção para as dificuldades para o procedimento pela falta de um cadastro unificado:

> As dificuldades na realização de reuniões sistemáticas das COE's, de produção de consenso, de observância dos prazos e de definição de rumos são algumas das dificuldades encontradas para a concreta administração do tempo na condução dos processos, somado à falta de agilidade do sistema de cadastro nacional dos psicólogos, sempre que se torna necessário verificar a procedência da inscrição de origem do psicólogo citado na denúncia. Um procedimento relativamente simples como este pode demorar por volta de um ano (!!!) para ser levado a cabo, sendo necessário aguardar até algum dos 15 Conselhos Regionais do país identificarem a inscrição do psicólogo cujos dados foram solicitados, uma vez que não é possível proceder ou apurar uma denúncia sobre não-psicólogo, pois não é objeto de fiscalização dos Conselhos.

Encontramos em nossa amostra um exemplo em que a apuração não pôde ser realizada porque a pessoa em questão não estava com sua situação regularizada. É o Caso PDE 15/04.

7.1.2. O CASO DA PERITA QUE NÃO ERA PSICÓLOGA

Trata-se de uma psicóloga, formada há 19 anos, nomeada perita ad hoc pela juíza de Vara de Família (tratar-se-ia de um caso que se enquadraria no grupo 1 de profissionais segundo nossa categoria de análise se sua situação profissional estivesse regular). Ela foi encarregada de proceder a avaliação psicológica de uma menina de 7 anos. O seu laudo psicológico teve o efeito de impedir a visita do pai à menina. Esse exemplo é interessante, pois traz a transcrição da audiência em que a psicóloga reafirma as conclusões do seu laudo (que não foi anexado aos autos do CRP). O Código do Processo Civil admite a manifestação do perito por meio do laudo bem como sua manifestação verbal em audiência[58].

A manifestação em audiência é ocorrência rara nos procedimentos de Vara de Família no Brasil se comparado com a realidade norte-americana (BLAU, 1998; STAHL1999; MOSSMAN & KAPP, 1998) ou inglesa (KING & TROWELL, 1993) em que o perito deve sustentar suas conclusões perante o júri. Pela curiosidade do exemplo, transcrevemos a seguir um extrato da audiência. A letra "J" identifica a juíza e "P" a psicóloga.

7.1.2.1. EXEMPLO DE PARTICIPAÇÃO EM AUDIÊNCIA

J: Boa tarde a senhora é O.T.I., psicóloga?
P.: Sim.
J: Quando houve pedido da autora de restrição de visita formulado no processo, eu determinei à senhora que fizesse a avaliação superficial, preliminar, para eu ter subsídio. Pode dizer o que a senhora fez?
P: O meu primeiro contato com a H. foi dia 14 e me surpreendeu, que eu imaginava uma o menina ágil [sic], uma menina nos parâmetros sócio-economicos dela, ela apresenta particularidades estranhas. Em nenhum momento se mostrou com medo, não tinha opinião alguma, trouxe ela para dentro, tentei brincar com os brinquedinhos e resolvi aplicar teste gráfico.
J: Só a senhora e a criança?
P: É. E ela veio comigo com facilidade exacerbada, quase servil, realizou testes que não se envolvia de forma alguma e muito rápido de modo que logo ficasse livre e olhando os testes teria que ser rápida, era insegura e tinha um trauma psíquico;
J: A senhora tem dúvida de trauma psíquico?
P: Nenhuma, sem dúvida nenhuma, consultei bibliografia e professores. Com três anos e meio, a criança sofreu trauma psicológico que não está resolvido até hoje, qualquer um de nós iria ter defesa, se ficasse resolvida logo, ficasse em meio acolhedor ela teria condições de contar e provavelmente teria ficado e resolvido o traumatismo e não foi resolvido, e o mecanismo do trauma de defesa que era normal passaram a ser patológicos e estão fazendo com que a menina tenha trauma, esteja extremamente desestruturada. Está regressivo, o lado instintivo extremamente exagerado, tem curiosidade na própria sexualidade anormal para uma menina de sete anos, ela está com muito dificuldade em dar e receber afeto, ela é submissa e não afetiva, é muito diferente. A criança afetiva diz "não" também, a criança submissa não, ela está se sentindo solta e só no mundo, se sente num labirinto de onde não está conseguindo sair. Posso ver se tenho mais alguns dados a respeito?
J: A análise que a senhora preliminarmente deu é que ela tinha problema, sem auto-estima, problema em insatisfação afetiva parental?

58 Art. 421. § 2°. Quando a natureza do fato o permitir, a perícia poderá consistir apenas na inquirição pelo juiz do perito e dos assistentes, por ocasião da audiência de instrução e julgamento a respeito das coisas que houverem informalmente examinado ou avaliado. *(Redação dada pela Lei nº 8.455, de 24.8.1992)*.

P: Também, quando pega em mãos o teste o que vê é o que está no teste são figuras pequenas, problemas no desenho da página, para direita apego a mãe e esquerda apego ao pai, o nó na árvore são dados anormais que levanta hipótese mensurando realmente trabalho científico[sic].
J: É medido mesmo?
P: Isso, com régua, por isso que sei que foi aos três anos e meio, pega a medida do tronco e divide pelos anos que a criança tinha ou criança adulto [sic] e vai dar a idade que foi o trauma.
J: Existe embasamento científico para essa conduta?
P: Trouxe tudo que usei. Ela está onde sentindo [sic] sufocada. Posso dizer com toda certeza que pode se desestruturar, pode chegar a comportamentos esquizofrênicos. O vestido fechado aqui (alto, gola) e não tem pescoço, os braços decepados, braço significa afeto para dar e receber; são decepados. As mãos, árvore, são figuras grotescas. Ela não consegue pegar afeto e realmente isso vem interferindo em toda a vida dela e não sente força como resolver, ela não sabe é [sic]. A criança, ela está desesperadamente buscando a estrutura do ego, mas ela não está conseguindo por isso ela está presa à vida instintiva. Por isso não está condição de trocar afeto com ninguém, desconfiada, se sentindo no ar e é isso.

O leitor minimamente versado em técnicas de avaliação psicológica deve ter acompanhado a leitura com certo assombro e incredulidade. Afinal, faz parte do ensino básico de técnicas de investigação psicológica não realizar afirmações conclusivas baseadas em apenas um instrumento de pesquisa, no caso o teste gráfico. A suposta psicóloga não só "descobre" um trauma psíquico ocorrido há quatro anos atrás, como diagnostica um quadro latente de esquizofrenia. E a "culpa" disso tudo seria do pai!

Ironicamente, a Sra. O.T.I. (todas as iniciais são fictícias) não pôde ser processada pelo CRP-06, uma vez que ela estava com sua inscrição cancelada por falta de apresentação do diploma. Na conclusão do Relator:

> - os fatos denunciados referem-se a atividade profissional exercida por O.T.I. quando tinha sua inscrição cancelada no CRP/SP. Assim, o CRP/SP não pode avaliar os atos praticados da perspectiva da ética profissional, pois a sra. O. não estava inscrita neste órgão à época.
> - em decorrência do acima exposto conclui-se que a sra. O.T.I. atuou como psicóloga, sendo nomeada e trabalhando como perita, de forma ilegal.
> Assim sendo, determina-se o arquivamento do presente processo como Processo Disciplinar Ético e o encaminhamento de cópia dos autos ao Ministério Público, como denúncia por exercício ilegal de profissão de psicólogo.
> Encaminhe-se à plenária para apreciação.
> São Paulo, 08 de outubro de 2004.

Mesmo não sendo considerada psicóloga, a pessoa teve a formação necessária para atuar como tal. O que levaria uma pessoa com formação apropriada e certo tempo de formada (19 anos) a fazer afirmações peremptórias nesse contexto do judiciário? Não temos como responder a essa questão por uma limitação do escopo da pesquisa.

Apresentamos as duas situações que encontramos em que o processamento disciplinar não ocorreu por não preencher as condições para tal. Há uma terceira situação em que o processo não se finaliza com uma sentença, seja ela absolutória ou condenatória: é o caso da prescrição, ou seja, o caso não pode mais ser julgado pelo tempo decorrido. Mas deixaremos esse caso para abordarmos mais adiante. Exibimos a seguir os dados quantitativos em relação às categorias de profissionais em que se enquadram os psicólogos que sofrem denúncias éticas no CRP-06 a partir da amostra analisada.

Tabela 4 – Número de profissionais denunciados no CRP-06 por categoria

Categorias dos Profissionais	Número de profissionais encontrados
Grupo 1 Perito ad hoc.	2
Grupo 2 Assistente Técnico	2[59]
Grupo 3 Psicoterapeuta da parte (pai ou mãe)	3
Grupo 4 Psicoterapeuta de criança	21
Grupo 5 Terapeuta familiar	0
Grupo 6 Profissional de instituição especializada ou centro de referência	0
Grupo 7 Psicólogo judiciário	4

Fonte: Elaboração do autor (2009).

Agrupamos na tabela anterior tanto os profissionais que constam nos PDE's quanto PE's, totalizando 31 psicólogos. Chama a atenção o grande número de profissionais que trabalham com crianças presentes na amostra. Isso pode ser explicado pelo foco privilegiado que a criança assume nos processos de Vara de Família. Explicamos como a diretriz do "melhor interesse da criança" e o modelo de psicodiagnóstico infantil podem convergir no sentido de se eleger a criança como polo privilegia-

59 No Caso PDE 22/2004, a psicoterapeuta da criança atua como Assistente Técnica da mãe e, por isso, foi computada nesta categoria e na do grupo 4.

do de atenção clínica. Contudo, a face perversa dessa atenção é o uso instrumental que se faz da criança: a atenção à criança, demandada por um adulto responsável, tem como finalidade a produção do laudo psicológico para funcionar como prova no processo jurídico. Não se estaria assim voltando a reproduzir o esquema supostamente ultrapassado que fora alvo de crítica por Ocampo e Arzeno (1990, p. 13)?

> De outro ponto de vista, "a partir de dentro", o psicólogo tradicionalmente sentia sua tarefa como o cumprimento de uma solicitação com as características de uma demanda a ser satisfeita seguindo os passos e utilizando os instrumentos indicados por outros (psiquiatra, psicanalista, pediatra, neurologista, etc.). O objetivo fundamental de seu contato com o paciente era, então, a investigação do que este faz frente aos estímulos apresentados. Deste modo, o psicólogo atuava como alguém que aprendeu, o melhor que pôde, a aplicar um teste. O paciente, por seu lado, representava alguém cuja presença é imprescindível; alguém de quem se espera que colabore docilmente, mas que só interessa como objeto parcial, isto é, como "aquele que deve fazer o Rorschach ou o Teste das Duas Pessoas". Tudo que se desviasse deste propósito ou interferisse em seu sucesso era considerado como uma perturbação que afeta e complica o trabalho. (grifo nosso).

Outro fenômeno que parece estar crescendo se correlaciona com a mesma situação já bastante estabelecida no meio norte-americano: a entrada do advogado na lista de demandantes dos serviços psicológicos solicitando um laudo psicológico para instrução de processo judicial (BLAU, 1998; HESS, 1998; MORSE, 1978; MOSSMAN & KAPP, 1998; STAHL, 1999).

A persistir essa tendência, o psicólogo paulista terá que aprender a lidar com um profissional que não é da área da saúde, cuja preocupação precípua não é com a saúde de seu cliente, cujo cliente é quem lhe paga e não a criança, cuja ética é diferente da sua. Será essa tendência generalizável para todo o Brasil? Frizzo (2004) aponta que o campeão de denúncias no CRP-12 está em erros na realização de avaliações e perícias psicológicas. A não ser que se realizem pesquisas similares nos demais CRP's não temos como afirmar com certeza.

Todos os 21 profissionais do Grupo 4 não se identificam como psicólogos jurídicos, nem as informações dos autos apontam para uma familiaridade na área da Psicologia Jurídica. Os profissionais estão atuando em consultório particular ou clínicas psicológicas em atividade de psicodiagnóstico e/ou psicoterapia infantil. Mas fizeram eles trabalhos na área da Psicologia Clínica como pensavam estar fazendo? Estamos defendendo a tese de que não; talvez estivessem pensando, mas seguramente não fizeram um trabalho pertinente à área Clínica, pelo menos não somente a ela.

Em primeiro lugar, cabe destacar o uso generalizado que se faz das nomenclaturas de "clínicas" e "consultório particulares" presentes na amostra. Isso remete à uma confusão terminológica que associa a atividade clínica ao fato de ser ela exercida no local de trabalho denominada Clínica. Mello (1978, p. 47 e 48) já apontava este fenômeno em seu clássico estudo sobre Psicologia e Profissão em São Paulo[60].

Aprofundando a questão dos lugares e das práticas psicológicas, Schmidt (1984) aborda a prática do psicodiagnóstico, lembrando que se por um lado pode-se defini-la como "conjunto de relações concretas entre profissional e clientela, onde o que está em jogo é basicamente, em todas as situações, a investigação de certas características psicológicas desta clientela" (p. 92), por outro a articulação com a sua inscrição em diferentes contextos institucionais permite dizer que "o fazer psicodiagnóstico não é um fazer exclusivamente clínico" (p. 92). A Autora explicita assim seu pensamento:

> Dizer que estas instituições contextuam diferentemente as práticas psicológicas não é, contudo, equivalente a afirmá-las como lugares onde as práticas psicológicas "acontecem". O sentido desta afirmação reside, sobretudo, nas consequências que podemos tirar do fato das práticas psicológicas estarem aí articuladas a outras práticas institucionais cujos objetos – a Saúde Mental, o Ensino e a Produção – sobredeterminam a especificidade do fazer psicológico. Este dado nos sugere que as práticas psicológicas se constituem diferentemente em função do objeto institucional que está em jogo nestes diferentes contextos institucionais e em função de sua articulação com outras práticas institucionais (SCHMIDT, 1984, p. 90-91).

Portanto, o laudo psicológico utilizado como prova judicial em processo de Vara de Família permite dizer que a prática não se dá exclusivamente na área clínica. O "objeto institucional" que está em jogo na instituição judiciária se remete ao conflito interpessoal transformado em litígio (SHINE, 2002). O que se busca no pedido de um psicodiagnóstico focado na criança ou um atendimento psicológico à criança é o laudo para subsidiar um pleito judicial[61]. O laudo é resultado de um

60 Trata-se, em primeiro lugar, das *clínicas* e *consultórios particulares* enquanto agências dedicadas à prestação de serviços psicológicos, pois quando os psicólogos afirmam, nos questionários, que o seu *ramo de atividades* é a Psicologia Clínica, seu *local de trabalho* é a clínica particular, e que os serviços que oferecem são aqueles transcritos acima, eles estão confundindo uma área de aplicação da ciência psicológica, em que o adjetivo *clínica* indica a natureza das funções profissionais com uma característica da agência em que exercem suas atividades (MELLO, 1978, p. 47-48).

61 "A psychologist was treating the children of a separated couple. The children reported that they preferred to live with mother. Later the mother requested that the psychologist write a letter to her attorney describing the progress of therapy. After receiving the

trabalho realizado pelo método clínico, mas está inserido no campo da Psicologia Jurídica, comprometido com a lógica adversarial do Direito e compreendido como uma prática de um especialista na área, um perito.

Ao ignorar ou descuidar da utilização que se pretende do seu trabalho escrito, o profissional está perigosamente caminhando sobre "gelo fino". Pensando que está realizando um trabalho em prol da saúde mental e bem-estar de uma criança, na verdade, está sendo utilizado para atacar a outra parte (mãe ou pai) por meio da criança. Em vez de perceber a manipulação que um genitor pode fazer da criança para atingir o outro adulto, torna-se, ele mesmo, parte dessa trama e aliado de um contra o outro. Exatamente aquele genitor ou genitora a quem não se teve acesso. Isso ecoa o alerta que Tsu (1984) fazia quanto a aceitar "ingenuamente" uma demanda que, além de comprometer o foco do trabalho, causa muitos transtornos, a outros e a si mesmo. O número de denúncias e de processos éticos levados a cabo envolvendo esse grupo de profissionais parece corroborar nossa análise.

Do total de profissionais da amostra, somente dois são representantes do sexo masculino. Pensamos que isso reflete o maior número de mulheres na profissão. Não nos parece plausível pensar que psicólogos homens estariam melhor preparados para enfrentar problemas neste campo.

Confrontemos, agora, a hipótese sobre o psicólogo judiciário (grupo 7): Será que o psicólogo judiciário, por trabalhar diretamente nas questões em que envolvem a participação de profissionais do Direito, estaria mais sujeito a sofrer "ataques à sua atuação"? (op. cit. p. 76). Se esta afirmação procedesse, deveríamos esperar um alto número de denúncias envolvendo profissionais deste grupo. Não é o que obtivemos em nossa amostra. Dessa forma, não há fundamento na ideia de que os psicólogos judiciários seriam os principais "suspeitos" de realizar avaliações psicológicas passíveis de crítica. Isso seria o mesmo que dizer que não existe fundamento na suposição (temor?) de que pessoas insatisfeitas com o resultado de uma avaliação psicológica pericial possam mover processos éticos contra os profissionais? Parece-nos que tal ideia é bastante factível. Se o laudo psicológico é a prova que derruba a pre-

---

letter, the mother's attorney called stating, "I don't want you to do a custody evaluation, but I would like you to share your opinions as to where the children should live."

There is an old phrase, "if it looks like a duck, walks like a duck, and quacks like a duck, then it is a duck." Even though the mother's attorney said he did not want this to be a child custody evaluation, in essence, as soon as the psychologist gives a recommendation as to where the children should live, he or she is conducting a child custody evaluation. (KNAPP & VANDECREEK, 2001).

tensão da parte no processo judicial, a estratégia jurídica de questionar a competência do profissional e/ou a validade científica de seu trabalho seria esperada. Isso acontece pelas várias formas de tentativa de impugnação do laudo psicológico dentro do próprio processo e, também, fora do âmbito legal da Vara da Família como vimos em exemplo anterior. É disso que falamos quando dizemos que o conflito circunscrito em uma arena jurídica (Vara da Família) se espraia para outra (CRP).

Reforçando o argumento acima, observamos que das quatro psicólogas judiciárias presentes na amostra, somente uma teve seu caso transformado em PE. As demais não passaram da fase de PDE, sendo todas isentadas de qualquer falta técnica ou ética a elas imputadas ainda na fase preliminar.

Do ponto de vista metodológico, o trabalho realizado apresenta algo em comum: todos os membros da família envolvidos na lide foram avaliados. Assim dizendo, mesmo que o foco se estabeleça na criança, todos foram ouvidos e a posição de todos levada em consideração. Isso parece ser o mínimo que se esperaria em uma avaliação psicológica que procure entender uma problemática que envolve mais de uma pessoa, mas veremos que não é o que acontece com maior frequência.

Quando se fala em denúncias éticas envolvendo laudos psicológicos na justiça, pode-se ter a falsa impressão de que quem os produz sejam psicólogos que trabalham na justiça, o que os nossos dados permitem refutar. Em outros termos, o maior número de laudos denunciados foi elaborado por pessoas que não fazem parte da instituição jurídica. Isso nos leva a pensar que a experiência dentro de instituições jurídicas, de certa forma, pode sensibilizar o psicólogo judiciário para os eventuais problemas que podem ocorrer, tomando ele maiores cuidados que os colegas que desconhecem essa realidade.

Por muitos anos o Tribunal de Justiça manteve uma prática de treinamento aos profissionais técnicos ingressantes. Participei em muitos deles como professor. A ênfase nos cuidados técnicos e éticos foi sempre um ponto privilegiado dessas aulas (Tribunal de Justiça de SP, 1991/1992). O psicólogo judiciário não pode alegar ignorância em relação aos riscos que corre em seu trabalho.

Podemos levantar a hipótese de que o aparelho judiciário seja capaz de colocar medidas que protejam o seu auxiliar que atua como perito, permitindo uma "blindagem" contra tais ataques. Entretanto, precisaríamos de outra pesquisa para comprovar tal hipótese.

O baixo número de denúncias e de condenação no grupo dos psicólogos judiciários corrobora a tese de que não é com essa categoria que o CRP-06 deve se preocupar quando observa o crescimento de queixas ligadas à prática laudatória.

7.2. QUAL É O TIPO DE QUEIXA CONTRA OS PSICÓLOGOS?

Apresentamos na próxima tabela os enquadramentos realizados nos PE's em relação aos itens do Código de Ética Profissional que, supostamente, foram infringidos. Após a instrução e julgamento, na sentença se confirma ou não os itens arrolados inicialmente.

Quadro 1 – Artigos do Código de Ética supostamente infringidos pelos casos da amostra

Artigo	Caso
Art. 1º, alínea "a"	Caso 7
	Caso 4
	Caso 9
Art. 1º, alínea "b"	Caso 7
Art. 1º, alínea "c"	Caso 1
	Caso 2
	Caso 3
	Caso 4
	Caso 5
	Caso 6
	Caso 7
	Caso 10
	Caso 13
	Caso 15
	Caso 16
Art. 1º, alínea "e"	Caso 13
Art. 2º, alínea "d"	Caso 13
Art. 2º, alínea "e"	Caso 7
Art. 2º, alínea "f"	Caso 13
Art. 2º, alínea "l"	Caso 4
	Caso 5
	Caso 7
	Caso 15

Art. 2º, alínea "m"	Caso 2
	Caso 3
	Caso 4
	Caso 7
	Caso 8
	Caso 9
	Caso 10
	Caso 11
	Caso 15
	Caso 17
Art. 2º, alínea "n"	Caso 13
	Caso 17
Art. 2º, alínea "i"	Caso 5
	Caso 6
	Caso 16
Art. 3º, alínea "a"	Caso 5
	Caso 16
Art. 3º, alínea "b"	Caso 3
	Caso 6
	Caso 16
Art. 4º	Caso 13
Art. 8º	Caso 5
Art. 9º	Caso 5
Art. 17º	Caso 11
	Caso 15
Art. 19º	Caso 1
	Caso 7
	Caso 12
Art. 21º	Caso 11
	Caso 16
Art. 24º	Caso 16

Art. 26°	Caso 6
	Caso 15
	Caso 16
Art. 29°	Caso 16
Art. 39°	Caso 13

Fonte: Elaboração do autor (2009).

Como se pode notar, os artigos são "supostamente" infringidos porque se trata do enquadramento inicial do psicólogo denunciado frente à queixa apresentada. Não se espera que o leigo denunciante saiba dizer qual é o artigo do Código de Ética que o profissional teria infringido. Esse enquadramento significa uma interpretação da denúncia frente ao Código de Ética Profissional que justifique dúvida e mereça uma investigação aprofundada. É isso que o processo de instrução vai proporcionar. Para tal, a COE sugere a instauração do PE e a Plenária confirma por meio de votação. Portanto, os PDE's não estão contemplados na tabela acima, uma vez que, por definição, não foi possível enquadrá-los em nenhuma suposta infração ao Código de Ética Profissional.

A simples leitura dos artigos não dá a dimensão das diversas formas em que as queixas se manifestam. Citaremos algumas de tais queixas como exemplo:

No Caso PE 19/2005 (Caso 1):

a. não entrou em contato com uma outra psicóloga que fazia o acompanhamento das crianças;

b. forçou as crianças a ficarem em sua companhia, chegando a segurar o braço de uma das crianças com 5 anos;

c. discutiu, ofendeu e ameaçou a mãe das crianças na frente delas.

No Caso PE 06/2004 (Caso 3):

a. atendeu o filho de 4 anos sem o seu conhecimento (do pai, Denunciante);

b. fez afirmações tendenciosas, sem dados confrontados com situações reais;

c. sugere terapia como condição para o pai se aproximar do filho sem ao menos conhecê-lo.

No Caso 01/2003 (Caso 4):

a. afirmou que a Denunciante (companheira atual do pai da criança atendida de 3 a. e 10 m.) batera na criança.

No Caso PDE 77/04 (Caso 3#[62])

Então pergunto:

a. É ético condicionar o atendimento ao pai somente com o consentimento da mãe?

b. É possível um acompanhamento psicológico ao menor sem manter qualquer conversa com o pai sobre o comportamento do menor quando em sua companhia?

c. Não seria plausível para melhor atender ao menor, o profissional conversar com o pai sobre o comportamento do menor quando em sua companhia?

d. Não seria melhor informar o pai sobre os problemas inerentes ao menor e orientá-lo para que possa somar esforços lineares na busca da melhora comportamental dele?

Perceba o leitor que um mesmo caso pode ser enquadrado em diversas "possíveis infrações". Em nossa amostra três casos se destacaram neste sentido conforme a tabela a seguir:

Quadro 2 – Casos com maior número de artigos supostamente infringidos

Caso 5 – 03/2003	Art. 1º a	c	f
	Art. 2º i	l	
	Art. 3º a		
	Art. 8º		
Caso 6 – 14/2002	Art. 1º a	c	
	Art. 2º i	l	
	Art. 3º b		
	Art. 26º		
Caso 16 – 09/98	Art. 1º c		
	Art. 2º i		
	Art. 3º a	b	
	Art. 21º		
	Art. 24º		
	Art. 26º		
	Art. 29º		

Fonte: Elaboração do autor (2009).

As "campeãs da infração" foram os artigos 1º, alínea "c" com 11 casos e o 2º, alínea "m" com 10 casos. Vejamos sobre o que eles versam:

62 Utilizamos o sinal # para diferenciar o caso da amostra de PE's.

> Art. 1º, alínea "c"
> É dever fundamental do psicólogo:
> c) Prestar serviços psicológicos em condições de trabalho eficientes, de acordo com os princípios e técnicas reconhecidos pela ciência, pela prática e pela ética profissional;
> Art. 2º, alínea "m"
> É vedado ao psicólogo:
> m) Estabelecer com a pessoa do atendido relacionamento que possa interferir negativamente nos objetivos do atendimento; (CRP - SP, 1999, p. 108-110)

Repare o leitor que os artigos infringidos remetem aos princípios fundamentais de atuar de forma cientificamente reconhecida e não causar malefício (primum non nocere). Caberia perguntar se o malefício causado se liga a uma atuação falha do ponto de vista técnico ou de alguma prática contrária à ética. Mas para enfrentarmos essa questão teremos que adentrar no teor dos julgamentos e das sentenças. Antes disto, vamos procurar ter uma ideia mais clara das características do nosso universo de pesquisa.

Concluindo essa parte e passando à próxima categoria de análise, sugerimos que, dado o número de denúncias envolvendo a produção de laudos e/ou atendimentos por profissionais tradicionalmente ligados à área clínica, algum trabalho de esclarecimento dos limites e armadilhas da Psicologia Jurídica precisaria ser endereçada a estes profissionais. Problemas pertinentes à área da Psicologia Jurídica na realização de avaliação e laudo envolvem profissionais que não atuam dentro das instituições jurídicas. Talvez porque não se considerem agentes sociais dentro dessa área de competência, os psicólogos clínicos não procuram se informar e nem se atualizar sobre os procedimentos que os psicólogos jurídicos realizam. Isso deixa uma grande parcela da categoria vulnerável frente a demandas de "clientes" orientados por operadores do Direito em busca de subsídios psicológicos.

Esse problema não atinge só os diretamente denunciados nos CRP's, mas macula a própria imagem profissional tanto de quem trabalha na área jurídica como fora dela. A forma de atuação determinará a continuidade da demanda por parte dos operadores do Direito ou não, bem como a credibilidade de nosso trabalho. Cada psicólogo em sua ação profissional com pais, crianças e advogados desempenha um papel educativo no sentido do que se deve e pode esperar de tal profissional.

Na próxima seção, vamos conhecer mais de perto quem são as pessoas que denunciam os psicólogos no CRP-06. Qual é a relação profissional que ligaria o Denunciante e o Denunciado? Vimos que em uma grande parte da amostra, o Denunciante não teve nenhuma relação profissional com o Denunciado. Isso em si era parte do problema (afirmar sem conhecer). E quanto aos demais casos em que o psicólogo Denunciado viu e avaliou o Denunciante? O que teria acontecido?

Contrapondo ao dado de quem é a pessoa que denuncia vamos especificar quem o psicólogo atende (no sentido de quem recebe a sua atenção clínica). Este dado nos parece significativo, pois permite a distinção entre um "cliente" que demanda um subproduto do serviço (o laudo psicológico, declaração ou atestado) e quem efetivamente é atendido e avaliado.

7.3. QUEM É A PESSOA QUE DENUNCIA O PSICÓLOGO? QUEM O PSICÓLOGO ATENDE?

Quadro 3 – Discriminação do Denunciado, do Denunciante e de Quem é atendido pelo Psicólogo Denunciado no CRP-06 nos casos de PE

Quem é denunciado	Quem denuncia	Quem é atendido
Caso 1 – 19/2005 Psicóloga judiciária	Mulher, mãe, parte em processo judicial de Regulamentação de VISITAS movido pelo pai. Separada há 1 a. e 5 m.	Pai, mãe, filho de 8 a. e 3 m. e filha de 5 a. e 7 m.
Caso 2 – 17/2004[63] Psicóloga clínica com 17 a. de formada	Homem, pai que buscava realizar VISITAS por meio judicial.	Filho de 8 a. e outro de 4 a., encaminhados para atendimento psicológico por médica (quadro de agitação, problemas de alimentação, de excreção, sono e alergia).
Caso 3 – 06/2004 Psicóloga clínica, psicoterapeuta da criança.	Homem, pai, médico, separado judicialmente, requerido em processo de Suspensão de VISITAS movido pela mãe da filha em comum.	Filha de 4 a., ludoterapia por 7 meses.
Caso 4 – 01/2003 Psicóloga clínica, psicoterapeuta da criança.	Mulher, 25 a., companheira atual do pai que tem processo judicial de VISITA. Casada há sete anos, professora. Acusada de ter batido na enteada.	Enteada de 3 a. e 10 m. levada por sua mãe, ex-mulher do atual marido da Denunciante.
Caso 5 – 03/2003 Psicóloga clínica	Mulher, separada, mãe, requerida em processo de guarda movido pelo ex-marido, acusando o novo companheiro da mãe de MAUS TRATOS E ASSÉDIO SEXUAL à filha.	Filha de 7 a. Pai, guardião provisório, retira a filha da psicoterapeuta anterior e inicia com a Denunciada.

63 Neste caso há dois laudos psicológicos distintos, um de cada filho, feitos por duas psicólogas da mesma clínica. Como o pai os atribui à mesma psicóloga e não entrou com outro processo, somente uma foi julgada.

Quem é denunciado	Quem denuncia	Quem é atendido
Caso 6 – **14/2002** Psicóloga clínica, psicoterapeuta	Mulher, médica, mãe, parte em processo de modificação da Regulamentação de VISITAS.	Dois filhos de 9 e 7 a., atendidos há 2 a., que estão sob a guarda dos avós paternos.
Caso 7 – 18/2004[64] Assistente técnica	Homem, 38 a., separado de fato, advogado, guardião das crianças e parte em TRÊS PROCESSOS na Vara da Família.	Menina de 8 a. e menino de 3 a. e 7 m.
Caso 8 – **11/2002** Psicólogo clínico	Homem, pai, parte em processo judicial movido pela ex-mulher que requer Suspensão de VISITAS.	Filha de 9 a. e 9 m.
Caso 9 – 09/2002 Psicóloga infantil, psicoterapeuta, formada há 6 a.	Homem, pai, parte em processo na VARA DE FAMÍLIA E CRIMINAL acusado de ABUSO SEXUAL. Vendedor, 37 a., separado há 5 a., usuário do CEVAT[65].	Filho de 7 a., levada pela mãe que tem a guarda.
Caso 10 – **06/2002** Psicoterapeuta infantil	Homem, pai, parte em processo jurídico com VISITAS determinadas judicialmente.	Filho de 5 a. levada pela mãe da criança. Solicitação de laudo pelo advogado da mãe.
Caso 11 – 04/2001 Psicóloga clínica, sócia em clínica, fornece declaração contra o Denunciante	Homem, 29 a., divorciado, polícia civil, acadêmico de direito, separado, parte em ação de RECONHECIMENTO DE PATERNIDADE. Participação de advogado.	Não atendeu ninguém.
Caso 12 – **15/2000** Psicóloga jurídica[66] atendeu como perita ad hoc do Juiz de Família	Pai, médico, parte em ação na Vara de Família. Participação de advogado.	Atendeu pai, mãe, o menino de 5 a., o namorado atual da mãe e profissionais da escola do menino.

64 Este caso foi lido fora da ordem cronológica.

65 CEVAT ou Centro de Visitação Assistida do Tribunal de Justiça de São Paulo é o dispositivo institucional que substituiu o que antes era conhecido como Plantão de Sala de Visitas. É um ambiente físico do próprio Tribunal de Justiça em que um corpo técnico (assistentes sociais e psicólogos) e um grupo da Segurança são responsáveis pela recepção de crianças que vêm para serem retiradas ou visitadas no local pelos seus responsáveis, principalmente pais e mães. Maiores detalhes em SHINE & CASTRO, 1997.

O Caso 1 de nossa amostra seria outro caso normalmente referido ao CEVAT. Ocorre que por se tratar de um caso em outra comarca que não São Paulo, as VISITAS foram determinadas para ocorrerem no Fórum em que corre a ação.

66 Identificamos a profissional acima como psicóloga jurídica, pois possui especialização concedida pelo CRP-06, mas não atua como psicóloga judiciária, ou seja, contratada do Tribunal de Justiça de São Paulo.

Quem é denunciado	Quem denuncia	Quem é atendido
Caso 13 – 13/2000 Denúncia "ex officio" em função da desistência pelo Denunciante. Psicóloga clínica e educacional que atende em psicoterapia individual infantil	Homem, pai, casado, administrador de empresas, residente em outro estado. Parte em processo em V. de Família. Desiste da denúncia.	Menina de 9 a. e 7 m.
Caso 14 – 07/2000 Psicoterapeuta infantil, formada há 11 a.	Homem, professor, divorciado. Representado por advogado.	Menino de 3 a. e 11 m. avaliado a pedido da mãe.
Caso 15 – 03/1999 Psicóloga em consultório faz avaliação a pedido da mãe. Entrega atestado desfavorável à mãe para o pai que utiliza em processo de modificação de guarda	Mulher, 28 a., separada de corpos do marido, mãe, parte em processo judicial.	Criança do sexo feminino de 9 a.
Caso 16 – 09/1998 Duas psicólogas em Clínica assinam em conjunto.[67]	Homem, 47 a., arquiteto, companheiro há 4 a. da mãe do menor atendido. Ação de Modificação de GUARDA desde 1994.	Menor de 13 a. e 10 m. que estaria sendo avaliado sem o consentimento da mãe.
Caso 17 – 01/1998 Psicóloga em consultório, 25 a.	Mulher, pedagoga, mãe, dona e diretora de escola de educação infantil. Estudante de Direito. A GUARDA era do pai, disputada judicialmente.	Menino de 11 a. atendido sem o conhecimento da mãe. Não produziu laudo psicológico.

Fonte: Elaboração do autor (2009

Nota: os processos em negrito são os que entraram com recurso no CFP.

Queremos chamar a atenção do leitor para a questão esboçada anteriormente sobre "quem é o cliente do psicólogo". Utilizamos do modelo do psicodiagnóstico infantil para introduzir a diferenciação que Tsu (1984) faz do modelo médico e contratual. O recurso ao modelo do psicodiagnóstico não foi por acaso.

A nossa amostra revela como a maioria dos psicólogos denunciados estão referidos à área clínica e foram procurados para avaliação ou atendimento da criança sob foco judicial. Dos 17 casos de nossa amostra 13 estão nessa condição (Casos 2, 3, 4, 5, 6, 8, 9, 10, 13, 14, 15, 16, 17).

67 A denúncia foi aberta em relação a uma das subscritoras da declaração. Após consulta ao departamento jurídico, a outra psicóloga também foi incluída. No decorrer do julgamento, a psicóloga morre.

7.3.1. O CASO DOS PSICÓLOGOS CLÍNICOS INFANTIS

É possível perceber, de imediato, algumas repetições frequentes que chamam a atenção:

- Atender menor sem conhecimento de um de seus responsáveis (Casos 2, 3, 5, 6, 16 e 17). Nos PDE's temos quatro casos com a mesma queixa, totalizando dez casos.

- Fazer afirmações de pessoa que não atendeu (Casos 2, 3, 4, 6, 10, 14).

Cabe destacar este último aspecto: fazer declarações a respeito de pessoa que não conhece e nunca viu. Do ponto de vista jurídico, a testemunha é aquela que fornece uma prova pelo fato de ter estado lá e ver ou ouvir algo pertinente. Em seis dos dezessete casos de PE's, temos um psicólogo tecendo considerações técnicas de pessoas que nunca viu e de quem nunca ouviu diretamente.

O perito é um tipo especial de testemunha (expert witness), pois possui um conhecimento técnico especial por meio do qual retira conclusões que vão além do simples relato de algo que se viu ou ouviu (fact witness). Mas o que se dirá de um psicólogo que emite um parecer sobre pessoa que nunca viu e nem conheceu? Tal fato torna-se mais grave ainda partindo de um profissional cujo foco é exatamente avaliar e/ou atender pessoas. Poder-se-ia perguntar como alguém se arrisca a dar um parecer sobre pessoa que nem ao menos conhece, muito menos ter aplicado alguma das técnicas de investigação psicológica (entrevista e testes). Seria uma questão de má formação, atitude de recém-formado que não esteja sendo devidamente supervisionado em seu começo de carreira? Não temos a qualificação dos profissionais Denunciados em todos os processos éticos estudados, mas a amostra revela pessoas com mais de 10 anos de atuação profissional e com diversos cursos e títulos de pós-graduação que não permite referendar a hipótese de inexperiência profissional. Devemos buscar outras respostas.

Se o leitor não for familiarizado com a literatura específica no campo não teria como saber que tal situação é mais comum do que poderia parecer. Afinal, que lição mais básica de avaliação psicológica do que a de somente afirmar algo a partir de dados que respaldem tais afirmações? Aliás, isso não se trata nem especificamente de avaliação psicológica, mas de qualquer pensamento minimamente racional e lógico. O próprio cerne da observação científica está pautado nisso. Contudo, tal conduta parece não ser facilmente explicável, responsabilizando-se falha em formação profissional, por exemplo.

A *American Psychological Association* também detectou o envolvimento de psicólogos em disputas judiciais por guarda levando a denúncias à Comissão de Ética. Uma força tarefa foi montada para produzir um Guia para Avaliações em Disputa de Guarda nos Procedimentos de Divórcio (*Guidelines for Child Custody Evaluations in Divorce Proceedings*) (APA, 1994).

Esse Guia é um protocolo de condutas recomendadas pela APA e, nesse sentido não são obrigatórias[68]. O Guia delimita o objetivo da avaliação e oferece diretrizes de conduta bastante específicas. O de número 13 é diretamente aplicável ao que estamos abordando: "O psicólogo não dá nenhuma opinião a respeito do funcionamento psicológico de qualquer indivíduo que não tenha sido pessoalmente avaliado" (*The psychologist does not give any opinion regarding the psychological functioning of any individual who has not been personally evaluated*). O Guia acrescenta que o psicólogo não está impedido de reportar o que uma pessoa avaliada disse sobre outrem. Como também diz que o psicólogo pode tecer conjecturas ou hipóteses ou levantar questões teóricas, contanto que deixe claro que é disto que se trata. Vejamos um exemplo em que se tal recomendação tivesse sido seguida, teria prevenido a denúncia ética. É o PE 07/2000 (Caso 14).

7.3.1.1. EXEMPLO DE LAUDO PSICOLÓGICO FALHO (AVALIAÇÃO *IN ABSENTIA*)

S.N.S.

Psicóloga Psicoterapeuta ligada à [ilegível]

Técnicas de Relaxamento e Trabalho Corporal

CRP 06/XXXXX

LAUDO PSICOLÓGICO

PACIENTE: M.D.Q.

IDADE: 3 ANOS E 11 MESES

DATA DE NASCIMENTO: 7/11/1994

O paciente apresenta um quadro de ansiedade acompanhado de momentos de intensa agressividade contra a mãe e o ambiente social. Às vezes apresenta-se inseguro.

Manifesta medo e ansiedade acompanhado de sentimentos de culpa e desejo de agradar a mãe. Muitas vezes sua agressividade é estimulada pela figura paterna. O pai incentiva com que o paciente faça esportes ligados a estimulação da agressividade, tolhendo a recreação infantil,

68 *As guidelines, they are not intended to be either mandatory or exhaustive. The goal of the guidelines is to promote proficiency in using psychological expertise in conducting child custody evaluations.*

isso gera pela idade cronológica do paciente um bloqueio afetivo consequentemente uma problemática familiar.

A figura paterna é impulsiva, descontrolada, com afetividade lábil, vivência extratensiva egocêntrica, traços obsessivos compulsivos, agressivos, irritabilidade e negativismo.

O contato constante com a figura paterna leva o paciente a uma afetividade lábil, ansiosa e desadaptada, o qual [sic] o paciente muitas vezes reprime sua agressividade extravasando em manhas, birras e irritações. A ansiedade que está caracterizando o quadro do paciente poderá abafar sua inteligência, gerando um bloqueio intelectual devido a situação emocional perturbada.

Devido à labilidade emocional da figura paterna e inconstantes brigas com relação a figura materna leva o paciente a uma tensão, ansiedade, impulsividade, explosividade, apesar de muitos momentos manifestar uma calma aparente. Há um situação conflitiva entre inconsciente e consciente. Se faz necessário estabelecer critérios rigorosos de datas definidas para a visitação do pai em relação à criança (já que os pais são separados).

Segundo minha avaliação profissional, devido a perturbação afetiva da figura paterna, descargas emocionais imprevisíveis, sem freios, desejo de domínio que prejudica seu relacionamento com a mãe do paciente, se faz necessário que essas visitas paternas se façam de quinze em quinze dias juntamente com feriados alternados. Porque quanto mais contato com o paciente tiver com a perturbação, impulsividade e agressividade, que nesse caso é expressa de maneira intensa, poderá gerar no paciente cada vez mais estados emocionais instáveis. Já que o paciente traz uma identificação saudável e um ajustamento emocional satisfatório com a figura materna, e sente o pai agressivo e poderoso contra a mãe.

Atenciosamente,

S.N.S.

PSICOTERAPEUTA

[Local], 08 de outubro de 1998.

A psicoterapeuta foi denunciada pelo pai descrito no laudo psicológico acima, indignado porque "o Denunciante não conhece a Denunciada e nunca esteve em seu consultório" (sic.).

Em termos formais, o laudo não apresenta certos dados básicos como o endereçamento do documento (a quem o documento se dirige e do que se trata), metodologia utilizada (procedimento com explicitação dos recursos utilizados, número de encontros, pessoas ouvidas) e análise (apresentação dos dados colhidos e situações vividas) baseada em fundamentação teórica.

Pode-se argumentar a seu favor que a primeira normatização do CRP por meio da Resolução nº 30/2001 somente apareceu bem posteriormente. Para o leitor incauto que se depara com esse documento, sem a metodologia explicitada não teria como saber que a psicóloga faz afirmações sobre o pai da criança atendida sem nunca o ter visto ou avaliado. Sem a discriminação da "fonte", não sabemos o quanto "deduziu" por meio do atendimento ou simplesmente utilizou dados secundários, via a mãe da criança.

A COE solicita a defesa escrita para a profissional. Esse é o momento em que o profissional deve sustentar a sua prática, demonstrando consistência teórica e técnica. A título de exemplo iremos transcrevê-la a seguir.

7.3.1.2. EXEMPLO DE DEFESA ESCRITA DE PSICÓLOGO DENUNCIADA

Em nenhum momento, em minha atuação, enquanto psicóloga, adulterei, fiz declarações falsas, e forneci um laudo psicológico, sem a devida fundamentação técnico-científica.

Em nenhum momento, durante a elaboração do laudo psicológico, citei o nome do representante, Sr. K.H.Q.

Emiti o Laudo Psicológico sempre utilizando o termo "figura paterna", o laudo psicológico é de seu filho M.D.Q.

Ao utilizar o temo "figura paterna" ou "imago paterna", ou "imagem paterna", estou me referindo a um protótipo inconsciente de personagens que orientam de preferência a forma como a criança, o indivíduo apreende o outro; é elaborado a partir das primeiras relações inter-subjetivas reais e fantasmáticas com o meio familiar.

Como sou psicólogo com formação analítica junguiana, utilizo-me desta palavra "figura" ou "imago" ou "imagem".

O conceito de "imago" deve-se a Jung (Metamorfoses e Símbolos da Libido, 1911), que descreve a IMAGO MATERNA, PATERNA e FRATERNA.

A IMAGO OU FIGURA OU IMAGEM, e o complexo são noções próximas; relacionam-se ambas com o mesmo domínio: relações da criança com o seu meio familiar e social. Mas, o complexo designa o efeito sobre o indivíduo da situação interpessoal no seu conjunto; a imago designa uma sobrevivência imaginária deste ou daquele participante dessa situação.

Define-se muitas vezes a IMAGO como "REPRESENTAÇÃO INCONSCIENTE". Mas deve ver-se nela em vez de uma imagem, um esquema imaginário, adquirido um clichê estático através do qual o indivíduo visa o outro.

A IMAGO pode-se portanto objetivar-se, quer em sentimentos e comportamentos, quer em imagens. Acrescente-se que ela não deve ser entendida como um reflexo do real, mesmo mais ou menos deformado; é assim que a imago de um pai terrível pode muito bem corresponder a um pai apagado. (Bibliografia – Laplanche, J./Pontalis, J.-B. – Vocabulário da Psicanálise – 7ª edição – Livraria Martins Fontes – São Paulo – 1983).

Fazendo-se também, em minha defesa, a análise da palavra "FIGURA" em Língua Portuguesa, pode-se encontrar os seguintes significados:

FIGURA: representação; imagem; símbolo; (Bibliografia – Hollanda, Ferreira Buarque Aurélio – Pequeno Dicionário Brasileiro da Língua Portuguesa – 11ª edição – Companhia Editora Nacional – S. Paulo – 1972).

> Portanto, quando citei no Laudo psicológico do cliente M.D.Q., "figura paterna" é como o cliente vê, sente e traz o pai durante todo o processo de avaliação do psicodiagnóstico, simbolicamente.
>
> NÃO EMITI no Laudo psicológico do cliente afirmações sobre a conduta, o estado emocional, e personalidade do Sr. K.H.Q.
>
> (grifo no original)

A tese que a Psicóloga defende é de que o Denunciante (K.H.Q.) teria feito uma má interpretação de seu laudo psicológico, buscando por meio retórico se defender da acusação imputada.

A acusação é de que S.N.S. emitiu um laudo psicológico sobre o Sr. K.H.Q. sem que o avaliasse de fato. S. refuta tal imputação explicando que nunca citou K.H.Q. em seu laudo. Somente se referiu à "figura paterna", explicando o seu significado que é referido à teoria junguiana. Ela vai explicar o que no campo da Lógica se designa significado extensional do nome (HEGENBERG, 1975, p. 29), "nome" entendido aqui como "figura paterna". S. procura diferenciar o nome "figura paterna" do outro nome, o de K.H.Q. (que em termos lógicos seria o nome próprio que denota a pessoa que é pai de M.D.Q.).

Associando o termo "figura paterna" ao conceito de "imago" conclui que não falou sobre o pai "real" (K.H.Q.), mas do pai "representação inconsciente, imaginária e simbólica" de M.D.Q.

Se a questão fosse o enunciado (ou a proposição) de que figura paterna é o mesmo que imago e que imago é representação inconsciente, então, estar-se-ia no âmbito teórico da Psicologia. Se S. afirmasse que a imago paterna de M.D.Q. é de uma figura "impulsiva, descontrolada, agressiva" estaria fazendo uma declaração que somente poderia ser questionada por outro especialista da área que avaliasse M.D.Q. e chegasse a conclusões diferentes. Mas a questão aqui não é da veracidade do enunciado, mas da validade ou legitimidade do argumento.

Perceba o leitor que a questão não é mais, segundo a defesa da psicóloga, ser o pai "impulsivo, egocêntrico, obsessivo, compulsivo, agressivo e negativo" ou não. A própria psicóloga já afirma que se trata da vivência psicológica da criança (cf. imago), isentando o Denunciante de qualquer identidade com a suposta realidade psíquica da qual trataria o laudo.

Os termos técnicos são expostos e definidos para, ao final, defender-se dizendo que "a culpa" é da criança que avaliou, pois "figura paterna" "é como o cliente vê, sente e traz o pai durante todo o processo de avaliação do psicodiagnóstico, simbolicamente (sic)".

Essa defesa foi feita de "próprio punho", ou seja, a interessada não constituiu advogado, redigindo e assinando pessoalmente sua defesa prévia. Pelo menos é isso que se depreende de sua leitura. Contudo, ela não se sustenta frente à argumentação do advogado do Denunciante. O advogado vai apontar a falácia do argumento da psicóloga, demonstrando a não validade dele, sem entrar no mérito do campo do qual não é especialista. Ele não questiona se "imago é representação inconsciente" e nem que "a imago paterna de M.D.Q. é impulsiva, descontrolada e agressiva". O advogado vai apontar o não respeito aos princípios da identidade (se uma ideia é verdadeira, então ela é verdadeira), da não-contradição (nenhuma ideia pode ser verdadeira e falsa) e do terceiro excluído (algo ou é verdadeiro ou é falso)[69].

Se "figura paterna" é imago, então "figura paterna" não é "pai" (no texto do laudo), uma vez que "pai de M.D.Q." é K.H.Q. (o Denunciante). Se "figura paterna" é imago e não K.H.Q., então não é K.H.Q. que "tem problemas de relacionamento com a mãe de M.D.Q.", mas caberia perguntar como uma imago (representação inconsciente) teria "relacionamento" com uma outra pessoa. E como "figura paterna" enquanto uma representação simbólica pode ter "perturbação afetiva, descargas emocionais imprevisíveis, sem freios e desejo de domínio"? Esses questionamentos poderiam ser feitos, mas ainda seriam pertinentes ao campo da Psicologia e alheio ao do Direito. Entretanto, se a questão é a imago de M.D.Q. por que as visitas paternas, isto é, as visitas de K.H.Q. deveriam ser alteradas? Mesmo que se aceitasse a explicação acima, não fica claro o "pulo" lógico que justificasse uma ação direta e real sobre a pessoa do pai ("critérios rigorosos de datas definidas para a visitação do pai" [sic.]) se o trabalho é sobre a representação psíquica da criança.

Citamos agora o extrato da Contestação à defesa escrita pelo advogado do Denunciante.

7.3.1.3. EXEMPLO DE CONTESTAÇÃO À DEFESA DA PSICÓLOGA

RÉPLICA DE K.H.Q. em 31/08/00

"7. Em breve síntese, declara a representada que em nenhum momento durante a execução do laudo, se referiu à pessoa concreta do representante e muito menos à sua personalidade, e, nem tampouco quis lançar um laudo de pessoa que não atendeu, mas tão somente do paciente M.D.Q. e da suposta imagem que este teria do seu pai.

69 A respeito da lógica no raciocínio jurídico ver COELHO, F.U. Roteiro de Lógica Jurídica. 3ª ed. e 3ª tiragem. São Paulo: Max Limonad, 2000. 122p.

8. No entendimento mediano, quando a representada se refere à figura paterna como sendo: "... IMPULSIVA, DESCONTROLADA, COM AFETIVIDADE LÁBIL, VIVÊNCIA EXTRATENSIVA EGOCÊNTRICA, TRAÇOS OBSESSIVOS COMPULSIVOS, AGRESSIVOS, IRRITABILIDADE E NEGATIVISMO..." e, que o contato constante do paciente com a figura paterna o levaria a "... AFETIVIDADE LÁBIL, ANSIOSA E DESADAPTADA, O QUAL O PACIENTE MUITAS VEZES REPRIME SUA AGRESSIVIDADE EXTRAVASANDO EM MANHAS, BIRRAS E IRRITAÇÕES. A PACIENTE PODERIA ABAFAR A SUA INTELIGÊNCIA, GERANDO UM BLOQUEIO INTELECTUAL DEVIDO A SITUAÇÃO EMOCIONAL PERTURBADA; está sem dúvida nenhuma, contradizendo o seu amplo relato, uma vez que a mera figura paterna, que supostamente não teria sido colocada como concreta cai por terra, pois a mesma se corporifica na pessoa do pai, uma vez que o contato do paciente M.D.Q. não se desenvolve com um símbolo, uma representação ou imagem, mas com a figura concreta do seu pai. Em sendo assim, caracteriza mero sofisma:

A FIGURA PATERNA É IMPULSIVA, EGOCÊNTRICA, OBSESSIVA, COMPULSIVA, AGRESSIVA, NEGATIVA.

OBSERVE QUE, A FIGURA PATERNA É O DENUNCIANTE SR. K. H. Q.

LOGO O SR. K.H.Q., ORA DENUNCIANTE, É IMPULSIVO, EGOCÊNTRICO, OBSESSIVO, COMPULSIVO, AGRESSIVO E NEGATIVO

9. Todo profissional sabe que para se evitar o resultado é imprescindível que se combata a causa.

9.1. Não se olvide que a denunciada recomendou, expressamente, a alteração dos horários e dias de visitas da "figura paterna", lobriga-se, assim, que o "laudo" visava atingir diretamente, a esfera de direitos do denunciante.

10. Se no caso vertente, o problema do paciente seria a suposta figura paterna, o simples fato de diminuir as visitas não resolveria o problema, até porquê, a causa continuaria existindo, e as supostas influências negativas também, ainda, que não tão constantes.

(grifo no original)

O item 9.1. é revelador do motivo principal para a denúncia ética. Tendo em vista que o laudo psicológico foi utilizado como recurso jurídico para tentar influenciar o sistema de visitas, a outra parte ingressou com processo no Conselho como forma de "anular" o efeito de verdade que tal laudo exerceria.

Como nos perguntamos anteriormente: Sendo a função da colega ser psicoterapeuta da criança, além de fazer afirmações a respeito de pessoa por ela não avaliada, será que não percebeu que extrapolava a sua competência ao opinar sobre o sistema de visitação? Não seria uma clara "invasão" do campo do colega psicólogo judiciário e/ou do perito ad hoc em Vara de Família, cuja competência seria avaliar e auxiliar o Juízo nesse ponto? Será que a colega teria conhecimento desse limite de sua atuação? Infelizmente a natureza de nossos dados não permite uma resposta satisfatória a essas indagações. Podemos tecer considerações hipotéticas somente.

Sem apelarmos a nenhuma "imago", sugerimos que o conhecimento do contexto institucional que envolve a avaliação psicológica forense ligado à Vara da Família é ou era (lembrando que se trata de um caso de 2000), ainda desconhecido tanto para o público em geral quanto para a própria categoria. A especialidade de Psicologia Jurídica estava ainda recém-criada (cf. nota 14). Decorridos 8 anos, segundo dados provenientes do CREPOP[70], em um universo de 17.530 títulos de especialistas concedidos havia somente 51 psicólogos jurídicos inscritos nos CRP's.

A criança é posta no lugar da vítima que necessita atenção e o profissional psi é convocado a ocupar o lugar de "protetor da criança", aliando-se ao adulto responsável que lhe pede ajuda. O outro responsável pela criança, geralmente o genitor descontínuo, fica isolado no polo oposto de ser "do mal", como se referem as crianças hoje em dia, denotando o lugar de "vilão", do "ruim" e do "malvado". Essa visão maniqueísta se enquadra perfeitamente com a lógica adversarial, na qual o advogado de cada parte busca, por todos os meios, convencer o magistrado de que a verdade e o direito assistem à sua parte. Ao proceder dessa forma, corroborando ingenuamente a versão de um dos lados (sem ter ouvido a outra parte), impõe um efeito normalizador "que separa o anormal do normal, o inadequado do adequado e o deficiente do sadio", como denunciado por Foucault (1973/1999).

Um outro exemplo que se enquadra nessa descrição é o do Caso PE 17/2004. Uma psicóloga com 17 a. de experiência clínica recebe o encaminhamento de duas crianças de 8 e 4 a. Realiza uma avaliação em uma única sessão com o de 8 a. enquanto encaminha a de 4 a. para uma colega. Tendo tido contato somente com a mãe, ela afirma:

> [ ] Em primeiro e único contato com a criança, pudemos verificar a forte preocupação em relação a possíveis atitudes por parte do pai, ou seja, tem medo que o pai apareça e os sequestre.
>
> [ ]
>
> Nesse primeiro contato com a criança, pudemos concluir a princípio, que a presença e a forma que o pai tem procedido têm sido prejudiciais para a criança, portanto, há no nosso parecer, necessidade de mudança de conduta por parte do pai e as visitas deveriam ser acompanhadas por pessoas de confiança das crianças como foi sugerido pelos avós maternos. (grifo nosso)

---

70 "O Centro de Referência Técnica em Psicologia e Políticas Públicas (CREPOP) é uma ferramenta institucional do Sistema Conselhos de Psicologia concebida para promover a articulação da informação e do conhecimento técnico da Psicologia no campo das políticas públicas. Sua maior finalidade é possibilitar a qualificação da prática profissional por meio da sistematização e da publicização das experiências dos psicólogos no âmbito das políticas públicas." (Nota técnica CREPOP/CFP 02/2008).

Frente a decisão da COE de instaurar um PE, a psicóloga solicita Reconsideração manifestando-se da seguinte forma:

> Embora saiba que estou sendo repetitiva, peço que haja reconsideração por parte da COE, pois não considero que tenha havido infração aos artigos mencionados, pois quando fizemos o parecer psicológico para o juiz, a intenção foi preservar a criança que estava se sentindo ameaçada (mesmo que subjetivamente) pela presença do pai, conforme fica evidenciado na entrevista com a criança e no inquérito do HTP.
> (grifo nosso).

Em sua defesa, anexa os laudos da psicóloga judiciária e da assistente social judiciária que corroboram o seu argumento em relação à dinâmica persecutória em que a criança se encontrava. Os laudos que subsidiaram a causa jurídica na Vara da Família são reutilizados para a defesa no CRP-06.

A situação em que o psicólogo se pronuncia a respeito de outro que não avaliou mereceu atenção especial para que o CRP-06 tomasse a iniciativa de colocar uma matéria no Quadro sobre Ética no Jornal PSI, nº 139, p. 09, de jan./fev. 2004. Retiramos o extrato ilustrativo da matéria em questão.

Processos Éticos

Elaboração de documentos escritos decorrentes de avaliação psicológica

"O psicólogo S. recebeu em seu consultório mais um menino, com cerca de quatro anos de idade, encaminhado pelo colega que se mudaria da cidade. Depois de um rápido diagnóstico, começou a atendê-lo, fazendo eventualmente orientações com a mãe, que era separada do pai da criança e levava, sozinha, o filho para a psicoterapia. O ex-marido estava em constante briga com a mãe, de modo que o garoto via o pai somente nos finais de semana, conforme havia sido estipulado pelo juiz, no processo de separação. No entanto, ocorria uma disputa judicial, na qual o casal não brigava pela guarda do filho, mas pelo número de visitas feitas pelo pai. A mãe dizia sempre nas sessões de orientação que o pai era agressivo, violento, que não era possível o diálogo com ele e que era esta a causa de todos os sintomas apresentados pelo menino e da impossibilidade de melhora dos mesmos.

O psicólogo, que cada vez mais sabia das agressões e ameaças do pai via relato da mãe, pensou ser prudente não se envolver com ele, trabalhando apenas com a mãe e o menino, de modo que nunca chamou o pai para qualquer tipo de participação neste trabalho. Ao tomar essa decisão, preocupava-se principalmente com o bem-estar da criança e zelava por seu espaço de terapia, na qual sempre eram trazidas situações, referentes ao relacionamento com o pai.

Cerca de três meses depois, a mãe da criança solicitou ao psicólogo um relatório sobre o estado de seu filho para que, na disputa com o marido, tivesse dados perante o juiz que sustentassem e justificassem o pedido de redução do número de visitas do pai. O psicólogo primeiramente hesitou, mas depois, na tentativa de proteger a criança atendida, escreveu o documento, intitulado como 'Laudo Psicológico' e não apresentava endereçamento. Iniciava-se com alguns dados da criança e em seguida passava a expor uma análise psicológica da mesma, seguida de informações a respeito de sua relação com a figura paterna, a qual é descrita como descontrolada e agressiva.

O profissional aponta os prejuízos causados ao menino pelo contato com a figura paterna e pelas disputas desta com a figura materna, cuja relação com a criança é avaliada positivamente. Diante da descrição da figura paterna, incluindo a hipótese de transtorno psiquiátrico, o psicólogo faz sugestões quanto à periodicidade das visitas do pai. No final, sua assinatura, sua inscrição no CRP-SP e a data.

Após a notificação da juntada deste documento aos autos do processo de regulamentação de visita, o pai fez a denúncia contra S. no CRP-SP. Ele apresenta cópia do documento e alega nunca ter se encontrado com o psicólogo, o que não lhe dava condições de fazer tantas afirmações a seu respeito".

Fica evidente a construção e elaboração de um material, intitulado como laudo, que não apresenta endereçamento nem tampouco o objetivo, e que faz uma série de afirmações sem a fundamentação necessária a respeito da metodologia utilizada e da origem das suas conclusões. Além disso, outras questões se colocaram à nossa reflexão: baseado em quê o profissional emitiu laudo afirmando agressividade de um pai que não conhece? Basear-se de imediato em relatos da mãe, que está em disputa com este pai na justiça, não seria imprudência ou precipitação? Será que as conseqüências destas afirmações, que provavelmente dificultarão as visitas de um pai a seu filho, não deveriam ser algo mais refletido, pensado e fundamentado, para além de serem oferecidas de imediato a pedido da mãe? Não é estranho que o psicólogo a partir de suas técnicas de avaliação psicológica, após empreender uma análise acerca da figura paterna, passe a fazer afirmações acerca do pai, desaconselhando contato com o mesmo?

Entendemos que este psicólogo comete falhas técnica na emissão do laudo psicológico, não demonstrando preparo técnico e pessoal na elaboração do documento escrito. Não há referência aos métodos e técnicas utilizados para seu embasamento e as declarações não são devidamente fundamentadas, além de não estar assinalado o seu caráter confidencial. Por fim, este psicólogo forneceu documento escrito à parte envolvida em processo judicial, contendo avaliações sobre a outra parte, que jamais havia atendido, não demonstrando ponderação quanto às possíveis implicações decorrentes de seu parecer. Assim, podemos apontar a violação dos seguintes artigos do Código de Ética Profissional dos Psicólogos:

Princípios Fundamentais:

I- O psicólogo baseará seu trabalho no respeito à dignidade e integridade do ser humano.

Art. 1º - São deveres fundamentais do psicólogo:

c) prestar serviços psicológicos em condições de trabalho eficientes, de acordo com os princípios e técnicas reconhecidas pela ciência, pela prática e pela ética profissional.

Art. 2º - Ao psicólogo é vedado:

m) adulterar resultados, fazer declarações falsas e dar atestado sem a devida fundamentação técnico-científica.

Muitos profissionais cometem falhas técnicas ao emitirem documentos sobre avaliação psicológicas e, ao cometerem falhas técnicas, estão cometendo também falhas éticas, seja porque é um princípio ético a garantia da qualidade do serviço prestado, seja porque este comprometimento da qualidade técnica traz repercussões e prejuízos a pessoas envolvidas que claramente apontam um caráter ético.

A avaliação psicológica entendida comum processo técnico-científico de coleta de dados, estudos e interpretação e informações a respeito dos fenômenos psicológicos, utiliza métodos, técnicas e instrumentos específicos da Psicologia. Seus resultados, muitas vezes expressos nestes documentos, devem considerar os condicionamentos históricos e sociais para servirem como instrumento de modificação da realidade. Pensando assim, temos como princípio ético respeitar o rigor e a seriedade da emissão de qualquer documento que seja. Produzimos e oferecemos documentos de domínio público e, assim sendo, estes tomam formas diferentes, em espaços diferentes, para pessoas diferentes: há que se cuidar do que se olha, do que se vê e do que se diga!

Cabe, ainda, lembrar a Resolução 17/02 regulamenta os documentos decorrentes a de Avaliação Psicológica.

Esse artigo me chamou a atenção desde sua publicação. Pareceu-me bastante oportuno o exemplo por conhecer casos similares por meio do estudo dos autos judiciais. Pelo seu aspecto didático, utilizei-o em várias aulas e palestras.

Antes da atual pesquisa não havia forma de dizer da grande presença de casos dessa natureza. Tanto os processos da Vara da Família como os do CRP correm em sigilo, não permitindo o conhecimento da natureza e do tipo de queixas, seja pelo público geral seja pelos psicólogos. Pois bem, essa matéria no jornal gerou uma outra muito interessante que encontramos em nossa amostra.

7.3.1.4. EXEMPLO DE UMA TENTATIVA DE ANULAR O JULGAMENTO

A Denunciada no PE 06/2002 apelou ao CFP alegando "pré-julgamento de seu caso" e solicitando a anulação do processo ético. Neste sentido, o próprio CRP-06 foi instado a se manifestar e explicar o alegado ao CFP (esta situação se compara ao questionamento que o Desembargador faz ao juiz de 1ª instância da Vara da Família no exemplo do PDE 100/2004 exposto mais à frente). Transcrevemos abaixo a resposta do CFP.

Outrossim, sustenta a suspeição da Comissão que atuou no colhimento das provas, em virtude da matéria publicada no Jornal – PSI Jornal de Psicologia CRP-SP nº 139 – jan/fev de 2004. No periódico mencionado, consta um caso de controle ético que, consoante alega a recorrente, seria o seu processo ético.

Em diligência realizada ao CRP-06, por intermédio de ofício, foi solicitado a remessa da cópia integral dos autos do processo ético que teria servido de supedâneo à referida publicação.

Em resposta, foi encaminhado a este Conselho Federal os autos do Processo Ético CRP-6 nº 07/00, documento anexo que passa a fazer parte integrante dos presentes autos, onde se verifica que o processo que serviu de paradigma para a publicação da matéria no periódico do CRP-06 não se trata do ora sob exame, não obstante a semelhança dos assuntos.

Repilo, pois, a indigitada suspeição do julgamento proferido.

Outrossim, a denúncia que motivou o presente processo ético refere-se ao conteúdo de um Relatório Psicológico elaborado pela Recorrente. Segundo o denunciante, o referido relatório contém informações sobre ele, embora não tenha tido nenhum contato com a psicóloga.

Com efeito, no que se refere às responsabilidades do psicólogo quando elabora documentos técnicos, o Código de Ética Profissional do Psicólogo estabelece que:

"Das responsabilidades Gerais do psicólogo:

Art. 2 – Ao Psicólogo é vedado:

m) estabelecer com a pessoa do atendido relacionamento que possa interferir negativamente nos objetivos do atendimento;"

Em atenção ao Relatório Psicológico, a recorrente alega em sua defesa prévia (fls. 16):

"Com o objetivo de proteger eticamente meu cliente, o relatório enviado não revelava com clareza, a complexidade de dados psicológicos em que está alicerçado, podendo parecer impreciso e apoiado em 'mentiras de uma mãe em desespero'. Porém, reitero, visava 'mostrar' o U., para que cuidados fossem tomados, sem contudo expô-lo em demasia".

"Não avaliei [o recorrido], no sentido estrito do termo, fiz uma hipótese, apoiada em minha análise, indireta, com o 'olhar' desenvolvido ao longo de 13 anos de trabalho como psicoterapeuta".

As alegações apresentadas pela recorrente, nas razões de recurso (fls. 505 e 506), tentam justificar as afirmações contidas no relatório que elaborou, consoante trecho a seguir transcrito:

"Nos autos as provas apresentadas pela ora Recorrente, certamente, são incontestes no sentido de que foram base segura para a elaboração do relatório psicológico. Aliás não só essas provas, mas as vivenciadas no dia a dia de terapia com o U.

Basta analisar os procedimentos do Recorrido: cartas ameaçadoras; constantes B.O's; brigas com pessoas ligadas a U., falta de pagamento de alimentos devidos, violência e rapto. Veja-se as fls. 176/181;183/189; 294/305; 373/374; 396; 398/409."

Ressalta-se que um documento técnico elaborado por um psicólogo deve ter embasamento técnico-científico, não sendo pertinente a afirmação da recorrente de que "Não precisa ser psicólogo par analisar indiretamente o recorrido e concluir tal qual consta do relatório...". Por ser um documento técnico é necessário apontar a origem das conclusões a respeito do recorrido.

As provas constantes dos autos, e a própria afirmação da recorrente demonstram que o documento objeto do processo ético foi elaborado sem a técnica necessária, ou seja, sem coletar dados sistematicamente com a pessoa que se fez referência, quer por meio de entrevista, quer por meio de outra avaliação qualquer.

Um 'Relatório Psicológico' é um documento técnico e não pode ser elaborado com base em suposições que qualquer pessoa possa fazer. A atuação profissional do psicólogo deve estar embasada em um saber científico. Portanto, no 'Relatório Psicológico' elaborado pela recorrente fica caracterizada a falta de fundamentação técnico-científica, o que representa uma infração ao Código de Ética profissional dos Psicólogos em seu Artigo nº 2, alínea "m".

É o relatório conclusivo.

O que queremos demonstrar com esse exemplo é que o modelo adversarial permite o questionamento do próprio julgador se ele ou ela ou o grupo for considerado "parcial". Isso significa que, se o CRP-06 tivesse utilizado o caso em questão e elaborado a matéria, o julgamento já estaria sendo dado e, portanto, todo o processo de instrução ainda em curso seria passível de anulação. É a mesma situação que o juiz de Vara de Família passa no Caso PDE 100/2004, explicitado mais à frente, em que tem que se explicar ao Desembargador em função de recurso interposto pela parte.

Voltando a discriminar os tipos de casos, podemos dizer que os casos em que a mãe guardiã leva a criança ao profissional são nove em nossa amostra (Casos 2, 3, 4, 8, 9, 10, 13, 14, 15). Há dois casos em que o pai é o guardião que leva a(s) criança(s) ao psicólogo (Casos 5 e 17) e temos um caso em que os avós paternos são os guardiões que solicitam o atendimento da criança (Caso 6).

Em outro cenário alternativo, é o pai visitante (genitor descontínuo) que leva a criança ao profissional psi, sem comunicar à mãe (guardiã). O profissional que aceita essa demanda é interpelado pela mãe como "desrespeitando os seus direitos" (Caso 16).

Podemos ver que o Denunciante é, via de regra, o genitor que não demandou a avaliação psicológica. A única exceção é o PE n. 03/1999, Caso 15 que apresenta outros elementos atípicos.

7.3.2. O CASO DA PSICÓLOGA QUE FALA UMA COISA E ESCREVE OUTRA

A psicóloga foi procurada pela mãe para avaliação e orientação em relação à filha de 9 anos. Após três sessões com a criança e a utilização de HTP faz uma devolutiva verbal ao casal parental. Passados sete meses, a pedido do pai, elabora uma declaração atribuindo à conduta materna um estado prejudicado da filha. Pedimos vênia ao leitor para reproduzir as palavras da Relatora que fez o julgamento:

> Da referida avaliação demandada pela mãe de D., a fim de orientação em como lidar com a problemática de sua filha, não foi produzido nenhum documento – relatório de avaliação, de encaminhamento, parecer, etc. – pois "não havia sido combinado no contrato da prestação de serviço". (sic. Fls. 70)
>
> Sete meses após sua realização, e apoiando-se na mesma avaliação de três sessões, a denunciada emite, a pedido do pai, e sabendo que o mesmo iria utilizá-lo para substanciar seu pleito judicial à guarda da menor, em disputa com a mãe – atestado onde a denunciada afirma "A avaliação revelou que D. apresentava sofrimento emocional em decorrência de crises intrafamiliares tendo ela absorvido a tensão gerada pelos conflitos, e, agravando, assim, os sintomas de que era portadora. A tal quadro adicionava-se a forma inadequada com que a mãe conduzia as relações familiares, aumentando a tensão e os conflitos, já por si, intensos demais". (sic. fls. 16).
>
> O atestado, que expressa conclusões acerca do comportamento da mãe e aponta-o como determinante das condições emocionais da filha, foi tecido

> pela denunciada com base em avaliação de três sessões, cujo objeto de contrato era a orientação e o encaminhamento psicológico da criança, e emitido sete meses após o encerramento do processo avaliativo.
> Admitido pela denunciada, não houve nenhuma outra intervenção de avaliação que atualizasse os dados anteriormente obtidos; o atestado não foi fundamentado em instrumental técnico-científico que apoiasse a denunciada em suas conclusões sobre as condições de relação familiar da mãe, à época de sua solicitação.
> A denunciada também confirma a informação da denunciante, de conhecer sua mãe e relacionar-se com ela socialmente, em situações públicas esporádicas (Termo de Depoimento, fls. ---), sendo-lhe possível, pela vinculação extra-profissional, o acesso a informações que interfiram na fidedignidade dos objetivos e resultados declarados no atestado, tendo, pelo exposto, infringindo ao artigo 2° do Código de Ética Profissional, em suas alíneas l e m; [citação dos artigos]
> Afirmando ter elaborado o atestado a pedido do pai, "pessoa diretamente interessada na solução do problema apresentado por sua filha (sic., fls. 40), a denunciada afirma, com "absoluta segurança, ter sido possível aferir os elementos clínicos da psicopatologia presente nas condições com os quais os membros da família estavam convivendo, razão pela qual, sem qualquer receio, e, repita-se, visando única e exclusivamente salvaguardar a integridade física e psicológica da menor, forneceu o indigitado atestado". (sic, fls. 41, grifo nosso).

A psicóloga acima passou de um enquadre de trabalho clínico de psicodiagnóstico infantil ao fornecimento de um "atestado" opinando sobre a guarda da menor de 9 a. ("Atesto para os devidos fins, que a menor C.C. R., minha paciente, apresenta-se no momento em condições de ser ouvida e de opinar sobre decisões com relação a sua guarda").

Podemos dizer que o Denunciante reage ao laudo psicológico e "ataca" o psicólogo, seu autor, justamente porque tal laudo fora utilizado contra ele como "prova judiciária" contestando, cerceando ou retirando algum direito pré-existente. A denúncia é um movimento no sentido de reverter tal estado de coisas. Tanto é que quando o Denunciante obtém o que queria na Justiça, não tem mais interesse em continuar e desiste da Denúncia, não prosseguindo com o rito do julgamento. É o que aconteceu com o Caso PE 13/2000 no Quadro 3. Consta no polo denunciante a caracterização de denúncia "ex officio" que é a situação em que o próprio CRP assume a função de oferecer a denúncia. Isso aconteceu pelo abandono do caso pelo Denunciante e a impossibilidade do CRP deixar de averiguar a ocorrência de falha ética, uma vez tenha tomado conhecimento de sua possibilidade.

Retirados da amostra os 14 casos em que os denunciantes são psicólogos ditos clínicos, restam-nos os casos que se referem especificamente aos psicólogos jurídicos. Somente três casos são atuações de psicólogos jurídicos dentro do contexto institucional da Vara da Família: o Caso 1, em que a psicóloga é uma psicóloga judiciária atuando dentro do Tribunal de Justiça; Caso 7 em que temos a atuação de uma Assistente Técnica, e Caso 12, em que uma especialista em Psicóloga Jurídica atua como Perita ad hoc do Juiz de Família. Quando abordarmos os casos de PDE's voltaremos a tecer novas considerações sobre esse grupo.

Não temos uma amostra comparativa de casos em que houvesse o envolvimento da família com processo judicial em Vara de Família em que os psicólogos consultados não tenham sido alvo de denúncias no CRP. Contudo, parece razoável colocar como um "fator de risco" ao profissional que atende uma família que esteja ou tenha estado em litígio familiar. A literatura científica disponível corrobora tal conclusão (ANDERTEN et al., 2002[71]; SCHAEFER, 1992[72]).

O Quadro 4 a seguir discrimina nos PDE's a categoria profissional do psicólogo denunciando, o autor da denúncia e sobre o que ela versa (queixa) e quem foi que recebeu a atenção clínica.

71 *Entrance into the courtroom thrusts the psychologists into a dynamic relationship with the legal system, its adversarial process, and its participants. Participation in this relationship can produce conflict and, perhaps, insensitivity about ethical principles that guide our profession.* (ANDERTEN, STAULCUP & GRISSO, 1980, p. 764).

72 *This area was chosen [psychological evaluations in the context of divorce custody determinations] for review as an example of forensic cases involving children because of the frequency with which mental health practitioners perform such evaluations, the complexity of the issues involved, and the profound implications of the outcome for children's welfare and development. It is in this type of case that mental health practitioners may incur the greatest risk to themselves, to their clients, and to the public image of their professions.* (SCHAEFER, 1992, p. 1058).

Quadro 4 – Discriminação do Denunciado, do Denunciante, da Queixa e de Quem é atendido pelo Psicólogo nos casos de PDE's

Quem é denunciado	Quem denuncia e a queixa	Quem é atendido
Caso 1 – 16/2005 Psicoterapeuta infantil, 24 a., formada há 1 ano.	Homem, pai, parte em processo judicial. Acusa psicóloga de atender criança que já está em atendimento com outro profissional.	O filho de 5 a. a pedido da mãe. Pai (Denunciante) foi convidado para comparecer em entrevista psicológica.
Caso 2 – 100/2004 Psicóloga judiciária (sem ficha de dados)	Homem, divorciado, comerciante, pai. É representado por advogado. Queixa de falha ética no trabalho que o prejudicou em processo judicial.	Pai, mãe e o menino de 5 a. e 2 m.
Caso 3 – 77/2004 Psicoterapeuta infantil, Homem, 33 a., psicólogo há 6 anos.	Homem, pai, advogado, separado judicialmente. Queixa de que o profissional não o atendeu, condicionando tal contato ao consentimento da mãe.	Filho de 7 a. e 2 m. encaminhado para atendimento pela mãe com queixa de agressividade na escola.
Caso 4 – 87/2004 Psicoterapeuta infantil, 45 a., psicóloga há 14 anos.	Mulher, mãe em processo judicial contra ex-marido. Declaração da psicóloga a prejudicou em processo em que perdeu a guarda de duas crianças.	Filho de 6 a. e 9 m. em terapia com a profissional.
Caso 5 – 44/2004 Psicóloga judiciária, 40 a., psicóloga há 16 a.	Mulher, 38 a., mãe em processo judicial contra o ex-marido. Queixa de manipulação dos resultados do laudo a fim de prejudicá-la na guarda de dois filhos.	A família: pai, mãe, adolescente de 15 a. e caçula de 9 a.
Caso 6 – 37/2004 Psicoterapeuta infantil, 42 a., atuando há 19 a.	Mulher, mãe, em processo judicial contra o marido. Queixa de que a psicóloga teria atendido a filha e o marido, tendo auxiliado no processo, além de ter atuado como assistente técnica e testemunha no processo.	Filha, atendida dos 4 aos 6 a. idade.
Caso 7 – 36/2004 Psicoterapeuta infantil, 28 a., (não consta tempo de formada)	Homem, músico, pai, bacharel em direito. Queixa-se de que laudo psicológico da psicoterapeuta impediu a VISITA da filha determinada judicialmente para ocorrer no recinto da cadeia onde estava recolhido.	Filha de 9 a.
Caso 8 – 25/2004 Psicoterapeuta infantil, 33 a., formada há 11 a.	Homem, pai, engenheiro civil, parte em processo de SEPARAÇÃO E CRIMINAL. Acusa a psicóloga de parcialidade; laudo com falta de elementos técnicos.	Filha de 2 a. e 5 m., mãe e pai. Fez contato com diretora da escola e com a rede procurando um serviço especializado em diagnóstico de ABUSO SEXUAL.
Caso 9 – 22/2004 Psicoterapeuta infantil, 44 a., psicodramatista, formada há 21 a. Atua como Assistente Técnica da mãe.	Homem, pai, médico pediatra, divorciado. Representando por advogado. Questiona a profissional por ter assumido função de Assistente Técnica em processo judicial, apesar de atender a criança como psicoterapeuta.	Filho de 8 a. e 4 m. e os pais.

Quem é denunciado	Quem denuncia e a queixa	Quem é atendido
Caso 10 – 21/2004 Psicoterapeuta de adultos, 43 a., formada há 19 a.	Mulher, médica, casada com o paciente com quem tem um processo judicial de separação. Queixa de que declaração juntada teria lhe prejudicado em processo judicial.	O marido da Denunciante.
Caso 11 – 15/2004 Perita nomeada ad hoc, 54 a., psicóloga formada há 19 a., mas com situação irregular no CRP. Caso enviado para o Ministério Público.	Homem, divorciado, empresário, pai de uma menina de 7 a. e 10 m., representado por advogado. Acusada de atuar sem diploma em caso que afirma ocorrência de ABUSO SEXUAL.	Menina de 7 a. e 10 m.
Caso 12 – 11/2004 Psicoterapeuta, homem, 66 a., psicólogo há 14 a.	Homem, pai de uma filha de 5 a. em disputa judicial com a ex-mulher. Representado por advogado. Questiona a possibilidade do psicoterapeuta atuar como testemunha da outra parte (mulher da qual estava se separando).	Mulher do processo judicial em psicoterapia individual.
Caso 13" 27/2003[73] Psicoterapeuta infantil, 27 a., inscrita no CRP há 3 a., não consta data da formatura.	Mulher, mãe e guardiã de menor, psicóloga. Queixa de que a psicoterapeuta estaria atendendo a filha a pedido do pai sem conhecimento e autorização dela (mãe). A família está envolvida em processo judicial pela GUARDA.	Filha (não consta idade).
Caso 14 – 46/2003[74] Psicóloga judiciária A, 37 a., atua há 4 a. Psicóloga judiciária B, 38 a., atua há 12 a.	Mulher, 44 a., mãe de 3 filhos, em processo de disputa de guarda do filho caçula. Acusa as psicólogas de falha técnica e de parcialidade.	A mãe (denunciante), o pai (que ficou com a guarda), as filhas dos primeiros relacionamentos da mãe, o menino de 5 anos (foco do processo).

Fonte: Elaboração do autor (2009).

Os processos mais recentes no CRP-06 trazem uma ficha de identificação do Psicólogo Denunciado em que constam seus dados. Quando disponível, retiramos a idade, sexo e tempo de formado para fins de identificação dos profissionais da amostra. Fazemos a ressalva que o tempo de formado não necessariamente representa o tempo de atuação profissional, considerando que a pessoa pode se formar e não ter atuado, muito embora tenha retirado sua carteira profissional (CRP).

Relembro ao leitor que os PDE's não se constituíram em PE's e, por conseguinte, não foram enquadrados em artigos supostamente infringidos em sua atuação. Procuramos transcrever, no entanto, a queixa prin-

73 Caso julgado à luz da modificação do CPD em que o atendimento pode ser realizado com o conhecimento de pelo menos um dos responsáveis (op. cit. CRP-SP, 2006, p. 28).

74 A Denunciante foi parte em dois processos distintos em Vara de Família em que foi atendida por psicólogas diferentes. Ela nomeia duas psicólogas, mas a denúncia só foi formalizada para uma delas.

cipal que tenha motivado a denúncia ética. Três casos foram retirados da amostra devido a ligação com a Vara da Infância e Juventude e não com a Vara da Família.

7.3.3. A ATUAÇÃO DOS PSICÓLOGOS JUDICIÁRIOS

Gostaríamos de começar a análise do quadro sinóptico anterior pelos componentes do grupo 7 de nossa classificação: as psicólogas judiciárias. Já refutamos a hipótese preliminarmente aventada de que os psicólogos judiciários comporiam a categoria de profissionais com maior índice de denúncias éticas. Observando os casos detidamente, podemos realçar certas características comuns.

Todas as avaliações psicológicas desse grupo são realizadas por profissionais desempenhando o papel de peritos de confiança do juízo. Há uma diferença em relação à avaliação psicológica diagnóstica solicitada por um dos responsáveis que serve de subsídio ao advogado da parte, pois esta é um estudo unilateral por não englobar a parte contrária (cf. casos analisados do Quadro 3). Destaca-se o fato de que as psicólogas judiciárias tiveram acesso a todos os membros da família, em condições de sustentar seus pontos de vista em relação aos fatos assinalados e análises apresentadas nos laudos psicológicos.

A discriminação das questões dos ritos processuais e dos procedimentos legais (normativos) também é um diferencial desta categoria. Acostumados a lidar com provimentos, leis e regras jurídicas, esses profissionais parecem manejar melhor tais elementos a seu favor e a sustentar suas posições. A título de exemplo, transcreveremos um ofício enviado ao CRP-06 por uma das denunciadas que aparece no Caso PDE 46/2003.

7.3.3.1. EXEMPLO DE DEFESA DO PONTO DE VISTA PROCESSUAL

[Correspondência enviada no processo P.D.E. 46.03]

[Local], 02 de dezembro de 2003.

À COMISSÃO DE ÉTICA DO CRP/SP

RESPOSTA AO OFSCE Nº XXX

Prezada Conselheira Presidente,

O OFSCE Nº XXX refere-se ao "material juntado pela denunciante T.O.G. em 18 de novembro de 2003" e informa que essa Comissão concedeu-me o "prazo de oito dias" para "manifestação".

Mas afinal, do que se trata? A denúncia de fls. 60 não preenche nenhum dos requisitos essenciais previstos nas alíneas "a", "b" e "c" do art. 17 do Código de Processamento Disciplinar, carecendo, portanto, dos requisitos necessários para ser autuada junto ao CRP/SP como uma representação. A denunciante sequer menciona o fato que deu origem a denúncia de fls. 60. Aliás, qual é a queixa apresentada?

Por outro lado, a denúncia de fls. 60 também não pode ter sido recebida como uma continuidade da denúncia contida no OFSCE Nº YYY. Em primeiro lugar, o Código de Processamento Disciplinar não prevê a juntada de novos documentos, por parte do denunciante, durante os "Atos Preliminares" (arts. 17 e s.). Em segundo lugar, o relatório psicológico anexo ao OFSCE Nº XXX não é resultado do mesmo processo de avaliação psicológica que deu origem ao relatório psicológico anexo ao OFSCE Nº YYY. Em terceiro lugar, já apresentei Defesa Prévia, sendo que o documento foi recebido pelo CRP/SP em 30 de outubro de 2003.

Diante do exposto, pergunto:

Qual o estatuto dado por essa Comissão ao material anexo ao OFSCE Nº XXX?

Qual o objetivo do OFSCE Nº XXX?

De qualquer forma, no intuito de colaborar para o bom andamento dos trabalhos, farei algumas considerações.

Inicialmente, vale destacar que o relatório psicológico protocolado em 30 de setembro de 2003, anexo ao OFSCE XXX foi elaborado por ocasião da Ação de Busca e Apreensão de Menores (autos nº qqqq/02). Já o relatório psicológico, protocolado em 20 de agosto de 2003, anexo ao OFSCE YYY foi elaborado por ocasião da Ação de Modificação de Guarda (autos nº rrrr/01). Portanto, apesar de envolverem as mesmas partes, são dois relatórios diferentes, apresentados em épocas diferentes e com objetivos diferentes, pois referem-se a ações judiciais diferentes e com objetivos diferentes, pois referem-se a ações judiciais com propósitos diferentes.

Em segundo lugar, é fácil notar que, mais uma vez, T. O. G. ficou inconformada com um parecer psicológico desfavorável a ela (fls. 61/66) e, em represália, protocolou "nova denúncia" contra mim em 18 de novembro de 2003. Aqui, abro um parêntesis [sic.]. Como atuo junto ao Setor de Psicologia do Fórum de [LOCAL]/SP há mais de quatro anos e elaboro, em média, trinta relatórios psicológicos por mês , imagino que, em quatro anos, essa Comissão de Ética já teria recebido um número assombroso (com certeza, milhares) de denúncias contra mim, se todos os "inconformados" ou "revoltados" com o fato de terem recebido um parecer psicológico desfavorável protocolassem denúncias no CRP/SP. Ainda mais se considerarmos que o CRP/SP está aceitando representações sem os requisitos mínimos, em completa discordância com o disposto no art. 17 do Código de Processamento Disciplinar, como é o caso da denúncia de fls. 60. Fecho parêntesis. Retomando, gostaria de ressaltar que a denúncia de fls. 60, em que pese seu caráter acusatório, é infundada e traz somente a manifestação de repúdio da denunciante contra a decisão do MM. Juiz de Direito – proferida em 28 de outubro de 2003 – nos autos de nº rrrr/01 (fls. 67/71).

Aliás, essa decisão do MM. Juiz de Direito (fls. 67/71) – favorável ao pedido de tutela antecipada requerida por B.H.P.D., concedendo a guarda de S.P.D. ao pai – traz informações de extrema importância sobre o caso e muito contribui para o entendimento dos fatos por parte dessa Comissão.

Finalizando, é importante destacar que desconheço a origem dos documentos de fls. 78/120.

Atenciosamente,

J.M.S.

Psicóloga – CRP 06/LLLLL-L

(grifo nosso)

Pode-se perceber pela manifestação acima que a profissional estudou o CPD e utiliza o seu conhecimento dos procedimentos para se defender e questionar a formalização da denúncia. Outrossim, aponta inconsistências na denúncia por juntar elementos probatórios retirados de relatórios psicológicos distintos, processados em ações diferentes.

Repare o leitor que a psicóloga sugere que a denúncia estaria sendo feita em "represália" a um parecer desfavorável em relação ao pleito judicial. Essa suposição pode ocorrer ao profissional já durante o processo de avaliação, levando-o a se "blindar", escrevendo o laudo psicológico com especial ênfase nos cuidados metodológicos. Apresentamos a seguir um exemplo de um laudo cuidadosamente elaborado a fim de resistir a possíveis ataques que foram efetivamente feitos por uma denúncia ética. Falamos do Caso PDE 44/2004.

7.3.3.2. EXEMPLO DE LAUDO PSICOLÓGICO COM FUNDAMENTAÇÃO METODOLÓGICA

> 2. Metodologia
>
> A perícia psicológica tem como objetivo o estudo de uma determinada situação que envolve os fenômenos humanos, tendo como pano de fundo o uso de conceitos e teorias próprias do campo da ciência ao qual esses elementos se referem.
>
> No campo da psicologia, como é próprio das ciências humanas, há diferentes linhas teóricas, com diferentes definições de objeto de estudo e método de pesquisa. Assim, o conhecimento próprio de cada linha teórica é articulado em função de certos parâmetros fundamentais, tendo como pressuposto uma representação prévia do que seja o fenômeno humano.[75]
>
> A presente perícia parte de um modelo piscanalítico que tem como base a noção de inconsciente. Esta linha teórica tira da consciência o eixo fundamental do funcionamento psíquico do sujeito, deslocando-o para o inconsciente, postulando-o como fonte de energia pulsional e continente de conteúdos recalcados. Considera ainda o conflito psíquico, ou mental, constitutivo do ser humano uma vez que o psiquismo está estruturado sob forma de instâncias, as quais impõem ao sujeito exigências contrárias. Ao mesmo tempo em que existem no interior do aparelho psíquico desejos que reclamam por pronta satisfação, há também um sistema que contém as representações das normas e interdições que são próprias da cultura, impedindo sua plena realização. Desta forma, cada sujeito estrutura seu aparelho mental de modo a organizar internamente a ação destas forças intrapsíquicas.
>
> Partindo deste pressuposto, a metodologia psicanalítica objetiva criar condições a partir das quais os aspectos inconscientes de cada indivíduo possam ser reconhecidos e considerados, utilizando-se, para isto, de certos procedimentos técnicos.
>
> A técnica utilizada com os adultos é a de entrevistas semidirigidas, nas quais o entrevistador não segue um padrão preestabelecido de perguntas, como numa anamnese ou entrevista fe-

75 ANCONA-LOPES, M. Contexto Geral do Diagnóstico Psicológico. In: TRINCA, W. et al. *Diagnóstico Psicológico e a Prática Clínica.* São Paulo: Editora Pedagógica Universitária, 1984.

chada. Caracteriza-se por uma situação que dá ao entrevistado a possibilidade de desviar-se do assunto, associá-lo com outros temas aparentemente desconexos, reiterar impressões, omitir fatos, tecer comentários; permitindo-lhe, enfim, expressões espontâneas que escapariam a um questionário mais sistemático.[76]

A entrevista semidirigida, articulada com uma concepção teórica psicanalítica, tem como pressuposto a noção de discurso manifesto e latente.[77] O primeiro seria o aspecto mais formal, ou mais consciente da fala do sujeito, porém mais lacunar e menos revelador da realidade intrapsíquica, em virtude do trabalho de deformação efetuado pela censura. O conteúdo latente seria o conjunto daquilo que a análise vai sucessivamente revelando, constituindo-se de uma expressão mais fidedigna da verdade subjetiva do entrevistado.

Assim, a atenção aos pequenos lapsos, reiterações, omissões, associações entre assuntos aparentemente díspares, recordações, entonação de voz, gesticulação, expressão facial, etc. dá ao entrevistador oportunidade de acesso ao discurso latente do sujeito, à sua dinâmica intrapsíquica, portanto. Nas palavras de Bleger, ao se conduzir a entrevista sem adotar uma postura diretiva, cria-se uma "flexibilidade suficiente para permitir que o entrevistado configure o campo da entrevista segundo sua estrutura psicológica particular, ou – dito de outro modo – que o campo da entrevista se configure, o máximo possível, pelas variáveis da personalidade do entrevistador".[78]

A otimização deste método ocorre quando se depreende do discurso manifesto do sujeito seus conflitos básicos e os mecanismos através dos quais ele se defende e/ou elabora esses conflitos de forma a restabelecer seu equilíbrio mental.

Aliada a esta concepção surge também o conceito de transferência, fundamental para a compreensão da entrevista como instrumento de investigação de personalidade. Designa, em psicanálise, o processo pelo qual os "desejos inconscientes se atualizam (...) no quadro da relação analítica, [tratando-se de] uma repetição de protótipos infantis vivida com uma sensação de atualidade acentuada. (...) [podendo ser entendida como] o lugar em que os conflitos intrasubjetivos, também eles restos das relações intersubjetivas da infância, reais ou fantasmáticas, vão de novo manifestar-se numa relação aberta à comunicação". [79]

Por esta razão a transferência é importante via de acesso ao material que se busca analisar.

A atenção aos aspectos transferenciais permite ao psicanalista uma oportunidade de observação in loco do modo como o sujeito se relaciona com o outro. Assim, as formas como o periciando estabelece contato, fornece elementos para a confecção da perícia, interage com o entrevistador, são também elementos que permitem compreensão acerca de seu funcionamento mental.

---

76 OCAMPO, M. L. A Entrevista inicial. In: OCAMPO, M. L. et al. *O Processo Psicodiagnóstico e as Técnicas Projetivas*. São Paulo: Martins Fontes, 1981.

77 LAPLANCHE, J. e PONTALIS, J. B. *Vocabulário de Psicanálise*. São Paulo: Martins Fontes, 1991.

78 BLEGER, J. A Entrevista Psicológica. In: *Temas de Psicologia*. São Paulo: Martins Fontes, 1980.

79 LAPLANCHE, J.; PONTALIS, J. B. *Vocabulário de Psicanálise*. São Paulo: Martins Fontes Editora, 1991.

Deste modo, o conjunto dos dados obtidos permite uma compreensão mais ampla da dinâmica intrapsíquica do sujeito e da natureza dos seus relacionamentos intersubjetivos, ou seja, a forma como se relaciona consigo mesmo e com o outro.

Para a realização do estudo foram realizadas entrevistas com os pais e com os dois filhos do casal. Todo o procedimento foi realizado nas dependências do Foro de [local], no mês de junho de 2004.

O laudo do qual foi extraído a segunda parte (Metodologia) compõe-se de todos os elementos mínimos recomendados pela Resolução CFP nº 07/2003, que institui o Manual de Elaboração de Documentos Decorrentes de Avaliações Psicológicas. O preenchimento desses requisitos permite diminuir a possibilidade de ter o trabalho impugnado ou sofrer uma sanção ética. A pesquisa demonstrou que a referência às Resoluções ligadas ao Manual é um guia pelo qual o Relator vai estabelecer a ocorrência ou não de uma falha técnica.[80] Contudo, esse cuidado em si não garante que o profissional não seja provocado pelo CRP a realizar sua defesa prévia.

A fundamentação teórica do laudo psicológico é exposta considerando um leitor não versado na área, a fim de dar maior credibilidade aos resultados e conclusões. Essa diretriz é básica na confecção de um do-

80 PE 01/2003 – "Analisamos os documentos em especial o 'laudo psicológico' elaborado pela Psicóloga Denunciada e constatamos que o documento produzido é uma 'narrativa de atendimentos psicoterapêuticos'. Segundo consta no próprio 'laudo psicológico' a mãe da criança procurou a psicóloga em função da mesma não compreender as atitudes da sua filha. Depois, no sétimo atendimento (segundo anexo colocado pela Denunciada na p. 26), a mãe solicita à psicóloga que ela elabore um 'laudo' para o juiz. Ora, senhores Conselheiros, *parece existir, no mínimo, um equívoco, 'Laudo psicológico/Relatório psicológico' é um estudo detalhado de caso e não uma narrativa de atendimentos psicoterápicos*, ainda mais se tratando de uma criança de 3 a. e 10m. cujos pais, denotam um certo conflito quanto aos cuidados da criança". (grifo nosso).

PE 09/2002 – "No caso em questão a Denunciada apesar de não ser convocada como perita do caso, emite um documento – Declaração – redigido com pouco cuidado, a pedido da mãe de seu paciente para apresentar em juízo. Declarou que a criança apresentava conflitos emocionais e sofria violência sexual por parte do pai, entendendo ainda que o mesmo poderia estar intimidando a criança com chantagem para manter tal fato em silêncio. Percebemos em sua declaração que chegou a estas conclusões por meio de entrevistas com seu paciente, *não esclarecendo quantas sessões foram necessárias para tanto afinal [sic.], o período de atendimento correspondente a um ano, foi interrompido (por 3 sessões) sendo certo que, não ficou esclarecido a periodicidade das sessões (mensais, semanais). Deixa de esclarecer se foram utilizadas outras técnicas reconhecidas pela categoria para chegar a tais conclusões*, mencionando-as apenas em sua defesa prévia".

cumento técnico que tem como destinatário um leigo (cf. CUNHA, 2000; ROVINSKI, 2004; CAIRES, 2003). No nosso caso, o destinatário é o juiz da causa. As afirmações são respaldadas por referências bibliográficas e indicações específicas. O laudo assume a feição de uma tese acadêmica (objetivo, hipóteses, histórico, metodologia, procedimento, sujeitos, dados e conclusão). De certo modo, não deixa de ser uma defesa de alguma tese lato senso. Portanto, do ponto de vista de sua forma, o laudo exige os cuidados básicos de qualquer trabalho que almeje ser considerado científico (coerência, consistência, originalidade, objetivação cf. DEMO, 2007; SEVERINO, 1993[81]).

Acompanhamos as reflexões de Silva Jr. e Ferraz (2001) que bem colocam em seu artigo a respeito da difícil tarefa de articular, no psicodiagnóstico, dados de fontes bastante distintas. Os Autores relembram, a partir do mesmo Bleger[82] citado pela psicóloga judiciária-psicanalista (PDE 44/2004), que a entrevista psicológica supõe conhecimentos de Psicanálise, Teoria da Gestalt, Behaviorismo e da Topologia. Com a ressalva que a entrevista psicológica é apenas um dos instrumentos essenciais do psicodiagnóstico. Há que se ponderar sobre o uso de testes de medida intelectual e aptidão que partem da concepção de uma amostra representativa em termos de curva normal e os projetivos que vêm de uma fundamentação diversa. Não é pouca a dificuldade da redação de um laudo psicológico que "deve ser subsidiado em dados colhidos e analisados, à luz de um instrumental técnico (entrevistas, dinâmicas, testes psicológicos, observação, exame psíquico, intervenção verbal), consubstanciado em referencial técnico-filosófico e científico adotado pelo psicólogo." (Resolução CFP nº 007/2003).

Vamos abordar outro exemplo da amostra que permite continuar com a análise do trabalho do psicólogo judiciário no modelo pericial: o PDE 100/2004. É o caso de Disputa de Guarda, mas com uma particularidade especial em função da demanda que é feita.

---

81 O trabalho científico em geral, do ponto de vista lógico, é um discurso completo. Tal discurso, em suas grandes linhas, pode ser narrativo, descritivo ou dissertativo. No sentido em que é tratado neste texto, o trabalho científico assume a forma dissertativa, pois seu objetivo é *demonstrar*, mediante *argumentos*, uma *tese*, que é uma solução proposta para um *problema*, relativo a determinado *tema*. (SEVERINO, 1993, p. 141).

82 BLEGER, J. A entrevista psicológica. Seu emprego no diagnóstico e na intervenção. In: BLEGER, J. *Temas de psicologia*. Entrevista e grupos. São Paulo: Martins Fontes. Tradução e edição de 1979.

No caso específico, o pai acusa o atual companheiro da mãe, sua ex-mulher, de ter cometido abuso sexual contra o filho (no caso, o seu enteado). A acusação de abuso vem subsidiar o pedido de alteração de guarda liminarmente, ou seja, feita de forma emergencial para depois se discutir o mérito (é o que se chama no Direito de antecipação da tutela). Tal tipo de caso é, podemos dizer, um subtipo especial dentre os casos de Disputa de Guarda. Abordamos em trabalho anterior como a imputação de abuso sexual pode ser compreendido dentro do contexto de Vara de Família (SHINE, 2003).

Retomando rapidamente para contextualizar o exemplo em particular, podemos dizer que a acusação da prática de abuso sexual no contexto do litígio processual de Vara de Família impõe um estresse maior aos profissionais envolvidos.

O juiz é pressionado a tomar uma atitude de "proteção" ao menor frente a um perigo enunciado. O pai enquanto detentor do poder familiar questiona o cuidado que a mãe (a outra titular do mesmo poder familiar) ministra ao menor. Traz-se uma questão circunscrita no âmbito da dinâmica familiar para uma resolução no âmbito público (Vara da Família). Caberá ao juiz a decisão de retirar a criança liminarmente por entender que as provas apresentadas são fortes o suficiente para fundamentar tal decisão ou indeferi-la. É nesse contexto que o juiz se volta ao psicólogo judiciário para apresentar um diagnóstico diferencial: trata-se de um caso de abuso ou não. Em um segundo momento, poder-se-á discutir a conveniência da mudança de guarda, porém sob outras bases que não a de um risco iminente. Logo, a pressão que recai sobre os ombros do magistrado de certa forma é "transferida" ao psicólogo, uma vez que a sua avaliação é que dará base ao juiz para proceder de um modo ou de outro.

Já me posicionei no trabalho anteriormente mencionado (SHINE, 2003) de que o psicólogo não possui um instrumento fidedigno para dizer sobre a ocorrência de um fato. Repare o leitor que aqui não se trata da representação psíquica de um fato, isto é, se é ou não uma fantasia, um desejo ou uma mentira. Para a justiça, interessa saber se algo aconteceu ou não, tendo em vista que alguém não pode ser penalizado por algo que não fez. Entrevista, teste e observação que constituem as ferramentas básicas de qualquer psicólogo foram desenvolvidos para dar conta, originalmente, de constructos e de fatos psicológicos, ou seja, que não necessitam de existência real. Portanto, a necessidade da justiça de discriminar e evidenciar a ocorrência de um fato é uma demanda que só pode ser respondida de uma forma aproximativa. Em outras palavras, podemos colher evidências comportamentais, relatos de terceiros, observar a interação etc. para construirmos um cenário em que haja grande ou pouca probabilidade de que determinado ato tenha ocorrido. A certeza da ocorrência de um fato depreendido pela vivência de outrem é algo indeterminável pela ciência psicológica.

Trata-se dessa tarefa que a psicóloga judiciária irá enfrentar no referido caso. Pedimos licença ao leitor para transcrevermos na íntegra o laudo psicológico que compõe o Caso 2 PDE 100/2004.

7.3.3.3. EXEMPLO DE LAUDO PSICOLÓGICO SOBRE ABUSO SEXUAL

EXCELENTÍSSIMO SENHOR DOUTOR JUIZ DE DIREITO DA [número] VARA DA FAMÍLIA E DAS SUCESSÕES DO FORO REGIONAL [local].

PROCESSO: [número] [ano 2002]

AÇÃO: MODIFICAÇÃO DE GUARDA

REQUERENTE: N.D.

REQUERIDA: Q.L.

Atendendo determinação de Vossa Excelência, realizou-se estudo psicológico do presente caso.

IDENTIFICAÇÃO:

Requerente: N.D., 33 anos, escolaridade superior incompleta, comerciante, residente à rua [nome], [número] – [Bairro].

Requerida: Q.L., 31 anos, escolaridade superior incompleta, do lar, residente à rua [nome], [número], [ap.] – [Bairro].

Companheiro da requerida: K.C.O., 39 anos, escolaridade superior, advogado, residente à [igual acima].

Filho: M.D., 06 anos, estudante da pré-escola no [nome].

HISTÓRICO:

Trata-se de uma solicitação de guarda pelo requerente que alega estar a criança em situação de risco, por ter sido molestada pelo companheiro da requerida.

INSTRUMENTAL UTILIZADO:

Entrevistas individuais e conjuntas com o requerente, a requerida e o filho. Entrevista com o companheiro da requerida e testes gráficos com M.

DADOS OBTIDOS:

DO REQUERENTE:

Relata dificuldades no trato com a requerida, uma vez que possuem divergências na forma de conduzir a vida de M. Coloca que nem sempre é avisado dos acontecimentos importantes na vida do filho, sentindo-se desrespeitado na sua função paterna.

Sempre desejou a guarda de M., por acreditar reunir melhores condições que a requerida, mas agora esse desejo se encontra reforçado pela denúncia de que a criança foi molestada pelo companheiro da genitora.

Durante a avaliação foi percebido que o requerente demonstra sentimentos contidos e represados que dificultam sua relação com o ambiente e com as pessoas, principalmente na esfera afetiva-emocional, prejudicando a qualidade do seu contato com o filho.

Denota grande esforço emocional para se conter frente a situações que se apresentam contrárias à suas necessidades, delegando a terceiros, sempre que possível, essa interlocução.

DA REQUERIDA:

Relata convívio difícil com o requerido que se acentuou após a separação e a nova união da requerida. Coloca que o requerente exige participação integral na vida do filho, mas que efetivamente não a cumpre.

Não acredita na denúncia de que seu filho tenha sido molestado pelo companheiro, por dois motivos: primeiro porque sempre foi uma mãe muito presente no trato de M. e segundo porque o vínculo estabelecido entre o filho e o companheiro é excelente. Acredita que a denúncia tenha acontecido pela insegurança paterna frente os laços afetivos que se estabeleceram entre M. e K.

Na avaliação foi percebido que a requerida apresenta ações coerentes e objetivas, denotando praticidade no trato de seus problemas. Afetivamente necessita de apoio, pois emocionalmente se apresenta fragilizada.

Expressa afetividade pelo filho, procurando protegê-lo e ampará-lo, mas se sente impotente frente às dificuldades trazidas pelo requerente.

DO COMPANHEIRO DA REQUERIDA:

Apresentou-se indignado com a acusação feita pelo requerente, alegando que são acusações caluniosas e perversas, pois tentam interferir tanto no relacionamento dele com a criança, como também no do casal.

Relata convívio satisfatório com M., representando na rotina diária da criança a figura paterna, que se mostra omissa em seu desenvolvimento.

Durante a avaliação demonstrou afetividade preservada, mas baixo limiar frente a frustrações.

DO FILHO:

Apresentou-se inicialmente assustado com a situação de entrevista. Posteriormente mais a vontade, foi possível verificar seu grau de ansiedade frente as atitudes dos adultos que representam figuras de proteção.

Demonstra afetividade pela requerida e denota ter suas necessidades de afeto, carinho e proteção atendidas em sua companhia. Relata episódios gratificantes na convivência materna, demonstrando vínculos estruturados.

Em relação ao requerente também demonstra afetividade e fácil contato, sentindo-se satisfeito com os contatos semanais.

Com relação ao Sr. K. (companheiro da mãe) demonstra vínculos afetivos e também uma forte identificação com sua figura masculina, uma vez que a sua presença é constante e marcante em sua rotina.

A avaliação da criança demonstrou que M. vive em constante insegurança, originada pela postura dos adultos que convivem com ele. Apresenta sentimentos ambivalentes frente às pessoas que deveriam representar figuras protetoras.

Essa instabilidade emocional poderá trazer seqüelas psíquicas no desenvolvimento da criança, caso os adultos não consigam estabelecer outras formas de relacionamento e convívio.

CONCLUSÃO:

Pelo estudo realizado pode-se observar que a denúncia não se configurou e que a criança é alvo de uma disputa que somente vem prejudicando seu desenvolvimento.

Enquanto requerente e requerida necessitarem da mediação da justiça na resolução dos conflitos relacionados ao seu filho, este será sempre o único prejudicado, pois será o depositário de toda frustração vivida pelos pais.

A criança tem suas necessidades atendidas na companhia materna e expressa o desejo de permanecer nesse lar.

Afim de melhor atender os interesses de M. seria aconselhável que requerente e requerida pudessem se valer de um terapeuta familiar, que facilitaria o diálogo entre ambos, para preservar a saúde psíquica da criança.

À consideração de Vossa Excelência.

São Paulo, 18 de maio de 2004.

T.N.N. da T.

Psicóloga Judiciária

CRP [n°]

Frente ao laudo psicológico exposto, o pai, sr. N.D., entrou com a denúncia-queixa (Queixa de falha ética no trabalho que o prejudicou em processo judicial) contra a psicóloga. Além de procurar "anular" o efeito da prova jurídica em outra arena de julgamento (CRP-06), o pai-Denunciante foi procurar uma contraprova que lhe fosse favorável em sua pretensão. É esse o lugar do Assistente Técnico. Ele é o profissional, da mesma categoria que o perito, que poderá, segundo seu entendimento da matéria, contrapor-se aos resultados periciais.

Mas como fazer, se a criança está sob a guarda materna? O pai faz uma manobra "radical": retira o filho para visita que lhe era facultado e não o devolve à mãe, utilizando desse período para passar a criança com outro profissional.

Proponho ao leitor tentar manter-se na postura do perito: não julguemos valorativamente a ação deste pai. Tentemos compreendê-lo como alguém que faz um movimento "desesperado para defender o filho". Podemos afirmar que não ficou satisfeito com a conclusão pericial. Não só inconformado, mas também revoltado, tanto é que moveu ação contra a profissional. Conforme a sua argumentação na denúncia ética a profissional "errou e o prejudicou". Será que o leitor, se for pai ou mãe, frente à certeza de que seu filho estivesse em local perigoso não poderia agir da mesma forma?

7.3.4. A ATUAÇÃO DO ASSISTENTE TÉCNICO

Passemos, agora, a tentar assumir o ponto de vista do outro colega: aquele que foi procurado em seu consultório com a demanda de avaliar psicologicamente o filho de um pai "preocupado com a situação do filho". Considere o leitor se não ficaria mobilizado por esse pedido de ajuda "sincero" (colocamos as aspas porque não temos como avaliar, de fato, o estado psíquico do sr. N. D. – estamos partindo da premissa que ele teve motivos suficientes para agir como agiu). Talvez ocorresse ao psicólogo clínico que um pai buscando ajuda "desinteressada" ao filho pudesse estar fazendo uma má-interpretação ou mesmo uma imputação com dolo de uma coisa tão séria. Mas não haveria forma de investigar tal hipótese sem entrar em contato com o outro lado.

A questão da falsa acusação de abuso sexual é tema de atenção no meio jurídico. Schuman (1999) cita Faller e DeVoe, que encontraram 21% de falsas alegações em amostra de 215 casos com alegações de abuso no contexto do divórcio. Das alegações não consubstanciadas na avaliação psicológica, 16% (34 casos) eram de má interpretação (misinterpretations) por parte da mãe e apenas 5% de falsas alegações intencionais. Fazemos a ressalva que na dita pesquisa, a acusação falsa de abuso partia da mãe contra o pai (porque na maioria dos casos a guardiã é a mãe e ao pai é imputada tal acusação).

Amendola (2008), pesquisadora da UERJ/HUPE, realizou um estudo sobre falsas alegações de abuso sexual feita contra pais dentro do contexto da separação conjugal. A Autora fez sua pesquisa em duas frentes obtendo dados dos pais acusados e dos psicólogos que participam do processo de avaliação nesse tipo de caso. Os dados dos pais mostraram que eles, muitas vezes, não eram bem recebidos ou, posto de outra forma, não eram atendidos sem pré-julgamento pelos psicólogos em relação ao que lhes era imputado. Essa situação redundou em denúncias ao CRP.

Em relação a laudos psicológicos, agora do lado dos psicólogos, Amendola (2008, p. 181) diz:

> Como pudemos constatar no desenvolvimento da pesquisa, é comum haver vários laudos psicológicos num mesmo processo de investigação de abuso sexual, realizados, via de regra, por profissionais que atuam em consultórios particulares e instituições de referência. De acordo com as informações obtidas, os laudos confeccionados sem a participação do pai acusado tendem a apresentar divergências em suas conclusões em relação aos laudos elaborados a partir da avaliação psicológica de todos os integrantes da família. (grifo nosso).

Utilizamos esse exemplo da amostra, mas queremos chamar a atenção do leitor para a existência dos laudos com resultados divergentes enquanto algo não raro no meio. Tal situação é resultado do próprio modelo adversarial em que se buscam defesas das respectivas posições dentro do mesmo campo de expertise. Entretanto, isso coloca sérias questões éticas quanto às posturas que os profissionais tomam nesses casos e os reflexos para a imagem da profissão.

Gumpert e Lindblad (2001, p. 1501) afirmam que nos últimos 15 anos, o número de casos legais na Suécia com a participação de peritos em casos de suspeita de abuso sexual de crianças tem diminuído. Dentre as possíveis causas, os Autores apontam o debate acalorado entre os profissionais defendendo pontos de vistas antagônicos.

> *For example, a member of the Swedish Supreme Court (Gregow, 1996), pointed out that psychological expert witnesses often appeared very self-confident with regard to their conclusions, despite the fact that another psychologist consulted in the same case might be of an opposite opinion. The issue of psychological expert testimony in child sexual abuse cases was also commented on in a case published by the Swedish Supreme Court.* (Elia v. Elia, 1992).

Após esse interlúdio, voltemos ao caso que estávamos analisando. O laudo a ser apresentado a seguir foi elaborado por uma equipe cujos membros participaram em diferentes momentos do processo diagnóstico. Essa equipe foi procurada pelo pai inconformado com o laudo da perita judicial, querendo uma "nova avaliação". Como apontamos anteriormente, não está claro o quanto esses profissionais entendem que estejam atuando como Assistentes Técnicos e a implicação disso.

Cumpre lembrar que este laudo não foi objeto de julgamento no CRP, mas por ser pertinente à nossa amostra de pesquisa sentimo-nos autorizados a utilizá-lo para nossa análise. Apesar de um pouco extensa, pedimos permissão ao leitor para a transcrição integral do laudo. Tal laudo é anexado aos autos do PDE como um dado acessório à acusação do Denunciante. Um dado interessante: este laudo (ou parecer, segundo o Código do Processo Civil[83]) será utilizado duas vezes contra a perita da causa – uma vez dentro do processo judicial em Vara de Família e mais uma vez na denúncia ética no CRP-06.

---

83 *Art. 433.* O perito apresentará o laudo em cartório, no prazo fixado pelo juiz, pelo menos 20 (vinte) dias antes da audiência de instrução e julgamento.

Parágrafo único. Os assistentes técnicos oferecerão seus pareceres no prazo comum de 10 (dez) dias após a apresentação do laudo, independentemente de intimação. *(Redação dada pela Lei nº 8.455, de 24.8.1992)*

7.3.4.1. EXEMPLO DE LAUDO DE ASSISTENTE TÉCNICO

Laudo Psicológico

Nome – M.D.

Data de Nascimento: 20/01/1998.

Data da Avaliação: Outubro/Novembro 2004.

Escolaridade: Cursando ensino fundamental

Pai: N.D.

Encaminhado por Dr. B.D.

MOTIVO DA AVALIAÇÃO

Dr. B.D., advogado contratado por N.CD., solicitou ao psicólogo F.A. [nº do CRP], à psicóloga W.S.C. [nº do CRP] e psicóloga C.D. de G.N. [nº do CRP] para realizarem a avaliação psicológica do menor M.D. de 06 anos de idade.

Esta solicitação foi feita para complementar a ação judicial movida por N.D. de "Guarda do menor M. devido à queixa de violência, intimidação e atentado violento ao pudor" e mudança de Corte [sic].

QUEIXA DO PAI

Por encaminhamento e marcação feita pelo Adv. D., o SR. N.D. compareceu ao consultório psicológico no dia 28/10/2004 às 10 horas da manhã.

O pai relata durante a entrevista com o psicólogo F. que em janeiro deste ano o menor reclamou espontaneamente sobre o namorado de sua mãe conforme transcrição feita e anexada ao processo.

Relata também que, está neste momento, sendo ameaçado por K. [companheiro da mãe], pois entrou com a ação de guarda de menor. Também está mantendo a criança em seu poder, longe do clima emocional presente no lar atual de sua mãe Q., casa de K. Nesta casa, segundo N. e M., eles, K. e sua mãe, "moram de favor e foram expulsos duas vezes em clima de palavrões e ameaças" (sic).

O pai solicitou esta avaliação em caráter de urgência, pois não está suportando o excesso de pressões que vem sofrendo por parte de K. que assumiu o comando total da vida de Q. e de M.

O pai relata que está sendo abordado, via telefone, por recados na caixa postal, de forma insistente, agressiva e ameaçador. Disse que prefere correr o risco de ser acusado de desobediência, nesta momento, do que enfrentar o remorso de não ter feito o papel de pai que é proteger e amparar o seu filho em situação de crise. Considera também que já se faz quase um ano da queixa inicial e que na última visita em que pode ver o filho decidiu tirar a criança das mãos do algoz.

RECURSOS UTILIZADOS

Com a criança M.

Horas lúdicas (8 sessões).

Atividades motoras.

Atividades de lápis e papel.

HTP

Desenho Estória.

Desenho da Família.

Com o pai N.D.

Entrevistas (6 sessões)

Avaliação de Recursos Emocionais e Cognitivos (2 sessões)

Grafológico

Teste de Zulliger.

Teste Wartegg.

Com D.D. [mais a frente explica-se a inclusão desta mulher na avaliação]

Entrevistas (6 sessões)

Avalição de Recursos Emocionais e Cognitivos (1 sessão)

Teste Grafológico

Teste de Zulliger.

Teste Wartegg.

ATIVIDADES COM A CRIANÇA:

Planejamento

Planejou-se a realização das sessões com o menor entre os dias 28/10 a 01/11/2004, com duração de 50 minutos cada uma, sendo realizadas em dias consecutivos, no período da manhã e sempre no mesmo local.

Os encontros profissionais realizados transcorreram de acordo com o previsto, sendo que em todos o menor demonstrou disponibilidade afetiva, assim como, sua postura foi de interação satisfatoriamente positiva.

Atendimento

Na primeira sessão M. demonstra curiosidade e interesse pelos elementos da caixa lúdica, retirando para fora da caixa a maioria dos materiais existentes. Esta atividade é acompanhada de fisionomia que demonstrava atenção e interesse, e há brilho nos olhos indicando que ele quer buscar os brinquedos que lhe mais lhe agradem.

Dentre os objetos que mais lhe chama a atenção estão os brinquedos de plástico (mergulhadores, animais, objetos de casa) as tintas de pintura a dedo e a injeção de brinquedo que está na maleta de médico.

Fica com alguns brinquedos próximo de si e solicita uma bacia de água. Após receber a bacia busca água e ao retornar coloca dentro da bacia, inicialmente os mergulhadores, em seguida os peixes e progressivamente coloca todos os objetos que deixara perto de si tais como – camas, armário, pia de cozinha, frutas, cadeiras, mesas, etc.

Fica mexendo nestes objetos dentro d´água. Ao re-observar uma caixa de tintas havia mexido, começa a desenhar e desanima-se, retorna seu interesse pelas tintas.

Pergunta se pode pegar a tinta azul e coloca-a na água pois fica bom para os mergulhadores. Para tanto, retira todos os objetos da bacia e coloca a tinta azul misturada na água. Brinca um pouco com os objetos dentro da bacia – mergulhadores e peixes. Em seguida, tira-os todos da bacia. Solicita, então, a embalagem de plástico com tinta preta e verte todo o seu conteúdo de tinta na água. Posteriormente, faz o mesmo com o vermelho, com o amarelo e o verde. A água fica preta. Fica meio surpreso com a cor, mas continua mexendo na água.

Recoloca, novamente todos os objetos que tira, de volta à bacia e procura na caixa lúdica mais algumas peças para também colocar na bacia. Após manusear muito os objetos na água e constata que cada um dos objetos tinha mudado de cor, começa a tirá-los um a um da bacia dizendo que ela estava muito cheia.

Deposita, depois cada um dos objetos tirados da bacia, colocando-os progressivamente numa toalha e limpando alguns. Às vezes, limpa sua mãos sujas de tinta no pano. Somente para de mexer na água após ter retirado todos os objetos e verificar que não sobra mais nenhum. Constata que a tinta mancha o fundo da bacia e acha divertido.

A segunda sessão compõe-se de atividades de lápis e papel, atividades de pular corda, atividades de bola.

M. demonstra agilidade e desenvoltura em atividades de chute e arremesso com a mão. Revela ser canhoto de pé e olhos mas, destro de mão. Observa-se, também que há muita satisfação durante as atividades de bola assim, como alegria em competir e fazer pontos.

Nas atividades de corda revela certa dificuldade, mas mesmo assim insiste tentando pular sozinho. Como continua falhando desiste sem alterar sua disponibilidade participativa e seu interesse pelo contexto da hora lúdica.

Iniciada a atividade gráfica desenha a casa, a árvore e a pessoa em lápis preto e, a casa, a árvore e a pessoa coloridos.

Ao executar a solicitação de desenhar uma casa (com lápis preto e com lápis colorido) realiza o desenho de um castelo que ocupa um pouco mais da metade da folha de sulfite em posição deitada.

Ao desenhar a pessoa coloca-a à esquerda do papel e do lado direito desenha uma árvore. Esta pessoa está em atividade que é urinando em direção à árvore. A cor usada para este desenho é o azul.

As atividades lúdicas de bola, chute e arremesso aconteceram também na terceira sessão mas, também foi iniciada a atividade de desenho- estória (Trinca). Mas esta atividade foi somente concluída na quarta sessão.

Iniciou pelo Castelo ocupa um pouco mais da metade da folha de sulfite em posição deitada. No castelo colorido usou cinco cores – vinho, verde, vermelhe e amarelo e o marrom. Tentou escrever alguma coisa de cada lado das paredes mas somente ficou no P E comentando que não consegue escrever mais. Ao contar a história diz "no castelo só tem ratos. São 100". Fala também de um gato que conheceu no sul.

Durante este inquérito cita que seu pai fala "na minha casa não entra ninguém que seja barulhento e ele pede para eu para de fazer barulho." (sic) Questionado sobre os barulhos de música ou berros, fala "quem berra, xinga e fala palavrão é sua mãe e o animal (namorado da mãe)" (sic).

O menor muda seu interesse e fala das gramas de lá de fora:

L- "Estou vendo se alguma vaca fez coco. É para catar com a mão.

P- Por que pegar com a mão?

L- Para deixar limpo o campo, com está mole joga no mar para alimentar os peixes e os peixes são pescados... isto no [local]... ele vai carregar isto na sacola... relata que tinha 4 anos quando isto aconteceu e que ele ia falar com a avó – chamada [nome no diminutivo]... [nome sem diminutivo]... gostava de fazer xixi no banheiro, adorava fazer bolinha para o [nome no aumentativo], [variação do mesmo nome] morreu gostava e até agora ... está preocupado com as árvores... ali era um sítio que ficou feio e precisa pintar".

Continuando a atividade realiza o desenho de quatro árvores que identifica como tendo as idades de 70, 50, 40 e 2005. E complementa:

M. – "O vovô [nome] gosta de fazer xixi na grama e adora um charuto preto" (sic) falas [sic] sorrindo com cara marota e até um pouco provocativa...

Esta atividade foi interrompida por mudança de interesse do menor que pegou um brinquedo – a injeção – e começou a tentar aplicar no psicólogo e na psicóloga presentes.

Como o tempo da sessão estava no limite previsto e pela dispersão do menor optou-se por interromper a atividade dos cinco desenhos e reiniciá-la na próxima sessão.

COMPREENSÃO DE HORAS LÚDICAS E DESENHO

Constatou-se a partir do primeiro contato com o menor demonstra [sic.] possuir bons recursos cognitivos estando muito alerta e esperto. Observa-se que demonstra potencial qualitativo superior ao esperado para sua idade e que responde positivamente a um ambiente social novo assim como a um instrumental de avaliação psicológica desconhecido para ele.

Percebe-se a partir dos vários encontros profissionais que há conteúdos psicológicos latentes ou inconscientes representados pelo desenho de atividades esfincterianas ativas (pessoas urinando na árvore) e pela presença de conteúdos inconscientes ligados ao desenvolvimento da identidade (a árvore), pela escolha do desenho da família.

Coloca as pessoas do sexo feminino como meras expectadoras enquanto que está orientado para a identificação com as funções masculinas, sendo competitivo e operativamente ativo.

Observa-se também a presença de conteúdo anal ligados ao manuseio das fezes (da vaca) assim como questões de higiene.

Desenha castelo em vários momentos do ponto de vista simbólico o castelo encerra "a magnificência, o tesouro e o segredo dos mortais através do poder, da fortuna e da ciência. Traz um conteúdo de idealização e sonho, sendo pouco real. Indica harmonia material, individual e social. Há verticalidade que une o subterrâneo, o terreno e o celestial. O inconsciente se liga ao segredo, o consciente se liga ao poder e à ciência enquanto que o supra consciente se liga ao ideal".

Relata a presença de ratos no palácio em número de cem. O rato é um animal noturno, que é parasita, que vive na clandestinidade, que é avaro, que vive na miséria e, que representa a duplicidade na medida em que é gerador de doenças. Sendo rápido e invasivo portanto ameaçador e inconscientemente [sic.].

A referência feita por M. sobre seu pai "meu pai fala que aqui ninguém entra que faça barulho". Esta fala sugere que é baixa a afinidade do pai com descontroles, que há a presença de preocupação com o exagero de energias vitais; que há o cuidado com a espontaneidade tornando-a cautelosa e controlada, assim como deve se evitar a maior autonomia. Estes dados trazem a preocupação do pai em seguir um estilo de educação (européia) pondo certos limites e dando princípios de boas maneiras e convivência social.

É importante distinguir o silêncio do mutismo. O silêncio é o prelúdio da abertura e da revelação enquanto que o mutismo é o fechamento à revelação, é a rejeição a qualquer tipo de comunicação. Pode haver a preocupação em ser e perder. Não se pode esquecer que o som está na origem do cosmos e é percebido antes da visão e do tato. O som é uma forma de manifestação.

Quando perguntado sobre a postura da sua mãe ao dar broncas, M. a imita falando de forma caricata "já pro quarto" que é a atitude rotineira de sua mãe. Quando questionado sobre a postura do padrasto K. responde perguntando "quem? O A?!!! Perguntou-se "quem é A...?" M. fala "o A... O ANIMAL!!!" Pergunta-se "Quem é o animal...?' M. diz é o namorado da minha mãe...

O desenho espontâneo da árvore indica o foco ou preocupação com a identidade e mostra forte orientação para controle ligado a elevadas ambições e à presença de recursos para estabelecer bons relacionamentos.

Ao se referir à vaca parece sensível à condição da fertilidade e cobrança, pois deve limpar com a mão o alimento que vai para o lago alimentar os peixes.

"Adoro tomar banho" um comentário feito por M., indica contato positivo com a fonte da vida, com a purificação e regeneração indicando a infinidade do possível, do virtual, do informal dos germens e das promessas de desenvolvimento. Mas ao afirmar que por demorar um pouco mais do previsto o namorado da mãe costuma desligar sua água e ele tem que terminar o banho gelado. Permite supor que independente da ameaça de doença tipo gripe que pode evoluir para pneumonia devido à constância de banhos gelados displicentes, há também a possibilidade de ocorrer o fortalecimento de aspectos negativos ligados à extinção do prazer, geradores de traumatismos ligados à temperatura e à punição. Considerando que o menor está em fase de desenvolvimento e segundo teóricos acha-se em fase de gestação extra uterina pois não tem o pulmão completamente formado, assim como não tem a arcada dentária completa, confirma a vulnerabilidade e as marcas que um tratamento inadequado poderá trazer para o futuro desta criança.

M. através da atividade do desenho da família demonstra que: - considera como sua família o pai e a tia D.; - que a sua execução revela a proximidade existente de M. com D. [tia] e com o pai, informando sobre a qualidade do contato existente assim como o quanto este contato é positivo para M.; - que a tia D. ao situar-se entre o pai e o menor indica a imagem positiva, de boa proximidade e está como uma pessoa que exerce um papel de intermediária no entre o pai e M. [sic.]; desenhar-se em terceiro lugar é mostrar o grau de importância que M. está dá para si próprio [sic.], pois apesar de criança quando deve revelar suas vontades coloca-as em terceiro plano, e colocando-se como pouco evidente, pois o seu tamanho é pequeno. Constata-se, pois a boa índole do menor em ceder e aceitar os adultos como orientadores e determinantes de sua vontade. Cabe lembrar que a espontaneidade observada durante as atividades lúdicas realizadas assim como na expressão gráfica de seus desenhos não há como duvidar de sua veracidade pois é uma idade em que a espontaneidade é a grande virtude nata e uma criança nessa idade não tem estrutura psíquica para sustentar uma mentira.

O desenho de si próprio, M., muito pequeno permite caracterizar como está sua auto-estima no momento – revela-se pouco estruturada, frágil. Quanto à sua auto-imagem apresenta-se distante e pouco nítida.

A representação do eu de M. na expressão gráfica mínima permite constatar o tipo de auto-percepção existente que se caracteriza por valorização reduzida de si pelo meio e indica que esta vivência pode estar afetando sobre o não fortalecimento progressivo dos recursos de ego de M. assim como sobre o fortalecimento de sua auto-defesa. Conseqüentemente observa-se um enfraquecimento na formação egóica que forma circular [sic.] gera a fragilidade na postura de assertividade através de certo servilismo assim como pode afetar a auto-imagem positiva e o enfrentamento que fortalece seus interesses e suas necessidades. Por este aspecto de fragilidade egóica sugere-se dar continuidade ao atendimento especializado em terapia psicológica já iniciado.

Ao se considerar os conteúdos reincidentes (repetidos ao longo de diferentes sessões e em propostas distintas) identifica-se:

A atenção ao urinar e urinar sobre pessoas – homens. Há um aspecto positivo pois já está definido e agindo adequadamente quanto às atividades organicamente masculinas mas o foco ativo e expressivo nos desenhos sugere que há uma forte preocupação no sentido de conhecimento e desenvolvimento da função sexual masculina. Pode-se considerar este comportamento como começo de preocupação do menor com a ejaculação apesar de não saber do que se trata.

A brincadeira com injeção é recorrente e ocorre em vários momentos diferentes desta avaliação psicológica. M. relata que a sua mãe o ameaça com a aplicação de injeção se ele não a obedecer. Pode sugerir a interferência ativa de postura operativa que se liga ao símbolo fálico, à preocupação com a saúde e com a função própria de uma injeção no dia a dia. No entanto, a ameaça feita revela postura covarde e pode deixar seqüelas no futuro afetando seu comportamento diante de um tratamento de saúde tais como vacinas e etc.

Observou-se também que M. muitas vezes emite juízos de querer ou não querer como se emitisse uma opinião definida, reivindicativa. No entanto, quando se retruca há um mínimo de resistência, acatando e realizando prontamente o solicitado. A tentativa de expressar e reivindicar existe, mas não tem suporte e não se mantém quando há uma leve insistência. Este comportamento é observado em diferentes contextos e diante de profissionais diferentes. Isto permite observar a oscilação extremada de comportamento entre o enfretamento ativo e a submissão passiva.

As mudanças rápidas em seu comportamento sugerem a presença de certo receio em se expor e de se afirmar assim como a presença de risco de perda afetiva pelo distanciamento de pessoas que lhe são queridas.

Ao se constatar a baixa auto-imagem e auto-estima assim como a sua mudança rápida de postura cedendo a uma opinião ou uma abordagem mais assertiva ou abusiva, surge um sério questionamento sobre a estrutura emocional e psíquica de M. – é uma boa criança que se sente acuada e tem medo de perder seus vínculos afetivos, primordiais e por isso pode ceder aos espertos ou aos mais assertivos... Cabe, portanto dar mais atenção a este contraste em sua postura.

ATIVIDADES COM O PAI

ATIVIDADE 1 – ENTREVISTAS

Os dados sobre o seu desenvolvimento e sobre as dificuldades maritais vividas presentes nos laudos do processo foram citados nas entrevistas. Neste contexto constatou-se a presença de extremo stress, fadiga elevada, desânimo e sinais de orientação depressiva de condutas. Diante deste quadro foi necessário na última sessão com N. que se realizasse um atendimento terapêutico breve e focal ao qual colaborou prontamente. Após este procedimento constatou-se que a tendência depressiva observada era situacional e não estrutural.

ATIVIDADE 2 – LÁPIS E PAPEL

Revela-se interessado primordialmente em relacionamentos sociais mostrando-se alegre, adequado e agindo de igual para igual. Remete às suas ambições orientando-se para objetivos a médio prazo, e com expectativa mediana de exigência e de realização. Seu foco está também orientado para o modelo de um provedor e orientador. Sente certa angústia diante de sua metas que resolve de forma menos turbulenta imaginando sempre que há a presença de auxílio externo. Ao resolver as suas dificuldades ligadas às realizações sente-se capaz para entrar em contato com as suas necessidades afetivas e sensoriais, tentando concretizá-las. Propõe soluções são fluídas [sic.], mas revela-se afetivo e adequado. Há conflitos presentes que resolve de forma mais assertiva mas assume baixa neutralidade e reduzida objetividade. Busca na maioria das vezes as soluções considerando os relacionamentos, os sentimentos humanos e assumindo uma assertividade parcial. Tem para si um ideal caracterizado por fantasia simbólica e este ideal lhe permite achar soluções intelectuais abstratas para os problemas existentes podendo redirecionar-se para assuntos que envolvem a afetividade e a identidade. Observa-se, no entanto que há situações que procura fazer mudanças e são mudanças externas mais do que soluções intermediárias.

ATIVIDADE 2 – LÁPIS E PAPEL

Revela-se cauteloso e distante, evitando maiores aberturas e interferências do meio externo sobre suas atitudes e pensamentos. É expansivo e tem recursos para atuar, no entanto espera que os limites lhe sejam impostos. Demonstra certa orientação depressiva. Reconhece sua sensibilidade e sua afetividade mas evita que elas se sobreponham e fiquem evidentes. Investe muito de seus recursos potenciais e afetivos e mentais no auto-controle reduzindo o investimento externo, a autonomia nas ações e em sua auto-confiança.

Mantêm seus ídolos e mentaliza a ajuda deles em sua caminhada. Revela-se, portanto dependente de âncoras para agir com maturidade e autonomia.

ATIVIDADE 3 – ASSOCIAÇÃO LIVRE

Revela-se produtivo, apresentando visão generalista complementada por análise objetiva e detalhada dos fatos.

É sensível, afetivo e empático. Mantém sua atenção orientada mais para pessoas do que objetos ou negócios. Preocupa-se com os outros e com os seus relacionamentos. Revela intensa sensibilidade no contato social buscando mais ser apoiado e proteção.

Deixa um pouco a desejar quanto à intensidade e ao desenvolvimento do impulso vital para ação, inovação e mudanças. Necessita investir e acreditar mais em sua autonomia psíquica criando, arriscando e tomando decisões. Pode aperfeiçoar sua habilidade de conduzir pessoas assumindo e desenvolvendo a postura mais assertiva e fortaleça sua autoconfiança [sic.], de forma a permitir maior operatividade externa e autoconhecimento, o reconhecimento externo familiar e profissional.

ATIVIDADES COM D. [Mais a frente se discrimina quem é em relação a M. ou N.]

ATIVIDADE 1 – LÁPIS E PAPEL

É pessoa sistemática que costuma seguir o que é proposto mas pode seguir seu estilo de realizar uma atividade. Ao entrar em contato com situações novas apresenta-se objetivamente e assume postura mais receptiva e observadora. Revela ambições de realização e crescimento seguindo padrões introjetados de sua família e do modelo de pai provedor. Considera e valoriza como importante os relacionamentos sociais e representando-os como jogadores em clima de competição. Quando há certa angústia presente procura controlá-la através de certo mascaramento mas espera soluções afetivas. Lida com a sensualidade de forma divertida, alegre e segue os padrões já conhecidos, segundo expectativas paternas, sentindo-se satisfeita pelo reconhecimento externo. Ao cumprir as expectativas previstas sente-se capaz e com recursos para propor soluções considerando outros participantes acompanhados de satisfação oral. Sua forma de encarar conflitos pressupõe a eliminação dos elementos no lixo de forma a que não afete as flores e a sensibilidade que permanecem.

ATIVIDADE 2 – LÁPIS E PAPEL

Seu comportamento é discreto e convencional. Expressa-se de forma espontânea, simples e pouco sofisticação (sic). É direta. Tem estilo estável e constante de se comportar. Revela certo nível de aspiração. Busca organizar e controlar os contextos onde atua. Tem iniciativa embora seja apegada a regras e a padrões convencionais.

Mantém relacionamento social equilibrado, mostrando-se formal e evitando maior proximidade. Observa-se presença de caráter firme e definido sendo zelosa por sua imagem social. Revela certos recursos para suportar a ansiedade gerada pelas situações desconhecidas ou novas.

ATIVIDADE 3 – ASSOCIAÇÃO LIVRE

Pensamento generalista apresenta certa flexibilidade para focar detalhes óbvios. É pessoa sensível, afetiva que se apresenta mais receptiva e observadora dos contextos do que ativa. Revela-se acolhedora e positiva. No entanto, necessita dar certa atenção a algumas falhas na compreensão e elaboração de certas percepções.

ATIVIDADE COM A MÃE

Primeira tentativa de contato telefônico com a mãe

Considerando a necessidade de conhecimento sobre o estilo da família com a qual M. conviveu até pouco tempo; tendo ciência de que em qualquer processo de psicodiagnóstico infantil e adolescente é necessário que se conheça os pais da criança em avaliação; tendo se como princípio solicitar uma avaliação neutra, não contaminada pela queixa ou pelos comportamentos da criança nas horas lúdicas, que para a atividade de entrevista coma família rotineiramente realizada designa-se outro psicólogo da equipe para que fica esta atividade realizou-se [sic.] o primeiro contato telefônico com a família de Q. no dia 1/11/2004 às 19:50 h. sendo que este contato foi realizado três horas após o término do atendimento e relatório do dia.

A psicóloga N.D.F. foi designada pela equipe para estabelecer o primeiro contato com a família de Q. pois não participou das atividades no consultório psicológico não conhecendo portanto os pacientes em questão.

Realizou esta psicóloga o primeiro contato telefônico para agendar um primeiro contato com Q.

O contato telefônico foi feito e uma voz masculina o atendeu.

A psicóloga solicitou que chamasse a mãe de M., Q.L.

A voz masculina questionou "quem quer falar com ela e qual é o assunto?...

Ela se identificou como membro da equipe diagnóstica de F. A. que queria fazer uma entrevista com a mãe de M.

Ele fala que não precisa se preocupar em dar o telefone pois já o tem registrado e sabe como achá-la.

Não lhe perguntou de onde falava. Ocorreu que a psicóloga necessitou usar um telefone de uma loja de conveniências pois quando foi contatada estava em um posto de gasolina abastecendo seu veículo. Imediatamente se prontificou e fez a ligação do local em que estava pois o seu celular de uso profissional estava com dificuldades de recarga.

A psicóloga perguntou se quem estava falando era o Sr. K. e ele confirmou.

Ele disse "pode falar comigo mesmo..." "Vocês sabem que vocês estão atendendo uma criança sequestrada?!"... Que isto é caso de polícia?... Que a polícia está atrás e vai prender o pai da criança?... que vocês vão ver o que vai acontecer... isso é crime... vocês vão ver o que vai acontecer... a mãe da criança ... a Q. não vai falar com ninguém...

Em certo momento ele ficou curioso e perguntou "quando seria esta entrevista?"

A psicóloga responde "amanhã"...

K. responde..."impossível"...

Ela – esta entrevista pode ser boa para vocês pois ela é neutra, e pode ser muito boa para vocês pois podem colocar o que quiserem sobre o assunto em questão.

K. responde – "amanhã impossível"... vou deixar um novo número telefônico XXXX-YYYY... me ligue na quinta feira para a gente agendar para uma data que for possível...

Ele agradece e desliga o telefone.

Consta-se neste relato que: a pessoa que atendeu o telefone assumiu postura ameaçadora, limitadora e utilizou-se de termos policiais e jurídicos; não se observa neste relato a menor preocupação em saber sobre o M.; não houve a permissão para o contato com a mãe pois K. se colocou como filtro e porta voz pois pareceu que a mãe estivesse presente no momento.

A psicóloga designada para este contato foi escolhida especialmente para esta atividade, pois é delicada, doce e educadíssima... e sofreu ameaça e pressões de toda ordem...

OCORRÊNCIA POSTERIOR

No dia 03/11/2004 às 10:40h. o psicólogo F.A. recebe uma ligação no seu aparelho Tim XXXX-RRRR de uso pessoal tendo como indicação no visor "privativo" e falando uma voz masculina que buscava falar com o Sr. F. inquerindo [sic.] sobre quem era e se era psicólogo. Uma vez confirmado que se tratava do psicólogo F.A. a pessoa se identificou como K.O. e relatou que havia recebido um telefonema estranho de uma moça sendo imediatamente interrompido com o esclarecimento que se tratava de uma psicóloga Dr. N.D. da equipe que fora designada para o contato com a família de Q.L. E que havia relatado que havia sido ameaçada e impedia [sic.] de falar com a mãe de M. O mesmo falou que se tratava de um caso que estava na justiça usando de termos jurídicos. Foi interrompido novamente com o esclarecimento de que a psicóloga estava designada para realizar um trabalho com neutralidade e que o foco é a saúde da criança e que ela se sentiu muito ameaçada e impedida de falar com Q. K. disse ter achado estranho o fato de terem ligado para sua casa num domingo e de um posto de gasolina. Constata-se que ele distorceu a informação pois a ligação ocorreu na segunda feira que é um dia útil por volta das 19 horas. Utilizando-se da fala do psicólogo K. esclarece que se o foco é a criança então a mãe poderia colaborar. Pergunta qual é o seu endereço do consultório. F. esclarece que não faz sentido lhe dar o endereço do consultório pois a avaliação é domiciliar portanto na casa da entrevistada... K. esclarece também que o número novo de telefone é TTTT-FFFF e que ele poderia ligar também para AAAA-GGGG pois estariam à disposição. O psicólogo questiona como K. obteve o seu número particular de telefone. K. responde que como N.D. falou equipe F.A. ele foi buscar informações... e obteve este número.

Constata-se que em momento algum houve a pergunta sobre a criança ... se está bem, se está com saudade da mãe, se perguntou pela mãe... não conseguindo fazer uma intimidação K. mostrou-se cooperativo, a princípio. Isto demonstra que ou foi orientado para fazer este contato ou diante de alguma resistência tende a mudar a sua atitude sendo evasivo.

Diante da disponibilidade acima apresentada por K. e a confirmação de que Q. atenderia à solicitação, foi designada a psicóloga C.D.G.N., membro da equipe psicológica, para o novo contato telefônico e marcação de entrevistas na casa de Q. que deveria incluir também os avós.

CONSIDERAÇÕES FINAIS

Considerando os dados apresentados pode-se concluir que:

A presença de ratos no relato espontâneo de M. acerca da história sobre o desenho realizado confirma a presença de elementos inconscientes que podem se referir ao abuso sexual acompanhado de ameaça de penetração que se manifestam de forma indireta.

O desenho da família solicita [sic.] a M. foi realizado de forma espontânea e se compõe de PAI, D. e M. Esta realização confirma o sentimento de adequação presente no menor em relação ao seu pai e sua atual esposa, D. assim como esclarece sobre o distanciamento presente no inconsciente do menor a cerca da família da mãe.

As entrevistas feitas com o pai de M. permitiram constatar que há na família deste – N. e D. – o clima positivo, sereno, organizado necessário para o adequado desenvolvimento emocional do menor sem levar em conta o papel de provedor financeiro.

As observações colhidas através de técnicas psicológicas projetivas forneceram dados que favorecem à convivência positiva do menor com a família atual (Pai e D.). Não há dados evidentes nesta família que comprometam o desenvolvimento emocional do menor seja do ponto de vista de recursos cognitivos, emocionais ou desvios de personalidade.

Em vista de indícios levantados sobre o M. nos testes psicológicos, nas horas lúdicas e nas dinâmicas terapêuticas; a reação defensiva e ameaçadora demonstrada por familiares da mãe (avó) que depositam o direito de decisão ao padrasto como autoridade familiar revelam a presença de vínculo simbiótico, e de omissão consciente de uso de seus direitos; o controle e a centralidade de decisões , o comando assumido por K. dificultando o contato de profissionais psicólogos com a mãe de forma reincidente.

Conforme os dados acima apresentados constata-se que K., namorado da mãe, não é pai de sangue de M., mas assume a postura de dono da família e que decide tudo com a conivência deles assim como aceita e realiza este papel. Estes dados sugerem a presença de forte influência sobre as pessoas da família caracterizando uma relação de circularidade doentia.

Em vista desta constatação é urgente que a mãe e o padrasto sejam submetidos à avaliação psicológica pela técnica de Rorschach. Pois esta técnica é a mais profunda e eficaz para a constatação de psicopatia, desvios de personalidade, estilos de agressividade perversa como desvios sexuais.

Fica claro que se trata de uma técnica complexa que exige larga experiência e competência técnica do profissional que fará esta avaliação. Como nome indicado sugere-se Dra. N.D. de C. Q., membro conceituado da Sociedade [nome].

S.P., 03 de novembro de 2004.

X.S.C.

CRP 06/XXXX

F.T.A.

CRP 06/XXXXX

C.D.G.N.

CRP 06/XXXXX

[Obs. A psicóloga N.D.F. que fez o contato com a mãe não co-assina o laudo. O contato com o lado materno anunciado no laudo é anexado em documento separado a posteriori].

A estrutura do laudo psicológico permite distinguir quem o solicita, qual o objetivo, quem atendeu e quem foi atendido, quais as técnicas utilizadas, quais os dados obtidos e os resultados. Podemos dizer que, do ponto de vista contratual, o cliente é o advogado, pois o laudo será utilizado por ele para "complementar a ação judicial" como referido no início. O cliente é o pai, sua companheira atual e seu filho se considerarmos que são eles que recebem a atenção clínica. De qualquer modo, a atenção clínica está subordinada à função de coleta de dados para subsidiar a escritura do laudo psicológico.

O modelo do psicodiagnóstico infantil fica explicitado quando afirmam que "em qualquer processo de psicodiagnóstico infantil e adolescente é necessário que se conheça os pais da criança em avaliação". É com esse intuito que o contato com a mãe de M. é realizado.

Perceba o leitor que o psicólogo F.A. e sua equipe pensa assumir uma posição neutra na avaliação psicológica e cujo foco é "a saúde da criança" (modelo clínico terapêutico). A psicóloga N.D.F. fala para a mãe de M. no contato telefônico: "Esta entrevista pode ser boa para vocês pois ela é neutra, e pode ser muito boa para vocês pois podem colocar o que quiserem sobre o assunto em questão". Pensa-se garantir a neutralidade da avaliação pela introdução da profissional que não participou das fases anteriores da avaliação do pai e da criança. Parece-nos que o um modelo de avaliação utilizado pretende garantir a "neutralidade" do pesquisador por desconhecer dados anteriores, uma "análise às cegas".

O choque e o conflito de expectativas se dão exatamente na "tentativa de contato com a mãe". Imaginemos como seria para o círculo materno receber o contato da "psicóloga contratada pelo pai" convidando para uma entrevista "neutra" de avaliação, quando deveriam estar todos aflitos e revoltados com a não devolução da criança após a visita. Relembro o leitor que o pai retirou a criança para visita e não o devolveu à casa da mãe segundo a Regulamentação de Visitas vigente.

O marido atual de Q., Sr. K., é advogado. O trecho relatado no laudo psicológico na tentativa de marcar um horário com a mãe da criança revela bem a distância entre as duas posições. Introduz-se pela via do Sr. K o contexto jurídico do trabalho: "caso de polícia" e "sequestro"; um clima paranoico vai se estabelecendo.

O Sr. K. descobre o número de telefone de F. e quer saber o endereço do consultório, questionando o local e o dia do contato etc. O psicólogo se defende, não fornece seu endereço, alega que o outro "distorceu a informação", defende a colega "pois é delicada, doce e educadíssima...

e sofreu ameaça e pressões de toda ordem..." (não seriam juízos valorativos?) Se havia uma intenção de neutralidade, isso não se materializa de fato no laudo quando afirmam:

> Consta-se neste relato que: a pessoa que atendeu o telefone assumiu postura ameaçadora, limitadora e utilizou-se de termos policiais e jurídicos; não se observa neste relato a menor preocupação em saber sobre o M.; não houve a permissão para o contato com a mãe pois K. se colocou como filtro e porta voz pois pareceu que a mãe estivesse presente no momento. [...]
> Conforme os dados acima apresentados constata-se que K., namorado da mãe, não é pai de sangue de M., mas assume a postura de dono da família e que decide tudo com a conivência deles assim como aceita e realiza este papel. Estes dados sugerem a presença de forte influência sobre as pessoas da família caracterizando uma relação de circularidade doentia.
> Em vista desta constatação é urgente que a mãe e o padrasto sejam submetidos à avaliação psicológica pela técnica de Rorschach. Pois esta técnica é a mais profunda e eficaz para a constatação de psicopatia, desvios de personalidade, estilos de agressividade perversa como desvios sexuais.

A conclusão do laudo se aproxima perigosamente do caso anteriormente discutido de avaliação *in absentia* (Caso PE 07/2000, op. cit.), uma vez que com dois contatos telefônicos diagnosticam uma "presença de vínculo simbiótico" na família materna, sugerindo a existência de uma "circularidade doentia". Isso leva o trio de psicólogos a sugerir uma outra avaliação psicológica específica (Rorschach) de modo a realizar um diagnóstico diferencial para "psicopatia, desvios de personalidade e estilos de agressividade perversa como desvios sexuais".

Aliás, em outro exemplo que encontramos de atuação de Assistente Técnico temos uma situação similar: a profissional faz um contato telefônico com a parte contrária de quem lhe contratou para propor um encontro para avaliação. A recepção do outro lado também é negativa e a forma como isso é colocada no laudo permite confirmar que a suposta neutralidade se existia enquanto intenção inicial, não é mantida no teor do laudo psicológico. Transcreveremos um recorte do laudo psicológico da Assistente Técnica do PE 18/2004.

7.3.4.2. EXEMPLO DE LAUDO DE ASSISTENTE TÉCNICA "AVALIANDO" A PARTE CONTRÁRIA

> III- Contato com o pai (Fls. 30-31)
>
> Várias tentativas foram feitas no sentido de poder fazer um contato direto com o Sr. S.B.O. Desde o momento da primeira avaliação psicológica das crianças (setembro/2000) foi mandado um telegrama comunicando este feito e convidando-o para uma entrevista. Nenhuma resposta foi dada neste sentido.

Um segundo contato telefônico foi feito no dia 04 de maio de 2001 em sua residência e a empregada, a Sra. U., informou que ele não estava em casa e só voltaria às 23:00 hs.

Finalmente, no dia 7 de maio foi possível entrar em contato com o SR. S., em sua residência. Neste telefonema, após haver me apresentado, perguntei sobre a disponibilidade do Sr. S. para uma entrevista. Ele informou que, em substituição a esta entrevista, teria uma reunião no Fórum com a psicóloga judicial e a Sra. Q. para acertar um acordo referente às questões de ordem econômica. Expliquei para o Sr. S. que a função do psicólogo não seria fazer acordo, mas uma avaliação psicológica das crianças e dos pais. Ele insistiu no acordo econômico e afirmou que a Sra. Q. havia concordado que ele ficasse com a guarda dos filhos, fato este que certamente não ocorreu.

Após várias tentativas de esclarecimento sobre o que seria uma entrevista de avaliação psicológica em perícia judicial, o Sr. S. foi se descontrolando, demonstrando irritabilidade e confusão quanto ao que estava sendo conversado. Tentei esclarecer os aspectos da situação que estavam desordenados na sua compreensão. Estas tentativas foram insuficientes e ele continuou insistindo no fato de que um acordo econômico seria a resolução do processo. Diante das dificuldades do Sr. S. em compreender o objetivo de uma abordagem psicológica em questão, este começou a demonstrar uma certa confusão emocional seguida de irritabilidade.

Finalizando, o Sr. S. começou a questionar as avaliações feitas com os filhos e iniciou de maneira agressiva, ofensas com relação a este trabalho realizado com as crianças. Desta forma, decidi encerrar o nosso contato, visto que não haveria clima emocional propício para uma entrevista. Assim sendo, devido a desordem emocional e ao clima de animosidade causado pelo Sr. S. foi decidido o cancelamento desta avaliação através do contato pessoal.

Uma hora após o término deste contato foi feita uma ligação telefônica (via secretária eletrônica) de seu advogado, Dr. T.C., pedindo que qualquer entrevista, audiência ou comparecimentos com o Sr. S. deveriam ser solicitados, requisitados ou requeridos via judicial, evitando assim a possibilidade de um contato direto com o Sr. S.

Através deste contato, foi possível observar a ansiedade, confusão e descontrole emocional do Sr. S. frente a possibilidade de uma avaliação psicológica. Podendo constatar que o Sr. S. cria uma visão própria diante da realidade e desconsidera qualquer afirmação que possa contrariar sua crença pessoal. Reage com irritabilidade frente à contradição de seu raciocínio e demonstra baixa resistência à frustração.

Mediante o acompanhamento do processo e dos dados coletados nas entrevistas (vide item Metodologia) podemos considerar o Sr. S. como uma personalidade pouco flexível e de difícil comunicação e adaptação às transformações e mudanças. Demonstra fragilidade emocional (vide resposta ao CAT de F. [filho], fl. 07 da avaliação psicológica) e dificuldades no enfrentamento de obstáculos das situações de vida. Diante disso, apóia-se a aspectos por ele conhecidos, porém, desvinculados de objetividade e de um referencial de realidade.

Em alguns momentos, cria uma realidade persecutória e reage aos acontecimentos de maneira agressiva como forma defensiva de adaptação ao inesperado ou incompreendido.

(retirado do laudo datado de 13/07/00, grifo nosso).

Depreende-se dos dois laudos de Assistentes Técnicos que, malgrado a "boa ou neutra intenção" dos profissionais, é melhor não falarmos ao telefone com eles!

A referência à neutralidade está ligada à ideia de que o resultado da avaliação psicológica pode ser viesada se o psicólogo for "contaminado pela queixa ou pelos comportamentos da criança nas horas lúdicas" (cf. laudo psicológico). A equipe de psicólogos parece pautar sua conduta científica na postura de se acreditar na "neutralidade" do cientista que toma uma distância segura e asséptica do seu "objeto de avaliação". Aqui, claramente verificamos um pensamento calcado em concepção positivista de ciência.

O problema para o Assistente Técnico não me parece ser a concepção de ciência que professe, mas desconsiderar que ocupa um lugar de saber-poder subsumido ao contexto adversarial do Direito. É nesse sentido que se pode falar, por exemplo, da "imparcialidade" do juiz para bem cumprir sua função. As situações de impedimento (em que se está tecnicamente impossibilitado de atuar) a que o perito está sujeito são as mesmas que as dos juízes segundo o Art. 134 do CPC[84]. O Assistente Técnico não é considerado "suspeito" por ser de confiança da parte que o contratou. Ele é sabidamente parcial – em termos legais, ele é suspeito desde o início – por ser incapaz de uma posição equidistante em relação às partes, no nosso caso, os membros da família. Por isso que dissemos que o psicólogo nessa investidura está trabalhando "contra" o outro lado (SHINE, 2002).

7.3.5. O EMBATE ENTRE PERITOS E ASSISTENTES TÉCNICOS

Em função da peculiaridade institucional em que se processa a dinâmica familiar, os psicólogos se encontram em uma situação pouco usual de sua prática. Aliás, na prática profissional do psicólogo quase sempre seu trabalho é individual, principalmente no que diz respeito ao procedimento de avaliação psicológica. Normalmente, o psicólogo avalia sozinho e a uma pessoa por vez. Talvez a sua formação calcada nesse modelo de atuação solo dificulte ainda mais a aproximação do objeto da avaliação (família).

A família enquanto cliente possui uma dinâmica muito conhecida pelos terapeutas de família que é o de "identificar o paciente", ou seja, o grupo familiar elege a um dos seus membros como o "bode expiatório", o "paciente identificado" (BOX et al., 1994; MEYER, 1983). Junta-se a esse fenômeno psicológico a força institucionalizante do pensamento jurídico em que há o inocente versus o culpado. Nessa conjuntura, o profissional pouco familiarizado com as forças dinâmicas da família e do

84 Idem, ibidem *cf.* nota de rodapé 17.

processo judicial está mais vulnerável a cair nos critérios "naturais", "da realidade". Para profissionais da saúde mental, esses referenciais mais instituídos no campo social são os da Psiquiatria. Não é por acaso que o laudo termina com a especulação de diagnósticos de patologias mentais, resquício de uma forma de colocar o outro na categoria do patológico, do anormal em uma perspectiva manicomial[85].

Além do objeto-sujeito coletivo que é a família, temos o cenário jurídico cujo paradigma é o modelo adversarial. O que também não é uma realidade institucional muito comum para o psicólogo. O desconhecimento das "regras do jogo" adversarial do Direito parece explicar certas posições ingênuas que se fazem presentes nas defesas dos psicólogos clínicos quando dizem que "somente estavam pensando no bem-estar da criança". Essa é a mesma frase que geralmente ouvimos dos pais em litígio...

Fechando esses parênteses, voltemos ao PE 100/2004. Como o laudo co-assinado pelos três psicólogos foi utilizado tanto no processo judicial quanto na denúncia ética, tivemos possibilidade de entrar em contato com as ponderações da psicóloga judiciária T.N.N. da T.

Vale a pena observarmos os argumentos da psicóloga que se contrapõe aos Assistentes Técnicos de N.D., pois os seus argumentos revelam quais são os pontos que leva em conta em uma crítica do laudo psicológico. Nesse caminho, revelam quais são os pontos que busca cuidar para não estar com "a guarda baixa", defendendo seu trabalho de uma impugnação.

7.3.5.1. EXEMPLO DE DEFESA DE PSICÓLOGA DENUNCIADA

> [RECORTE DA DEFESA DA PSICÓLOGA DENUNCIADA T.N.N. da T.]
>
> Esclareço ainda que, consultando todos os processos assinalados pelo Sr. N.D. [Denunciante] foi percebido que há uma constante busca pela satisfação dos seus desejos, ou seja, não concebe um não como resposta, como já apontado em meu laudo e confirmado quando o mesmo inconformado com as determinações legais, simplesmente não devolve o filho, após uma de suas visitas e, representa contra decisão do juiz, conforme cópias em anexo.
>
> Outro fato relevante é que conjuntamente ao pedido de modificação de guarda o Sr. N.D. ajuizou a ação de Revisão de Alimentos, informando estar com sérios problemas de saúde que o impediriam de manter a sua obrigação. O atestado datado de maio de 2004, pelo Dr. X. H., ou seja, logo após o término da avaliação psicológica desta profissional, dá conta de que o interessado "tem

---

85 Uma discussão pertinente desta questão e um exemplo que alia uma questão familiar e jurídica é dada em MARAZINA, 1994.

apresentado crises de depressão e desequilíbrio emocional constante, e que está sob vigilância médica e fazendo uso de medicamentos de uso controlado" (documento em anexo).

Esses fatos documentam que o Sr. N.D. busca incessantemente a satisfação das suas necessidades em detrimento das necessidades dos outros, quer sejam estes outros seus próximos ou não.

Cabe ainda um outro esclarecimento relacionado ao laudo apresentado pelos psicólogos F.A. (CRP06/XX.XXX), X.H.C. (CRP06/X.XXX) e C.D.de G.N. (CRP06/XX.XXX), realizado entre outubro/novembro de 2004 com relação aos instrumentos utilizados.

Os recursos utilizados como o teste de Wartegg foi considerado desfavorável pelo CFP, por não atender os requisitos mínimos da Resolução CFP 002/2003 e considerado sem condições de uso desde janeiro de 2004, conforme consta em site do próprio Conselho. Um novo guia de aplicação e avaliação foi encaminhado para análise, mas ainda não foi apreciado.

O teste de Zulliger assinalado como instrumento, também precisa ser melhor informado, pois se for o do sistema Freitas está inválido desde janeiro de 2003. Somente o Zulliger-Vaz pode ser utilizado desde que o manual esteja acrescido das novas informações que atendam à Resolução CFP 002/2003. O teste HTP, também precisa ser melhor informado, pois o aprovado pelo CFP é o de John Buck.

Assim, além da utilização de testes não aprovados implicar em falta ética, conforme artigo 16 da Resolução 002/2003 do Conselho Federal de Psicologia, compromete o diagnóstico apresentado pelos referidos profissionais.

Outro fato relevante é, conforme já informado, a criança estar na companhia do interessado sem autorização judicial, sob pressão psicológica decorrente da situação vivenciada, e sendo submetido a constantes avaliações que só tendem a comprometer o seu psiquismo.

[Datado de 13 de janeiro de 2005]

T.N.N. da T.

CRP06/XX.XXX

[psicóloga judiciária]

(grifo nosso)

A psicóloga T. explica o contexto em que o processo judicial se deu, a fim de corroborar a sua análise psicológica. A parte que nos interessa mais, no entanto, é a apreciação que faz sobre o laudo psicológico dos Assistentes Técnicos do Sr. N.D.

A crítica se desdobra em dois pontos: o primeiro se refere ao aspecto técnico, questionando as técnicas psicológicas utilizadas para a apreensão dos dados sobre os quais a análise se baseará. Aponta a inadequação de uma das técnicas (teste de Wartegg) e coloca as demais sob suspeita, deixando os próprios resultados sob risco de invalidação. Além disso, o Wartegg é utilizado em processo de seleção de pessoal (SOUZA et al., 2007). Veja a passagem retirada do laudo:

> Deixa um pouco a desejar quanto à intensidade e ao desenvolvimento do impulso vital para ação, inovação e mudanças. Necessita investir e acreditar mais em sua autonomia psíquica criando, arriscando e tomando decisões. Pode aperfeiçoar sua habilidade de conduzir pessoas assumindo e desenvolvendo a postura mais assertiva e fortaleça sua autoconfiança (sic.), de forma a permitir maior operatividade externa e autoconhecimento, o reconhecimento externo familiar e profissional.

O trecho em questão envolve o âmbito de habilidades e competências que parecem se referir ao campo profissional ("impulso para ação, inovação e mudanças", "arriscar e tomar decisões", "conduzir pessoas", "postura mais assertiva", "operatividade"). O enfrentamento da questão psico-legal por meio de constructos referidos ao campo da seleção de pessoal é tão questionável quanto procurar diagnósticos nosográficos quando o profissional é referido ao campo da clínica. As categorias e competências avaliadas não tem relação com a capacidade de ter a guarda e de educar uma criança. Pelo menos, isso precisaria ser demonstrado e respaldado por pesquisas empíricas. A transposição dos resultados de um campo para outro revela um erro de metodologia ao se ignorar os objetivos diferentes de cada tipo de avaliação. Para uma equipe preocupada com o rigor científico, esse nos parece um erro primário.

Portanto, mesmo que o teste fosse considerado válido para medir o que se propõe, o que é questionável, a sua finalidade não se relaciona ao objetivo psico-legal do laudo psicológico. O uso de testes pode ser ainda mais problemático por outra razão ainda mais básica. Do mesmo jeito que testes desenhados para seleção de pessoal não se adequariam para avaliar questões relativas à guarda e visita, o mesmo pode ser dito dos testes que tem sua origem na clínica. Os testes projetivos que são muito utilizados nas avaliações foram criados para dar conta de questões relativos ao diagnóstico e tratamento (enquadre clínico). Logo, a sua validade para predizer o resultado do ajustamento de crianças a modalidades de guarda e visitas não foram determinadas empiricamente. Como diz Broadzinsky (1993, 216-217):

> Impressions derived from test data should be treated as hypotheses subject to verification through alternative procedures. Evaluators must guard against overzealous extrapolation of test data to the substantive issues in the court case. In other words, the evaluator must appreciate that standard psychological test data have unknown predictive validity regarding issues of custody and visitation.

O segundo ponto se refere à posição da criança por estar de maneira irregular com o adulto responsável e sendo submetida à avaliação como um fator adicional de "pressão psicológica". Indiretamente, ela questiona a posição ética dos profissionais que aceitam o caso e submetem o menor a essa situação. Seria eticamente sustentável que os psicólogos avaliassem uma criança que estivesse sendo mantida de forma irregular pelo adulto demandante dos serviços? Sem se levar em conta que a equipe patologiza o sujeito que não avaliou, incorrendo no maniqueísmo que opõe o sadio ao doente (normalização segundo Foucault, 1973/1999).

Repare o leitor que tanto a crítica ao aspecto técnico quanto ao relacionamento psicólogos-criança remete a aspectos éticos, cerne da discussão em que a psicóloga judiciária se encontra frente à COE.

Uma vez que a denúncia ética dá origem a procedimentos que possuem sua ordenação segundo uma lógica jurídica, tanto uma parte quanto a outra precisam produzir "provas" que deem sustentação às suas argumentações. Em nosso recorte institucional de pesquisa, em primeiro lugar, é no espaço da Vara da Família que o psicólogo aparecerá como personagem secundário, atuando como auxiliar do Juiz somente quando e se ele assim o determinar. No lugar do experto que funcionará como um operador de verdade, segundo o termo foucaultiano, o seu laudo consubstanciará a "verdade" que o procedimento jurídico requer.

Mutatis mutandis, no CRP o jogo se inverte. Agora a palavra do juiz pode ser trazida como uma "prova ilustre" que corroborará a defesa da posição do perito-réu. Veja a seguir a cópia da manifestação do juiz da causa que está se dirigindo ao Desembargador na instância superior a quem o Denunciante-Requerente levou o seu caso.

Na segunda instância, o Relator-Desembargador solicita explicações ao juiz sobre o procedimento tomado em função da queixa (recurso) que o Requerente dá entrada. Para ilustrarmos a lógica jurídica da situação, transcreveremos a manifestação do juiz, juntado aos autos da denúncia ética, do PE 100/2004.

7.3.5.2. EXEMPLO DE UM DOCUMENTO JUDICIAL COMO PROVA

PODER JUDICIÁRIO de SÃO PAULO

[Número] Vara da Família e Sucessões de [Local] – São Paulo

São Paulo, 15 de dezembro de 2004.

Ofício n. xxx/04

Proc. XX.XXX/02 – Modificação de Guarda

Ref. Ofício X.XXX/04 – Agravo de instrumento nº XXX.XXX-X/X

Agravante: N.D. [Denunciante]

Agravada: Q.L. [mãe de M.]

Senhor Desembargador:

Em atendimento ao ofício em referência, expedido nos autos de Agravo de Instrumento interposto contra decisão (ou decisões) deste Juízo, proferida nos autos de Modificação de Guarda, bem como de Destituição de Pátrio Poder e de Busca e Apreensão, em que contendam as partes acima, venho prestar as informações solicitadas, nos termos que se seguem.

1. O ora agravante propôs três demandas contra a agravada: busca e apreensão, modificação de guarda e destituição de pátrio poder. Todos objetivam retirar o filho M.D. da guarda materna.

Os três feitos estão apensados e o de modificação de guarda já está no terceiro volume, com andamento tumultuado em razão de inúmeros incidentes criados pelas partes, que vem se digladiando e a todo momento peticionam e juntam documentos aos processos.

2. Depreende-se da minuta do agravo que o recorrente postula: a) se determine ao Juízo "permita vistas" (sic) dos autos pelo prazo legal; b) devolva "todos os prazos" para que se possa atacar os despachos interlocutórios; c) seja a criança mantida com o pai, com quem se encontra (ilegal e arbitrariamente, acrescente-se).

3. Na primeira ação ajuizada, o ora agravante formulou pedido de destituição do pátrio poder da agravada no tocante ao filho menor, postulando antecipação de tutela.

O Juízo entendeu conveniente e útil, em face da natureza dos fatos alegados, fosse o menor ouvido pelo setor técnico de psicologia, de modo a colher melhores subsídios para a apreciação do pleito (fls. 33).

O autor, então, passou a peticionar a todo instante, de modo a impedir o normal prosseguimento do processo, o que lhe valeu a advertência de fls. 119.

O laudo da psicóloga judiciária (fls. 139/142) concluiu pela inexistência de dados que respaldem os fatos invocados na inicial.

Este Juízo determinou a citação da parte demandada e convocou audiência de conciliação (fls. 150), que se realizou, infrutiferamente (fls. 181/182).

Antes da apreciação do pedido, novamente o autor passou a juntar documento e apresentou "laudo psicológico" que, supostamente, abonaria sua pretensão.

Enquanto tudo isso corria, a criança continuava com a mãe.

Nos autos de busca e apreensão, o pai pleiteou novamente, seja a criança mantida consigo (o filho não fora devolvido depois da visita). Este Juízo, porém, determinou que a criança fosse restituída à guarda materna, até deliberação em contrário (fls. 34/36 da busca e apreensão).

O ora agravante, porém, não apenas descumpriu a determinação como retém consigo o menor, o que gerou a expedição de mandados e precatória para a busca e apreensão da criança, bem como requisição de investigação criminal.

Apesar disso, arroga-se o agravante o direito de exigir que este Juízo examine seu pedido de modificação de guarda, ignorando, por completo, a ordem de restituição da criança à genitora, que, para ele, nada significa, em completo descaso para com a parte contrária.

4. No tocante ao alegado cerceamento ao direito de acesso aos autos, o fato não passa de pura criação mental do autor.

A este magistrado importa dirigir o processo com isenção – mas com firmeza – e o feito, quando não está em Juízo, com o MP ou com a parte contrária, está em cartório, à disposição do agravante. Se não estiver que peça (e mesmo exija, que é seu direito), certidão indicativa da última saída e respectiva data.

É até possível que, mercê das inúmeras petições que a todo momento o autor atravessa nos autos, estejam os autos conclusos ou com o MP, quando da ida do patrono ao cartório. Mas acesso nenhum se lhe vedou. O que não faz sentido é entregar os autos ao advogado no momento que lhe aprouver. Se isso pretende o causídico, isso não obterá, ao menos neste Juízo.

Nenhum cerceamento ao direito da parte ou de seu advogado está havendo. O que está havendo é, sim, abuso do direito postulatório e litigância de má-fé, por parte do autor, que timbra em fazer justiça com as próprias mãos.

5. No alusivo à postulada devolução de prazos, para efeito recursal, não cabe a este Juízo, absolutamente, examinar o pedido, pela singela razão de que não lhe compete exercer o controle da tempestividade dos agravos.

À parte incumbe, se acesso aos autos não obteve, por razões da dinâmica processual, obter certidão e instruir seu recurso com a comprovação do impedimento que tenha, eventualmente, constituído empeço à anterior protocolização do inconformismo. Bastaria, a propósito, pedir certidão do andamento do feito.

6. Eram estas, senhor Desembargador, as informações que me cumpria prestar.

Transmito a V. EXA. Cópias das peças citadas e renovo os meus mais elevados protestos de consideração.

S. de P. D.

JUIZ DE DIREITO

A Sua Excelência o Senhor

Desembargador B. X.

DEPRO [número] – Divisão de Processamento da [número] Câmara de Direito Privado,

Tribunal de Justiça de São Paulo

Praça da Sé, s/n, sala [número]/Tel. [número]

São Paulo-SP/

(grifo no original)

O juiz faz um relato do contexto da disputa judicial defendendo-se, por sua vez, da suspeita de estar obstaculizando o direito de N.D. (o Denunciante). É interessante observar que no item 4, o juiz sugere, sem necessidade de sua perita, um "problema psicológico" do Requerente: "No tocante ao alegado cerceamento ao direito de acesso aos autos, o fato não passa de pura criação mental do autor". Ao final, seu julgamento está dado: "O que está havendo é, sim, abuso do direito postulatório e litigância de má-fé, por parte do autor, que timbra em fazer justiça com as próprias mãos".

7.3.6. O CASO DE PSICOTERAPEUTAS QUE ATUAM COMO TESTEMUNHA DE PARTE

Passemos a abordar outra categoria de profissionais presentes em nossa amostra. Seriam os profissionais que se enquadrariam no grupo 3: o psicoterapeuta de adulto cujo paciente é parte em processo na Vara de Família. Relembrando o leitor: enquadramos nesse grupo os profissionais que atendem o adulto que se envolve com o processo judicial em que o paciente é parte. Estamos falando do adulto litigante.

Contamos com três pessoas nessa categoria. Uma delas é o Caso PE 04/2001, já analisado anteriormente, em que a psicóloga fornece uma declaração à mulher sobre seu marido. Como vimos, não se tratou de um vínculo profissional esclarecido ao longo do processo de instrução. Portanto, vamos abordar os dois outros casos, que são o Caso 11/2004 e 21/2004 dos PDE's.

Comecemos com o Caso 11/2004 em que o Denunciado é um psicólogo do sexo masculino, psicoterapeuta de mulher, mãe de uma filha de 4 a. Há conflitos com o pai da criança na justiça. O terapeuta é arrolado como testemunha pela paciente no processo judicial. Depreende-se da queixa que o Denunciante contratou uma Assistente Técnica, mas que não consegue ser recebida pelo psicoterapeuta. A queixa parece ter sido feita no intuito de impedir o testemunho do psicoterapeuta a favor da mulher contra o Denunciante.

Transcrevemos a seguir a denúncia como ela foi originalmente feita ao CRP-06.

7.3.6.1. EXEMPLO DE DENÚNCIA CONTRA O PSICOTERAPEUTA DA PARTE CONTRÁRIA

[TRANSCRIÇÃO DA QUEIXA]

1. O denunciado pode testemunhar em juízo favorecendo unilateralmente a paciente sem conhecer a versão do denunciante?

2. Considerando que é psicólogo, ao invés de aviltar o denunciante sem provas não deveria até propor uma terapia de casal para dirimir os conflitos ao invés de estimulá-lo entre as partes?

3. Pode um psicólogo deferir juízo unilateral em favor da paciente que envolve a Guarda de Menor, protegida pelo Estatuto da Criança e do Adolescente, sem nunca ter convivido com o casal, e apenas baseando-se na versão da paciente através de suas consultas em consultório?

4. O denunciante utiliza com sua paciente, técnica de regressão a vidas passadas. Nada consta a respeito da aplicabilidade ou reconhecimento dessa técnica nos sites do CONSELHO FEDERAL OU REGIONAL DE PSICOLOGIA. Qual a posição oficial dos respectivos conselhos a respeito?

O denunciante vem tentando, através de sua Psicóloga Clínica e Assistente Jurídica, Dra. E.N.Q. da T. – CRP Nº 06XXXXX-X, contato com o denunciado para agendamento de uma reunião entre ambos com o objetivo de atenuar e buscar uma solução comum. Há graves conflitos entre o casal e a paciente, que está chantageando o denunciante, utilizando para isso a própria filha do casal, sem que o denunciado demonstre qualquer manifestação a respeito ou se preste a tomar conhecimento do fato. A paciente vem usando a criança como instrumento de barganha e vingança, comprometendo gravemente a saúde psicológica da menor à luz da abordagem psicológica definida como "Alienação parental" [fonte]. Diante deste quadro questiona-se: Afinal, qual o papel do psicólogo? Não deveria ao menos demonstrar interesse ao pedido de conversa de colega de mesma categoria, para que ambos auxiliem seus respectivos pacientes até como mediadores do casal em litígio?

5. Não é dever do psicólogo auxiliar a paciente, inclusive no que se refere a sua conduta com a própria filha, já que aceitou o encargo de testemunha de um pleito que avilta a moral, humilha e prejudica o convívio entre pai (denunciante) e filha?

6. Pode um psicólogo proteger sua paciente, difamando o denunciante sem provas, baseado simplesmente no ódio, má fé, mentiras, chantagens e distorções melindrosas dos fatos pela paciente, contra este? Ou então ser omisso diante do fato de que a Psicóloga do denunciante vem tentando lhe comunicar através de contatos com o denunciado, sem que este demonstre até a presente data interesse genuíno em atender a solicitação desta?

7. A defesa, durante a audiência, inquirirá o denunciado sobre a terapia, técnicas, avanços e resultados obtidos durante o tratamento da paciente, já que esta vem apresentando conduta passível de avaliação psicológica e até psiquiátrica, devido às graves distorções dos fatos que vem apresentando em prejuízo, inclusive, da própria integridade emocional e psicológica da menor, filha do casal.

A quem o denunciado irá atender? Ao Código de Ética do Psicólogo, que preza pela absoluta confidencialidade das informações da paciente, ou ao Juízo que aguardará respostas às questões apresentadas pela defesa do denunciante?

O denunciado se presta ao papel de testemunha imprescindível para que a paciente possa consumar seu pleito de divórcio mentiroso. E ante o juízo? Excusar-se-á o denunciado de responder aos questionamentos da defesa do denunciante, alegando sigilo profissional e respeito ao Código de Ética da classe? Acaso existe testemunha muda?

[FIM DA TRASCRIÇÃO]

(grifo nosso)

Como afirmamos anteriormente, a denúncia ética vem no sentido de impedir o testemunho do psicoterapeuta: "A quem o denunciado irá atender? Ao Código de Ética do Psicólogo, que preza pela absoluta confidencialidade das informações da paciente, ou ao Juízo que aguardará respostas às questões apresentadas pela defesa do denunciante"?

A audiência de instrução e julgamento em que o psicólogo foi arrolado ainda não ocorreu. Vimos também que a participação de uma Assistente Técnica, aqui denominada Assistente Jurídica, pode ter influenciado o curso de ação do Denunciante. Pelo teor da queixa, o psicoterapeuta da ex-mulher do Denunciante não atendeu sua Assistente Técnica. A denúncia ética pode ter sido uma manobra para que ele não testemunhe ou que se possa saber sobre o que testemunhará por meio da Assistente Técnica. Se essa suposição estiver correta, podemos dizer que a denúncia funciona como uma forma de intimidação e controle do psicoterapeuta visando coibi-lo em sua ação no processo judicial.

Não temos como saber se foi uma provocação feita por meio da Assistente Técnica ou não. Sabemos, no entanto, que tal denúncia surtiu o efeito de chamar a atenção do psicólogo para a Assistente Técnica, depreendido pelo Parecer do Relator:

> Parecer
> Diante do fato de que o ato testemunhal ainda não ocorreu e do que foi apresentado no pedido de reconsideração e contra razão do DENUNCIADO, onde relatou que não pratica regressão e que está disponível para contato com a psicóloga.
> Diante do que foi apresentado pelo DENUNCIANTE na reconsideração e na contra razão quando acrescentou os anexos dos relatos de sonhos, onde ao que tudo indica não houve participação do DENUNCIADO nas práticas alternativas. Assim o relator sugere o deferimento do pedido de reconsideração do DENUNCIADO e o arquivamento do processo.
> 10 de junho de 2005. (grifo nosso).

Não há como adivinhar se os pacientes estão envolvidos em processos judiciais (a não ser que perguntemos) ou se ainda vão se envolver em um. Knapp & VandeCreek (2001) relatam tais casos no contexto norte-americano e sugerem cautela. Caso esses pacientes pensem em arrolar seus psicoterapeutas como testemunha, estes devem ser informados que o sigilo em relação às sessões pode ser comprometido. Mas é importante assinalar que uma coisa é ser testemunha (fact witness, como referido na literatura em língua inglesa) e outra, completamente diferente, é participar como um perito (*expert witness*). Estabelecemos essa distinção em trabalho anterior (SHINE, 2002).

O psicólogo como testemunha deve se reportar àquilo que "viu ou ouviu" sem se valer de seus conhecimentos técnicos. O atual Código de Ética Profissional determina, em seu Art. 10º, que frente ao juiz o psicólogo "poderá decidir pela quebra de sigilo, baseando sua decisão na busca do menor prejuízo", devendo sempre "restringir-se a prestar as informações estritamente necessárias" (CRP-06, 2006, p. 36-37).

O presente caso também alerta para a posição do antagonista do paciente. Dado que o litígio sempre opõe duas (ou mais) partes, o psicólogo atuando como "aliado" de um dos lados pode ser visto como "inimigo" do outro dentro da lógica adversarial.

Não há dados sobre o contexto da recusa em falar com a colega Assistente Técnica, mas se tal "reunião" tivesse acontecido, talvez não houvesse motivo para a denúncia. Conversar com um colega é esperado quando há necessidade de colaboração como explicitado no Art. 1°, alínea "j": "Ter, para com o trabalho dos psicólogos e de outros profissionais, respeito, consideração e solidariedade, e, quando solicitado, colaborar com estes, salvo impedimento por motivo relevante". Deixando bem claro que "colaboração" não quer dizer concordar com que o outro deseja, mas pelo menos tomar conhecimento e se posicionar.

O segundo caso também é da amostra de PDE, é o caso 21/2004. Temos neste exemplo o testemunho de uma psicoterapeuta na forma de uma declaração por escrito. A Denunciada tem 43 a., formada há 20 a., ex-psicoterapeuta de um homem que estava em litígio com a ex-mulher, Denunciante no Caso.

7.3.6.2. EXEMPLO DE DECLARAÇÃO QUE GEROU DENÚNCIA

[Nome da clínica

Endereço – São Paulo]

São Paulo, 11 de novembro de 2003.

DECLARAÇÃO

Declaro, para os devidos fins, que Q. F. T. foi meu paciente em Psicoterapia de junho/1993 a setembro/2001.

Com autorização do paciente, relato os motivos do tratamento do mesmo.

Iniciou o processo psicoterapêutico após vários exames médicos, quando foi diagnosticado um quadro de stress (apresentava várias somatizações sem fundamentação física), gerando um quadro de depressão emocional e de dificuldades para dormir.

Sempre teve dificuldades em lidar com a esposa, que descrevia como possessiva e instigadora, chegando a inculcar doenças no paciente que nunca foram diagnosticadas.

O relacionamento com as duas filhas ele considerava como bom, com diálogo e atividades lúdicas, trazendo para a terapia as reflexões naturais de um pai zeloso e preocupado com o futuro das mesmas.

No trabalho era uma pessoa que se relacionava com os colegas, apesar de um pouco tímido, mas sempre prestativo e enquadrado nas suas atividades. Na medida em que o processo psicoterapêutico evoluiu, conseguiu vencer algumas dificuldades pessoais, ampliando mais o relacionamento e conseguindo expandir-se mais, criando em volta de si um clima de amizade e cooperação.

Relatava constantemente discussões com a esposa. Foi buscar na psicoterapia de casal a possibilidade de compreender melhor a relação. Mas, apesar disso, continuava a somatizar os conflitos sempre presentes, devido às pressões que sofria e as brigas freqüentes.

A recuperação da auto-estima e o estabelecimento de metas para o curso de sua vida o possibilitaram a entender melhor o quadro que enfrentava, compreendendo que a pessoa dele não era mais o problema (como o fizeram acreditar), mas sim, a própria relação que vivia.

Em decorrência dessa percepção, achou melhor encerrar a psicoterapia, pois a partir dali acreditava que precisava apenas de tempo para elaborar a separação, uma vez que o trabalho interior já havia sido feito.

D.T.B.D.

Psicóloga

CRP 06/XXXXX-X

A Denunciante acusa a Denunciada de fazer declarações sobre ela sem tê-la conhecido, quebrando o sigilo profissional sem sua autorização. Relata o histórico de ter sido casada entre 1982 e 2003. Nesse período teria movido três processos criminais por violência doméstica e os arquivado, e mais um processo por lesão corporal, no qual seu marido foi condenado. Atualmente está movendo ação de Separação Litigiosa cumulada com Danos Morais, a qual foi juntada declaração da denunciada. Acredita que esse documento pode vir a prejudicá-la e as filhas.

A psicoterapeuta explica em sua defesa prévia e, depois, no pedido de Reconsideração à abertura de PE que não fez declarações sobre ela (a Denunciante) e sim sobre o paciente que tratava de sua vida familiar e profissional. Alega que não conhecia a Denunciante e nem tinha com ela nenhuma relação profissional, não necessitando permissão dela para a questão do sigilo. Declara ainda que foi a pedido do seu ex-paciente que deu a "declaração", seguindo os padrões do Código de Ética. Responsabiliza-se e respalda as informações nela contidas, mas afirma que "não tinha conhecimento do uso que o paciente faria de tal documento". Segundo sua defesa: "Acredita que a denúncia sugere que a denunciada pretendia que o CRP anulasse sua declaração e fosse eliminada a prova na ação judicial. Ressalta a preocupação da denunciante com os aspectos econômicos".

A ideia de se valer do testemunho do psicoterapeuta ou "aproveitá-lo" como Assistente Técnico está baseada em ideias errôneas a respeito da eficácia, do rapport, da neutralidade e da condição de especialista do psicólogo clínico (GREENBERG & SHUMAN, 1997). A ideia da eficácia advém do fato de que o psicoterapeuta já passou um tempo relativamente longo com o paciente/parte e, por essa razão, deve saber o bastante sobre a pessoa sem a necessidade de gasto de mais tempo e dinheiro com outra avaliação psicológica por um terceiro. O rapport do psicoterapeuta com o paciente/parte é essencial ao relacionamento para que o tratamento ocorra, sendo que nesse processo muita informação é passada pelo paciente/parte de uma maneira bastante facilitada. O que não ocorre frente a um perito judicial. Nesse contexto, como entendem os Autores, isso pode dar a falsa impressão que a opinião profissional do psicoterapeuta é mais precisa e completa do que a de qualquer outra pessoa que poderia obter em menor tempo.

Além do mais, um psicoterapeuta não dará a impressão de que é um profissional contratado para dizer o que o advogado quer ("hired gun" ou perito pistoleiro cf. SHINE, 2002). Em outras palavras, ele se apresenta com certa credibilidade por parecer mais neutro e menos subordinado a pressões econômicas por não ter sido contratado com a finalidade principal de ajudar no processo judicial.

Greenberb e Shuman (1997) rebatem tais ideias, uma a uma, mostrando que a eficácia do trabalho clínico está ligada à natureza do relacionamento profissional que se estabelece. Mudando tal natureza, ao passar a atuar como Assistente Técnico, o psicoterapeuta põe em risco a relação de trabalho que havia antes. O sigilo na relação privilegiada terapeuta-cliente também pode ser comprometido, visto que o trabalho na arena jurídica pode levar à necessidade de revelar assuntos que estariam protegidos no enquadre psicoterapêutico. No papel forense, o relato do paciente/parte tem que ser levado em consideração à luz de sua verdade histórica, pois não se trabalha exclusivamente no âmbito da realidade psíquica. Tal situação faz com que o Assistente Técnico precise falar com outros membros da família, inclusive com outras pessoas do círculo do paciente/parte. Isso afeta a relação entre o psicólogo e o cliente, mesmo que ele tenha concordado com tal abertura em relação às pessoas de seu círculo.

No caso do psicoterapeuta de criança há um fator complicador a mais. Em se colocando como Assistente Técnico de um dos responsáveis contra o outro não estará mais na posição de ouvir a ambos os pais desde um lugar de imparcialidade, focado na criança/cliente. Como Assistente Técnico será visto como "aliado" de quem o contratou, tanto pela criança quanto pelo outro responsável.

Haveria alguma forma de poder participar, dar uma declaração, ou pelo menos contribuir, tendo em vista o princípio de não causar malefício (*primum non nocere*)? Se o envolvimento é inevitável como fazê-lo no limite do que a ética permite, resguardando-se e protegendo o trabalho terapêutico?

Encontramos em nossa amostra uma declaração de um psicoterapeuta de crianças que se manifesta frente ao pedido do responsável legal por duas crianças que estavam sendo avaliadas em função do litígio entre os pais. De um lado havia o Assistente Técnico do pai, do outro a Assistente Técnica da mãe e no meio a Perita Psicóloga Judiciária. É dentro desse confronto de psis que o terapeuta de uma das crianças se manifesta. Esta declaração não estava sub judice, mas foi juntado como prova no Caso PE 18/2004.

7.3.6.3. EXEMPLO DE UMA DECLARAÇÃO DE PSICOTERAPEUTA INFANTIL ENVOLVIDO NO LITÍGIO

Ilmo. Sr.

S.B.O.

Prezado Senhor,

Venho, por meio desta, apresentar-lhe, conforme sua solicitação, um relatório das avaliações clínicas feitas com seus dois filhos, F. M. B. O. (7 anos) [sexo feminino] e S. B. B. O. (2 anos) [sexo masculino], em maio de 2000, bem como uma sinopse do trabalho de Psicoterapia que tenho realizado com a F. a partir daquela data. Pede-me também o Sr. que eu aprecie e opine sobre um relatório de avaliação clínica feito com seus filhos pela Psicóloga N.E.D.U. [Assistente Técnica da mãe e Denunciada] datado de 03/10/2000, cujo teor tive conhecimento através de cópia que me chegou às mãos por seu intermédio. Quero lembrar-lhe que, no início de nossos trabalhos, me comprometi a manter-me dentro dos estreitos limites da ética e, assumindo um papel clínico de cuidar da saúde mental de seus filhos, tomaria os interesses DELES em primeiro plano e me manteria numa posição de neutralidade quanto às disputas jurídicas que soube existirem entre o Sr. e a mãe deles, a Sra. Q. Portanto, se me disponho a atender ao seu pedido, o faço por entender que posso contribuir para que prevaleça o que é melhor para as crianças. Aproveito para lembrar ao Sr. que, por ocasião das nossas conversas iniciais, mostrei-me disposto a receber a Sra. Q. igualmente em meu consultório, mas nunca fui procurado por ela.

Dito isto, passo ao meu relatório e à apreciação do relatório da colega, lembrando ao Sr. e a qualquer um que venha a ler este texto, que trata-se de material clínico que está sob as regras do Sigilo Profissional, obrigando a qualquer um, mesmo que não seja profissional da Saúde, a se comportar dentro destas regras quanto às informações aqui veiculadas.

RELATÓRIO

Informações Iniciais

Fui procurado pelo Sr. S. em maio do corrente, que me informou estar num processo de separação litigiosa com sua esposa e mãe de seus filhos, Sra. Q., e que havia sido conferida a ele a guarda provisória dos mesmos. Queria ele então que eu fizesse uma avaliação clínica das condições do desenvolvimento mental das crianças e o orientasse para a melhor forma de conduzir a situação no que diz respeito aos cuidados com os mesmos. Passou a me informar o que, na sua visão, eram as condições de vida das crianças e da família até então, dizendo que sempre tinha tido muitas dificuldades no relacionamento com a esposa, que foram se agravando nos últimos tempos. Ela, segundo ele, parava pouco em casa, deixava os filhos sob os cuidados de outras pessoas, e, principalmente depois do nascimento do menor, S. B., isto se acentuou, tanto que, na observação do pai, o pequeno não se ressentiu muito da separação da mãe, pois não parecia ter grande apego a ela. Quanto a F., disse achar que, pela idade, ela já tinha maior clareza da situação, e que o convívio com a mãe tinha sido, no início, maior, e por isso, procurou mantê-la informada do que estava ocorrendo, pois percebia que ela se afligia um pouco com o que se passava. Informava ter estado sempre presente no trato com os filhos, e achava, que, por isso, não via grandes abalos estar aos poucos se integrando às novas rotinas de vida. Queria, apesar disso, ouvir a opinião de um profissional.

A partir destas informações iniciais, procedi à avaliação das condições mentais e psicológicas das crianças, o que passo a relatar.

Avaliação Clínica de F. (em maio/2000)

Tive vários contatos com a F. onde pudemos realizar observações lúdicas livres e efetuar algumas avaliações através de desenhos (Figura Humana, Famílias, Desenho-História). Pude perceber que é uma criança bem desenvolvida para a idade, inteligente, curiosa, ativa, que se relaciona com facilidade, e que tinha em mente duas preocupações: agradar seu interlocutor ao mesmo tempo que manter a situação sob seu controle. As informações quanto ao conteúdo e dinâmica da sua vida mental mostravam que ela apresentava certa dificuldade em se aproximar de elementos que mobilizavam afetos mais profundos, o que sugeria a ideia de uma representação frágil de si mesma, e que a fazia se manter numa certa superficialidade e querer ter o controle da situação. Tratava a situação presente, da separação dos pais, de um modo semelhante, o que me sugeriu a ideia de que estes aspectos de seu funcionamento estavam relacionados a momentos anteriores do seu desenvolvimento emocional, e que a situação atual se apresentava para ela como uma dificuldade a mais, e não como desencadeante de seus problemas. Mostrava vontade de participar mais dos acontecimentos, mas fazia a si mesma exigências elevadas, de ser a portadora de uma solução de caráter mágico e ideal para todos, e, como isto não se realizava, sentia-se mal.

Foi a partir destas constatações que apresentei ao pai a proposta de prosseguir um trabalho Psicoterapêutico com a F., pois suas dificuldades me pareciam independentes da problemática atual da separação do casal e, justamente para que ela pudesse ter melhores condições de enfrentar tudo isto sem maiores sofrimentos, precisava ser ajudada a fortalecer os aspectos básicos de sua personalidade.

Como uma confirmação indireta destas ideias, posso adiantar que, no início das atividades Psicoterápicas a tônica do nosso relacionamento girava mais em torno de atitudes de competição e controle sobre a minha pessoa e que, aos poucos, na medida em que vai se sentindo mais segura, F. começa a se relacionar de forma mais tranqüila comigo e tem iniciado, por sua conta, conversas que envolvam assuntos dos problemas externos de sua família. Percebo que é importante para ela a continuação deste trabalho, pois através dele ela poderá se instrumentar melhor para lidar com as situações objetivas. Até o presente, o pai a tem trazido regularmente às sessões, que se realizam duas vezes por semana, mostra-se interessado e disponível, e quando não pode fazê-lo pessoalmente, F. é trazida pela governanta que cuida das crianças ou outro funcionário de sua confiança, e me parece que ela tem uma relação afetuosa e tranquila com eles.

Apesar deste ser um relato sucinto de todo nosso trabalho neste período contém os elementos básicos para tecermos outras considerações adiante.

Avaliação Clínica do S. B. (em maio/2000)

Para uma criança desta idade, os elementos básicos de uma avaliação compõem-se de observações lúdicas e observação da interação com o(s) adulto(s) responsável. No presente caso, tivemos dois encontros que se mostraram suficientes para minhas observações, sendo que num deles pedi a participação mais ativa do pai, que o acompanhava todas as vezes.

De um modo geral pude perceber que o desenvolvimento mental e emocional de S. B. estava ocorrendo de forma adequada. Mostrou ser uma criança que já havia adquirido noções básicas de identificação e distinção de Si e do Outro, relacionava-se de maneira adequada comigo, ainda que eu fosse um estranho, o que indica confiança básica da criança no Outro, sinal de adequada maturidade emocional para a idade, fazia uso coerente do material da sala, tendo mostrado ser capaz de nomear e utilizar corretamente os brinquedo colocados à sua disposição. Em nenhum momento das observações efetuadas mostrou ser uma criança transtornada, ou alterou-se de modo abrupto. Quando o pai participou mais ativamente da observação, a meu pedido, a interação entre os dois mostrou-se tranqüila e adequada, e a criança, como é comum nesta idade, chamava o pai para brincar com ela, entusiasmada, sugerindo haver intimidade entre os dois. Apenas na segunda das sessões de observação, em que o pai esteve mais presente, S. B. mostrou-se decepcionado quando lhe dissemos que deveríamos interromper as atividades, o que me pareceu um sinal de que estava fazendo algo que lhe dava muito prazer junto ao pai, e, como nesta idade, a criança não tem internalizada adequadamente a noção de tempo, me pareceu que ele simplesmente queria continuar porque estava bom.

Notei também que S. B. apresentava desenvolvimento motor, sensorial e de linguagem adequados para sua idade.

Alguns meses mais tarde, em agosto, tive oportunidade de rever S. B., e me pareceu que ele continuava tendo desenvolvimento adequado, como foi minha primeira impressão. Indiretamente, isto me sugere que o ambiente dentro do qual ele está sendo cuidado mostra-se adequado às suas necessidades.

Comentários sobre o Relatório Psicológico

O que me parece mais importante é que, nas "Considerações Finais" (pág. 16 do relatório, 1° parágrafo do Item V) a Psicóloga N. E. conclui que F. e o S. B. "tem tido desenvolvimento adequado para a sua faixa etária". A partir disso, com o que também nós concordamos, creio que se poderiam fazer considerações sobre o que deve ser o melhor para estas crianças continuarem a se desenvolver de modo o mais adequado possível.

Mantendo-me dentro das exigências éticas inicialmente anunciadas, permito-me fazer a seguinte apreciação: em qualquer circunstância, o que costuma ser mais prejudicial ao desenvolvimento mental e emocional de uma criança é a instabilidade do ambiente em que ela vive. Uma instabilidade pode existir mesmo quando os pais vivem juntos, mas a casa é cada hora de um jeito, pois os adultos, de algum modo não são capazes de criar um ambiente dentro do qual as coisas ocorram de forma mais ou menos parecida. Agora, se um casal está em processo de separação, ainda mais quando esta envolve disputas de qualquer natureza, o mais importante, do ponto de vista das criança, seria que os pais soubessem ou pudessem manter suas disputas no âmbito do mundo adulto, sem envolvê-las nas questões pelas quais eles disputam. Sendo assim, o melhor ambiente para elas é aquele que ofereça maior estabilidade, em todos os sentidos da palavra. Torna-se um problema para as crianças (cujos interesses devem ser preponderantemente considerados) se ocorrerem trocas da função da guarda, pois isto as obriga a viver uma situação de instabilidade ambiental a cada mudança, principalmente durante os primeiros oito a dez anos de vida. A partir do início da puberdade, elas mesmas podem opinar e escolher com que progenitor desejam conviver mais regularmente, uma vez que as relações, em tese, deveriam se manter adequadamente também com o progenitor com quem não se vive regularmente.

Se estamos de acordo que na situação presente as crianças têm um desenvolvimento adequado, creio que isto é um indicador de que elas estão recebendo um tratamento e um cuidado ambiental também adequados às suas necessidades.

Gostaria de finalizar lembrando que, quando ocorre uma separação da criança da pessoa com quem ela tem um vínculo significativo (que pode ser a mãe ou não), e esta separação traz prejuízos ao seu desenvolvimento, estes prejuízos costumam se manifestar de forma bastante clara e evidente, alterando imediatamente o comportamento da criança, seus hábitos e suas relações, de tal modo que isto fica difícil de não ser percebido por qualquer um que tenha contato com ela. Não me parece que no presente caso qualquer uma destas alterações tenha ocorrido, nem com a F. e nem com o S. B.

São Paulo, 20 de outubro de 2000.

DR. S. H.

C.R.M. N°, YYYYY – SP

Médico Psiquiatra Infantil

Psicanalista

Professor [nome da escola].

(grifo nosso)

Percebe-se pela declaração que o pai das crianças solicitou uma avaliação clínica do psicoterapeuta como uma apreciação da avaliação psicológica realizada pela Assistente Técnica que era alvo da denúncia. O psicoterapeuta identifica o contexto do pedido de declaração, os limites de sua ação e busca realçar no laudo psicológico da Assistente Técnica o que tem de convergente. O terapeuta não se contrapõe diretamente à posição da Assistente Técnica como talvez fosse o desejo do pai.

Repare o leitor que, apesar da posição enunciada no início de que "tomaria os interesses DELES em primeiro plano e me manteria numa posição de neutralidade quanto às disputas jurídicas", o psicoterapeuta cruza tal limite quase ao final da declaração.

> Torna-se um problema para as crianças (cujos interesses devem ser preponderantemente considerados) se ocorrerem trocas da função da guarda, pois isto as obriga a viver uma situação de instabilidade ambiental a cada mudança, principalmente durante os primeiros oito a dez anos de vida.
> Se estamos de acordo que na situação presente as crianças têm um desenvolvimento adequado, creio que isto é um indicador de que elas estão recebendo um tratamento e um cuidado ambiental também adequados às suas necessidades.

É de uma forma bastante delicada, mas bem articulada que o argumento é montado: as crianças precisam de estabilidade para estarem bem; as crianças estão bem; se estão bem é porque estão bem cuidadas e, "em time que está ganhando"... É quase como um raciocínio que deve ser finalizado pelo leitor, como se nós mesmos é que chegássemos a tal conclusão. O terapeuta não afirmou nada, aliás, afirmou que não ia afirmar!

Como nos interessa o estudo do laudo enquanto um documento escrito sobre a matéria psi, resolvemos incluí-lo em nossa análise mesmo tendo ela sido feita por um psiquiatra. A estrutura não difere daquilo que é preconizado pela Resolução CFP 03/2007. Possui os dados de identificação, discriminando quem solicita, o objetivo, que são as pessoas atendidas e com qual finalidade, as técnicas empregadas, os dados obtidos, a conclusão e uma "apreciação" ao final. Tudo é apresentado em uma linguagem simples, sem termos técnicos incompreensíveis ou pensamentos elípticos que escondem a forma de encadeamento do raciocínio. Do ponto de vista lógico apresenta uma contradição entre a postura inicial e o que sugere ao final, mas de uma forma tão elegante que se chega a pensar se nós como leitor não mudamos de ideia ao longo do trabalho tal qual ele mesmo parece ter feito. Como se consegue tal efeito?

Nesse caso, o profissional escolheu não polemizar, procurou pontos convergentes com o laudo psicológico da Assistente Técnica, não reproduzindo a dinâmica do litígio. Ribeiro (1999, p. 163) aponta para o efeito deletério que o laudo pericial pode ter no sistema adversarial, pois eles fornecem argumentos técnicos para as famílias continuarem os processos judiciais por meio dos advogados.

> Assim, nossa atuação auxiliava o Magistrado no processo decisório, porém, não promovia uma melhor qualidade nas relações entre as partes e incorria na possibilidade de oferecer instrumentos para novos conflitos, através do conteúdo dos nossos pareceres, que apontavam defeitos de um e virtudes do outro. Além disso, a sugestão apresentada ao Juiz era alcançada sem a participação das famílias, mantendo-as num papel passivo quanto ao processo de decisão de suas questões, retirando-lhes a responsabilidade pela manutenção do litígio e, consequentemente, pela resolução do mesmo.

O dilema colocado acima opõe o laudo (enquanto resultado do trabalho de avaliação) e o horizonte ético de nossa intervenção (auto-conhecimento e responsabilização pelos próprios atos e consequências). Tal oposição ocorre, em nosso entender, pelo objetivo institucional (dirimir conflitos) e o modelo precípuo para isso (modelo adversarial do

Direito) que entra em choque com uma ideologia bastante arraigada entre os profissionais psis de que é o outro que "sabe o que é melhor para si". Se o leitor concordar com as três asserções acima, acompanhará nosso raciocínio quando afirmarmos que o ponto passível de crítica da participação do psicólogo nas disputas judiciais é quando sai de seu lugar, abandona sua ética e perde seu objetivo de vista.

Um psicoterapeuta infantil só corre risco de ser processado no CRP-06 se ele fizer algo além do que sua competência e seu lugar lhe permitem (ou fizer mal o que se propõe, é claro). Ser terapeuta de uma criança não lhe dá nem direito e nem prerrogativa de questionar o poder familiar de seus responsáveis, principalmente na esfera jurídica. A única exceção ao caso é quando o profissional tem dúvidas fortes o suficiente de que os responsáveis por seu paciente estejam negligenciando seus deveres a ponto de colocar em risco a criança em tela segundo o Estatuto da Criança e do Adolescente[86].

Contudo, vimos pelos meandros da esfera institucional do judiciário e por meio da lógica adversarial do Direito como o psicólogo é utilizado como perito, testemunha e assistente técnico, porque essas são as figuras jurídicas possíveis na forma como está articulada a "entrada" do profissional psi. Isso não quer dizer que o psicólogo não possa se deslocar de tais lugares, inventar novas formas de intervenção e atuação. O que procuramos enfatizar é que a lógica jurídica de base não pode ser desconsiderada. Algumas pessoas que se apresentam às entrevistas psicológicas afirmam que "não querem briga", justificam que estão no processo "porque estão se defendendo do outro". "Quando um não quer, dois não brigam" não funciona na Vara da Família...

Do outro lado, a face complementar do mesmo problema é o desconhecimento dos operadores do Direito das particularidades dos psicólogos que se dividem em psicólogos que fazem avaliações clínicas, seleção de pessoal, atendem em psicoterapia individual, de casal, de família, e assim por diante[87].

---

86 Art. 13. Os casos de suspeita ou confirmação de maus-tratos contra criança ou adolescente serão obrigatoriamente comunicados ao Conselho Tutelar da respectiva localidade, sem prejuízo de outras providências legais.

87 Recentemente, em uma reunião com uma juíza, a colega explicava a questão da atuação por vezes conflitiva entre o Perito e o Assistente Técnico. No meio da argumentação da colega psicóloga, a juíza a interrompeu porque não estava entendendo onde residia o problema. No entender dela estava clara a distinção de atuação entre o psicólogo e *o assistente social*...

7.4. AS SENTENÇAS E AS PENALIDADES

Discriminamos na Tabela 5, a seguir, a distribuição das penalidades resultantes dos julgamentos. Para a confecção da tabela utilizamos a mesma formatação de Frizzo (2004) com a diferença que especificamos as categorias de PE's e PDE's.

Tabela 5 – Distribuição percentual e frequência de PE's e PDE's segundo os tipos de decisão no julgamento do CRP-06

Decisão do CRP	PE	PDE	Total	Percentual
Absolvição ou Arquivamento	7	13	20	64,5
Advertência	6		6	19,3
Censura Pública	1		1	3,2
Suspensão do Exercício Profissional por 30 dias	1		1	3,2
Prescrição	2	1	3	9,6
Total	17	14	31	100,0

Fonte: Elaboração do autor (2009).

Os números revelam que 64,5 % das denúncias cuja queixa se relacionava a laudos psicológicos envolvidos com a Vara da Família terminaram em absolvição ou arquivamento. Relembrando que os casos são arquivados quando na defesa prévia o Relator considera suficientemente explicada a conduta do profissional e não vê motivos para enquadrá-lo em uma suposta infração ao Código de Ética Profissional.

Os dados revelam também que a modalidade de punição mais empregada é a da Advertência (vide Art. 62 do Código). O psicólogo é formalmente chamado ao CRP e recebe a Advertência. Ela é pessoal e por escrito, restringindo-se ao âmbito do CRP, na medida em que o psicólogo julgado a recebe em presença do Presidente do CRP, na sede do Conselho, e o seu registro permanece no cadastro de dados do psicólogo no CRP pelo prazo de 5 anos, sendo retirado após esse período. A aplicação da pena de Advertência também comparece na amostra de Frizzo (2004) como a mais frequentemente aplicada (60,9% dos casos julgados).

Chamamos a atenção para o fato que Frizzo (2004) trabalhou com uma amostra de 23 casos do CRP-12 de 1992 até 2003. O universo de nossa amostra é mais restrito porque não abordou todas as denúncias, mas somente aquelas que têm o laudo psicológico em ligação com a Vara da Família, compreendendo apenas uma parte de tais processos de 1997 a 2005. Ainda assim, temos um número bruto maior de casos.

Isso se deve à abrangência de psicólogos sob a jurisdição do CRP-06, revelando a importância que tem sua atuação em termos de impacto no número total de psicólogos atuantes no país.

Como nossa preocupação não era por uma quantificação estatística dos dados, fizemos uma leitura discriminando momentos do processo de julgamento dos PE's.

Quadro 5 - Julgamento e Sentença em PE

Casos	Voto do Relator	Julgamento/Plenária	Acórdão
Caso 1 – 19/2005	Voto pela ADVERTÊNCIA	Confirmada por 11 votos a 7.	CULPADA de infração ao Art. 1º, "c" e Art. 19º.
Caso 2 – 17/2004	Relatora sugere ARQUIVAMENTO.	Confirmado em 06/04/06.	INOCENTE.
Caso 3 – 06/2004	Voto pela ADVERTÊNCIA. CULPADA pela infração ao Art. 1º, "c"; Art. 2º, "m" e Art. 3º, "b".	Contrária. ARQUIVAMENTO por 11 votos contra 3.	INOCENTE.
Caso 4 – 01/2003	Voto pela ADVERTÊNCIA.	Confirmada a penalidade por unanimidade	CULPADA da infração do Art. 1º, "b" e "c" e Art. 2º, "l" e "m".
Caso 5 – 03/2003	Voto pela ADVERTÊNCIA. CULPADO pela infração do Art. 1º, "c" e "a"; Art. 2º, "i" e Art. 3º, "a". Não houve infrações do Art. 1 º "f" e Art. 8º.	Contrária. 11 votos contra 1 pelo ARQUIVAMENTO por falta de materialidade.	INOCENTE.
Caso 6 - **14/2002**	Voto pela SUSPENSÃO POR 30 DIAS. CULPADA da infração do Art. 1º, "a" e "c"; Art. 2º, "l" e "i" e "m"; Art. 3º "b" e Art. 26º. Contudo, não teria havido infração do Art. 2º, "i".	Em termos. 6 votos pela CENSURA PÚBLICA, 5 seguem o voto da Relatora e 2 pela Advertência. No CFP houve a EXTINÇÃO DO PROCESSO por decurso de prazo.	PRESCRIÇÃO
Caso 7 – 18/2004	INOCENTE nos Arts. 1º e 2º. CULPADA no Art. 19º. Voto pela ADVERTÊNCIA.	Contrário. ARQUIVADO por 8 votos contra 6.	INOCENTE. Art. 1º "c", Art. 2º "m" e Art. 19º
Caso 8 - **11/2002**	Voto pela ADVERTÊNCIA. CULPADA no Art. 2º, "m".	A Plenária confirma. O CFP confirma e mantém a pena.	CULPADA.
Caso 9 – 09/2002	Voto pela CENSURA PÚBLICA.	Em termos. 13 votos contra 1 confirma a materialidade do fato, mas por 8 votos contra 4 (Censura Pública) e (1) multa, a pena é alterada para ADVERTÊNCIA.	CULPADO.
Caso 10 - **06/2002**	Voto pela ADVERTÊNCIA.	Confirmado. 10 votos a 3 pela materialidade e pela aplicação de ADVERTÊNCIA. CFP confirma após diligência, a pena de ADVERTÊNCIA.	CULPADA Não houve infração do Art. 1º, mas houve do Art. 2º "m".

Casos	Voto do Relator	Julgamento/Plenária	Acórdão
Caso 11 – 04/2001	Voto pelo ARQUIVAMENTO, entendendo que não houve relacionamento profissional.	Confirmado. 13 pela improcedência e 1 pela materialidade.	INOCENTE.
Caso 12 - **15/2000**	1º relator se manifesta pelo ARQUIVAMENTO cumulando com ORIENTAÇÃO da profissional. 2º relator se manifesta pela inculpação nos artigos 19 e 21 com ADVERTÊNCIA.	Plenária acata o voto do 1º relator. Plenária confirma o voto do 2º relator.	Recurso ao CFP fez com que o julgamento fosse convertido em diligência e retornasse ao CRP-06. No segundo recurso ao CFP, o relator considera o processo PRESCRITO.
Caso 13 – 13/2000 Houve pedido de desistência pelo denunciante em função de acordo judicial. Denúncia "ex officio"	CULPADA do Art. 2º, "d", "n"; 1º, "c"; 39º; 4º. INOCENTE do 2º, "f". Relator pede CENSURA PÚBLICA	Contrário. 7 votos contra cinco pela IMPROCEDÊNCIA DO FEITO	INOCENTE.
Caso 14 – 07/2000	Relator considera CULPADA Art. 1ª alínea "c"; Art. 2º alínea "l". Recomenda cassação do registro ad referendum do CFP	Em termos. INOCENTE quanto ao Art. 1º alínea "a", bem como o Art. 17º. PENA DE SUSPENSÃO DO EXERCÍCIO PROFISSIONAL POR 30 DIAS (TRINTA) dias. CFP confirma a pena.	CULPADA
Caso 15 – 03/99	CULPADA nos artigos 1º, "c"; 2º, "l" e "m"; Art. 17º; Art. 26º. VOTO pela ADVERTÊNCIA.	Confirmado. ADVERTÊNCIA por 10 votos contra 1, inocentando a psicóloga dos Art. 17 e 26.	CULPADA nas infrações aos artigos 1º, "c"; Art. 2º, "l" e "m"
Caso 16 – 09/98	INOCENTE nos artigos: 2º-i; 3º-a; 1º-c; CULPADA no restante e voto pela ADVERTÊNCIA.	Confirmado. Sete votos e três abstenções pela ADVERTÊNCIA.	CULPADA Art. 3º, "b"; Art. 21º; Art. 24º; Art. 26º; Art. 29º.
Caso 17 – 01/98	INOCENTE. Voto pelo ARQUIVAMENTO	Confirmado por unanimidade.	INOCENTE.

Fonte: Elaboração do autor (2009).
Nota: os casos em negrito tiveram recurso no CFP.

Discriminamos no Quadro 5 qual é o caso, o voto do Relator da COE ou da Comissão de Instrução, o julgamento da Plenária (e do CFP) e o acórdão (isto é, a sentença final). Discriminamos quando a Plenária confirma ou contraria o voto do Relator, bem como os casos em que confirma em parte. O Caso 14 PE 07/2000 que teve a penalidade mais grave da amostra foi ao CFP para confirmação como reza o CPD.

Após julgado o processo ético, o CPD prevê a possibilidade do recurso para ambas as partes, caso se mostrem insatisfeitas com o resultado produzido. Assim, existem duas situações em que é possível recorrer da decisão: 1ª) quando do arquivamento do PDE, após a defesa prévia do psicólogo denunciado, e 2ª) quando da emissão da sentença do julgamento (acórdão) no âmbito do CRP.

Uma vez encaminhado o recurso, a COE do CFP analisa novamente o material produzido, considerando vários aspectos, entre os quais podemos citar a garantia da correção dos trâmites processuais (exemplo do Caso 12), conforme previstos na legislação pertinente (CPD, Código de Ética, Resoluções e outras), a garantia de defesa do psicólogo, a suficiente produção de provas indicadas no processo, ou outros aspectos que julgar pertinentes em cada caso (Caso 6 – extinção por decurso de prazo).

Quando necessário, o processo retorna para a origem – o CRP – para posteriores investigações ou produção de provas, podendo ser a retomada dos depoimentos ou outro procedimento indicado pela sua avaliação, em parecer anexo (Caso 10, Caso 12). Caso não haja necessidade, a COE - CFP procede o novo julgamento em sessão Plenária para esse fim, podendo ou não alterar a penalidade aplicada (confirma nos Caso 8 e 10).

Após o acórdão produzido na instância federal, o processo ético retorna ao Conselho Regional para a aplicação da penalidade. Lembrando Frizzo (2004, p. 17) quando se refere à importância da função dos CRP's:

> O exercício de uma profissão se dá no campo social. A partir daí, como que se 'descolam' da responsabilidade única e individual do sujeito para ser mediatizada institucionalmente pelos agentes responsáveis pela orientação, fiscalização e normatização da conduta profissional e pela proteção da sociedade contra os prejuízos por ela causados (os Conselhos Profissionais).

Concordamos com a autora acima quando conjuga à responsabilidade individual do profissional a responsabilidade da categoria "mediatizada institucionalmente" pelos agentes conselheiros legitimamente eleitos. Da mesma forma, a denúncia aos CRP's funciona como uma forma de proteção da sociedade frente a abusos e prejuízos causados por alguns de seus membros.

Como nos diz Foucault (1973/1999) o processo de normalização não é necessariamente contrário ou diferente do processo de normatização, entendido no sentido aplicado acima de estabelecer normas de condutas técnicas e éticas enquanto regras para todos os membros da categoria profissional. Interessantemente, podemos considerar a denúncia, do ponto de vista do Denunciante, um recurso jurídico para se contrapor ao efeito de saber-poder do psicólogo sentido como prejudicial a si e aos seus interesses. Ou seja, a denúncia permite uma resistência ao efeito de normalização que o laudo psicológico propõe quando, por exemplo, classifica um genitor de adequado e o outro de inadequado, segundo uma perspectiva que é do Direito e não da Psicologia.

Não queremos dar a impressão que consideramos o psicólogo isento do exercício de seu saber-poder, contribuindo para a normalização do indivíduo, simplesmente por realizar o laudo psicológico isento de falhas. Do ponto de vista foucaultiano, é o contrário. Da forma como entendemos, a normalização é claramente reconhecível se admitirmos que a função da avaliação psicológica é conhecer melhor o sujeito, a dinâmica intra e intersubjetiva e o contexto social, histórico e institucional em que se insere. Ora, isso para Foucault é enredar o sujeito na malha de poder que recobre o tecido social (FOUCAULT, 1979, p. 7-8).

Contudo, essa constatação não deveria impedir o psicólogo de fazer o seu trabalho, seja na prática privada ou pública. Só não pode ser desculpa para fazer um trabalho mal feito. Para isso, o CRP cumpre sua função normativa e educativa, tanto para os próprios psicólogos quanto para o público em geral beneficiária/consumidora de seus serviços. Por meio da sentença (acórdão), o CRP (e ou CFP) pune aqueles que fazem um trabalho mal feito e faz justiça àqueles que têm razão. Ao fazê-lo se torna uma outra arena jurídica em que os conflitos que não foram possíveis de serem abarcados pelo processo judicial em Vara de Família encontram novas oportunidades de confrontos e resoluções.

Passemos na próxima seção a abordar a questão da duração dos julgamentos dos PE's e dos PDE's. Com este item encerramos a apresentação dos Resultados da presente pesquisa.

7.5. A DURAÇÃO DO JULGAMENTO

Apresentamos o Quadro 6 a seguir discriminando as datas de início e término de cada caso. Consideramos início, a data de entrada da queixa no CRP-06 e término quando transcorre o tempo regulamentar para que qualquer dos lados recorra da decisão de arquivamento ou quando é aplicada a penalidade imposta.

Quadro 6 - Duração do Julgamento dos PE's

Caso	Data de Início	Data de Término	Duração
Caso 1	08/08/02	02/02/06	3 a. e 7 m.
Caso 2	17/06/02	06/04/06	3 a. e 10 m.

Caso	Data de Início	Data de Término	Duração
Caso 3	02/07/02	28/10/05	3 a. e 3 m.
Caso 4	08/08/01	03/12/04	3 a. e 4 m.
Caso 5	09/08/00	22/09/04	4 a. e 1 m.
Caso 6	18/03/96	15/04/04	8 a. e 1 m. prescrição
Caso 7	18/03/02	11/03/05	3 a.
Caso 8	26/06/00	16/02/05	4 a. e 4 m.
Caso 9	12/06/01	24/07/04	3 a. e 1 m.
Caso 10	18/01/01	10/11/05	4 a. e 10 m.
Caso 11	07/12/99	29/07/04	4 a. e 5 m.
Caso 12	30/09/96	29/11/02	6 a. e 1 m. prescrição
Caso 13	20/01/99	05/11/03	4 a. e 9 m.
Caso 14	05/10/98	11/04/03 (CFP)	4 a. e 6 m.
Caso 15	11/12/97	09/06/03	5 a. e 6 m.
Caso 16	12/05/95	14/11/00	5 a. e 6 m.
Caso 17	19/04/96	15/07/02	6 a. e 3 m.

Fonte: Elaboração do autor (2009).
Nota: os casos em negrito tiveram recurso no CFP.

O tempo médio para o julgamento dos PE's ficou em torno de 4 a. e 7 m. com um mínimo de 3 a. e o máximo de 8 a. e 1 m. Os Casos 6 e 12 da amostra foram extintos pelo tempo decorrido e correspondem a metade dos que entraram com recurso no CFP.

Como não temos dados comparativos não sabemos se o tempo despendido para o julgamento é equivalente a outros tipos de casos. O envolvimento com o sistema judicial pode ter sido um fator componente na dificuldade de avaliação de todas as provas e recursos. A consulta ao Setor Jurídico é bastante assídua ao longo do trâmite do julgamento a fim de avaliar se existem riscos à validade do processo e o respeito ao princípio do contraditório e possibilidade de ampla defesa. O procedimento de instrução de provas faz constar vários documentos, declarações, testemunhos e laudos periciais.

Quadro 7 – Data de início e arquivamento dos PDE's

Numeração do Caso PDE	Entrada - Arquivamento	Duração em meses
Caso 1 - P.D.E. 16/05	04/03/05 – 10/05/06	14 meses
Caso 2 - P.D.E. 100/04	30/11/04 – 15/03/06	16 meses
Caso 3 - P.D.E. 77/04	05/10/04 – 07/11/05	13 meses
Caso 4 - P.D.E. 87/04	13/09/04 – 17/03/05 (Prescrição)	6 meses

Numeração do Caso PDE	Entrada - Arquivamento	Duração em meses
Caso 5 - P.D.E. 44/04	04/08/04 – 21/09/05	13 meses
Caso 6 - P.D.E. 37/04	13/07/04 – 03/10/05	14 meses
Caso 7 - P.D.E. 36/04	13/07/04 – 26/09/05	13 meses
Caso 8 - P.D.E. 25/04	25/11/03 – 22/04/05	16 meses
Caso 9 - P.D.E. 22/04	23/04/04 – 29/11/05	18 meses
Caso 10 - P.D.E. 21/04	05/04/04 – 22/11/05	19 meses
Caso 11 - P.D.E. 15/04	22/04/04 – 25/11/04 + Envio ao Ministério Público	6 meses
Caso 12 - P.D.E. 11/04	12/03/04 – 11/07/05	15 meses
Caso 13 - P.D.E. 27/03	02/06/03 – 05/08/04	14 meses
Caso 14 - P.D.E. 46/03	23/09/03 – 22/11/05	13 meses

Fonte: Elaboração do autor (2009).

O tempo mínimo para o Arquivamento de um PDE encontrado na amostra é de 6 m. e o tempo máximo foi de 19 m. Em média, a denúncia pode levar até 14 m. para ser arquivada. Sete casos levaram entre 13 e 14 meses para serem arquivados e o processo extinto. Tanto para o psicólogo Denunciado quanto para o Denunciante, pode ser um tempo muito longo de espera e expectativa. Há casos em que o juiz da causa de Família envia ofício ao CRP solicitando celeridade no julgamento, visto que ficava na dependência do resultado para considerar ou não o trabalho psicológico contestado.

A passagem do tempo também pode fazer com que o processo atinja o limite de tempo para julgamento, causando a prescrição por decurso de prazo. Vimos três casos na nossa amostra. Encontramos quatro casos de PE's com recurso ao CFP, em que dois foram extintos por prescrição. Isso representa metade desse subgrupo. Se metade dos recursos terminarem em prescrição, ao se dar ampla possibilidade de defesa e não se cuidar para os prazos, teremos a situação que os operadores do Direito gostam de citar: "Justiça que tarda é justiça que falha".

8. CONCLUSÃO

"Eu mantenho seis empregados honestos
Que me ensinaram tudo que sei;
Seus nomes são: O quê, Por que e Quando
Como, Onde e Quem.
Enviei-os para Leste e Oeste
Enviei-os por terra e mar
Mas depois de todo este trabalho para mim
Mandei-os descansar" (KIPLING, 1922 *apud* BION, W. 1991, p. 185).

Bernardo Jablonski, psicólogo social da UERJ e PUC-RJ, discute a "crise do casamento" em seu livro Até que a vida nos separe - A crise do casamento contemporâneo. A partir de farta bibliografia de trabalhos de psicólogos, antropólogos, sociólogos e historiadores, o Autor vai discutindo as razões que levam ao aumento do número de descasamentos no mundo atual.

A partir de uma apreciação histórica da família, o Autor cunha o termo "fam-ilhas" para designar sua feição atual:

> A família veio gradativamente se transformando em uma ilha, à medida que foi encurtando, perdendo membros tanto pela diminuição do número de filhos e pela "expulsão" de agregados e serviçais quanto pelas menores possibilidades de contato com o "resto" da família. (JABLONSKI, 1998, p. 51).

O Autor defende a tese de que a família perdeu, gradativamente, sua função econômica de garantir a sobrevivência a seus membros, à medida que o individualismo e a independência iam sendo valorizados. A fam-ilha se transforma em um lugar em que o afeto ocupa um "papel inflacionado". "Passou de secundário a fundamental: antes "distribuído" pela família mais extensa (e pela comunidade, bem mais próxima que hoje em dia), "concentrou-se" em alguns poucos membros, que passaram a ter então uma importância capital." (p. 56).

Isso se correlaciona com nossa observação das famílias que buscam no Judiciário uma comprovação de seu afeto: "Estou na justiça porque amo meu filho..." O laudo psicológico é esperado como o "operador de verdade" (FOUCAULT, 1973/1999), que vai revelar "cientificamente" o estatuto de realidade do amor desse genitor em comparação ao outro. Nos pratos da balança da Justiça, o laudo deve pender para o coração mais carregado de amor... ou ódio! Amor = inocente; ódio = culpado...

O afeto e a preocupação com o filho são os argumentos mais utilizados por pais em confronto no Judiciário. Em consonância com o discurso avalizado institucionalmente do "melhor interesse da criança", os pais advogam sempre a intenção de colocar os interesses dos filhos acima dos próprios. Não foi sempre assim... No desenvolvimento da família no Brasil, Costa (1983, p. 153) revela o longo percurso que levou para a família colonial "ser colonizada" pelas normas higiênicas, elegendo os filhos como prioridade e retirando-os de uma posição periférica, instrumental.

> No casamento idealmente concebido pela higiene o casal olhava o futuro e não o passado. Seu compromisso era com os filhos e não com os pais. A escolha do cônjuge estava manietada a esta proposição. O cuidado com a prole converteu-se, por esta via, no grande paradigma da união conjugal (COSTA, 1983, p. 319).

Como o amor e o afeto vieram a ocupar um lugar tão destacado na família atual? Uma colega assistente social, já aposentada, costumava brincar com a mudança da posição dos filhos na família: "Quando eu era criança a melhor parte do frango no almoço da família ia para o pai; depois de casada e com filhos " o melhor pedaço, agora, ia para eles. Eu continuo comendo a mesma parte"!

Ferry (2007, p. 92), filósofo francês, pensa que o surgimento de uma nova concepção de casamento e a paixão pelos filhos foi uma "questão do sentido da vida que se viu revirada de cima a baixo: pois a partir dali seria o amor profano " e não mais o amor a Deus " a dar à existência dos indivíduos a sua significação mais manifesta". Esse Autor faz um painel histórico-político do desencantamento do mundo e do medo como a "paixão dominante das sociedades democráticas" que vai desembocar na redescoberta da família.

Ele chama de "projeto de um humanismo pós-metafísico, pós-nietzschiano, pós-vanguardista ou pós-desconstrucionista" o fato da transcendência de antigamente (ligada à noção de Deus, Estado, Pátria) ter sido transferida para as transcendências "horizontais." (p. 96).

> Para fazer uma analogia que nos leve de imediato ao cerne dessa interrogação, pode-se dizer o seguinte: assim como a globalização veio encarnar, de maneira paradoxal, o imenso movimento de desconstrução dos ideais anunciado pela crítica nietzschiana do niilismo, da mesma maneira é a emergência progressiva de uma verdadeira "divinização do humano" que, sob o efeito das evoluções da família moderna, vai dar corpo à ideia de

uma transcendência "horizontal", de um sagrado encarnado no coração da humanidade e não mais, como antes, em entidades "verticais", superiores e externas a ela. Daí, como vamos ver, a completa reviravolta das relações entre política e vida privada a que assistimos atualmente e que precisamos considerar. Para além das aparências enganadoras, a verdade revelada ultimamente pelos nossos melhores historiadores das mentalidades é que o único laço social que nos últimos dois séculos se aprofundou, intensificou e enriqueceu foi o que une as gerações no seio da família. Frequentemente decomposta, situada fora do casamento ou sem dúvida recomposta, no entanto menos hipócrita, mais autêntica e mais atraente do que nunca na história: é este o paradoxo da família moderna. É nela, e talvez apenas aí, que subsistem e até se aprofundam formas de solidariedade de que o restante da sociedade, dominado quase exclusivamente pelos imperativos da competição e da concorrência, quase não tem mais conhecimento. É diante dos nossos próximos, daqueles que amamos e, sem dúvida por extensão, diante dos demais humanos, que espontaneamente nos disponibilizamos a "sair de nós mesmos", a recuperar a transcendência e o sentido, em uma sociedade que mobiliza o tempo todo tendências contrárias. E esse dado pode parecer trivial, mas não é: longe de ser óbvio, é, como veremos a seguir, fruto de uma história singular, amplamente específica da Europa e de seus satélites." (FERRY, 2007, p. 74-75).

Reconheçamos que uma grande parte de nossa energia e preocupação é voltada aos filhos, "uma edição ampliada e melhorada de nós mesmos", como ouvi certa vez de um colega. O nosso relacionamento social é formado pelas pessoas com as quais trabalhamos, com poucos amigos de longa data e com os pais dos amigos de nossos filhos que nos ajudam nas caronas, na compra de livros de escola, na indicação de babás etc. É desse compartilhamento de interesses comuns que Ferry (2007) vê a possibilidade de um projeto político viável na atualidade, sendo ele mesmo ex-ministro da Educação da França de 2002 a 2004. Afinal, o sacrifício das pessoas, hoje em dia, está em função de contribuir para um futuro melhor para os filhos.

Esse investimento afetivo nos filhos justifica o investimento financeiro e de energia nos litígios em Vara de Família. O agravante é que o homem e a mulher (justamente os detentores do poder familiar da criança em questão) se postam um contra o outro com "os imperativos da competição e da concorrência", em um movimento de cento e oitenta graus em relação ao afeto que se chegou a pensar que existia entre eles. O máximo de sacrifício em relação ao filho coexiste com a mínima solidariedade pela figura do outro corresponsável pela vida daquele.

Tal embate não cabe dentro dos limites das regras jurídicas. O advogado contratado, às vezes, não consegue segurar o seu ou sua "cliente".

Este ou esta se mostra ressentido (a), injustiçado (a) e se manifesta, em atos e palavras, ao juiz, ao promotor e a todos que participam da arena jurídica, em que se encena esse drama privado.

Retomemos o trabalho de Souza (1999) em sua análise dos processos de divórcio da amostra de imigrantes na sociedade paulista de 1890 a 1930. A pesquisadora é tomada, via a leitura dos autos, pelo clima afetivo da disputa que buscava no judiciário uma solução.

> Uma outra característica interessante destes processos de divórcio de imigrantes é o fato de que as petições parecem escapar daquilo que para a lei e para o aparelho jurídico apresenta-se como uma questão válida para o dissídio. Algumas petições não se apresentam traduzidas pelo jargão jurídico, mas levam a julgamento questões banais, cotidianas, formuladas de modo concreto. Constitui uma injúria grave uma briga conjugal provocada, sobretudo ou apenas, porque a mulher pagou por um ovo 200 mil réis? Constitui injúria grave servir ao marido refeições frias? É injurioso o comportamento da mulher que tome o bonde antes de esperar que o marido feche o portão? O aparelho judiciário foi obrigado não só a integrar tais questões, como muitas vezes os escrivães incorporaram nos autos aquilo que constitui uma característica básica do universo feminino desses bairros: a instrumentalização da sociabilidade, da ajuda mútua, e de tensões por meio do discurso oral. Os autos não conseguem conter, também, nas respostas das mulheres envolvidas, a sua extrema loquacidade. Deixam transparecer as exclamações, as pausas, o tom queixoso, indignado ou irônico, as construções peculiares da oralidade das mulheres autoras dos processos e de suas testemunhas. (grifo nosso).

Naquela época não existia ainda o recurso à perícia psicológica. Nos dias de hoje, é por seu meio que as condutas, as manifestações de afeto e tudo aquilo que não cabe "no jargão jurídico" vai ser normalizado em termos psicológicos alinhados às últimas descobertas e teorias científicas. O discurso psicológico permite que a dinâmica familiar intempestiva seja "traduzida" em termos inteligíveis ao discurso jurídico. Daí a sua utilidade.

Portanto, quanto mais preciso o discurso psicológico puder ser na identificação das questões psico-legais, maior será sua utilidade, pois tal discurso será de uma matéria mais homogênea ao discurso jurídico. Se a apropriação do conflito intra e intersubjetivo que o psicólogo faz for traduzido em termos simplesmente clínicos, será a substituição de um discurso "incompreensível" (a da família) para outro (a do psicólogo).

A utilidade do laudo psicológico é de pasteurizar o discurso familiar, promovendo uma distância "segura" do drama familiar para o julgador, colocar os conflitos e as demandas em termos "cientificamente" racionais e objetiváveis, quantificar o que significaria "pagar 200 mil réis por um ovo" ou "a mulher não esperar que o marido feche o portão antes de subir no bonde". Seria o mesmo de criar categorias pelas quais o juiz possa julgar se "pernoite de uma criança de um ano de idade para um pai que mora sozinho" é aceitável, frente "a necessidade de crianças pequenas não se afastarem da mãe". A normalização permite criar tais categorias e por isso o trabalho de avaliação psicológica não foge dela. A normatização é a jurisprudência que o magistrado cria ao elaborar sua compreensão exarada em sentença.

Verificamos pela amostra pesquisada que os laudos psicológicos considerados bons (no sentido de não conterem faltas técnicas ou éticas) somam 20 laudos de 31 (64,5 %). Oito foram considerados ruins (25,7 %) e três (9,6 %) atingiram o prazo para sua prescrição. Mesmo se somarmos os três da última categoria aos oito dos sabidamente ruins ainda teríamos um percentual menor de laudos ruins. Portanto, do ponto de vista institucional da Psicologia, a par de toda a dificuldade da redação de um trabalho dentro do contexto jurídico-familiar que procuramos apresentar, podemos dizer que a maioria dos psicólogos consegue produzir um documento proveniente de avaliação psicológica (ou psicoterapia) que se sustenta. Poder-se-ia contra-argumentar que 64,5 % não é uma margem muito boa, que seria preferível termos um número maior de laudos bons, com o que concordamos inteiramente.

Apreciando mais de perto os laudos produzidos, verificamos que suas falhas extrapolam as orientações possíveis de serem feitas de uma maneira genérica como as de Cruz (2003 op. cit.). Apontaremos a seguir as recomendações do Autor e exemplos retirados dos laudos analisados que poderiam ser melhoradas se seguissem tais orientações:

1. "Sobre a linguagem a ser utilizada na redação dos laudos, deve-se estar atento à linguagem utilizada na comunicação científica, o que significa dizer primar por um texto objetivo, coerente e consistente" (itálicos nossos). Veja-se o caso PDE 07/2000, em que a psicóloga analisava a "figura paterna" que não era o pai "real".

2. Evitar "emissão de juízo de valor: "personalidade fraca", "bom temperamento", "extroversão exagerada":

- "A psicóloga designada para este contato foi escolhida especialmente para esta atividade, pois é delicada, doce e educadíssima..."

- "Cabe lembrar que a espontaneidade observada durante as atividades lúdicas realizadas assim como na expressão gráfica de seus desenhos não há como duvidar de sua veracidade pois é uma idade em que a espontaneidade é a grande virtude nata e uma criança nessa idade não tem estrutura psíquica para sustentar uma mentira." (exemplos do laudo do Caso PDE 100/2004 elaborado pela equipe de psicólogos atuando como Assistentes Técnicos).

3. Evitar "dogmas: "inseguro a tal ponto que somente poderá superar suas dificuldades através de auto-ajuda"; "apesar de instável, acreditamos em seu pleno restabelecimento emocional":

- "Enquanto requerente e requerida necessitarem da mediação da justiça na resolução dos conflitos relacionados ao seu filho, este será sempre o único prejudicado, pois será o depositário de toda frustração vivida pelos pais" (laudo da perita do Caso PDE 100/2004).

4. Evitar "incorreções teóricas e técnicas: "falta maturidade", "não dispõe de recursos intelectuais":

- "Mantêm seus ídolos e mentaliza a ajuda deles em sua caminhada. Revela-se, portanto dependente de âncoras para agir com maturidade e autonomia" (laudo dos Assistentes Técnicos do PDE 100/2004).

5. Evitar "impropriedade na escrita e no uso de termos: "estados emocionais o assaltam e o perturbam"; "é um indivíduo acometido de ímpetos agressivos"; "demonstra certa superioridade intelectual"; "mostra falsas reações"; "é uma pessoa tipicamente imprevisível"; "seu desempenho na avaliação foi muito razoável"; "demonstra um comportamento problemático":

- "Porque quanto mais contato com o paciente tiver com a perturbação, impulsividade e agressividade, que nesse caso é expressa de maneira intensa, poderá gerar no paciente cada vez mais estados emocionais instáveis" (laudo do Caso PDE 07/2000).

Por mais que essas indicações pontuais possam ajudar na redação do laudo psicológico, a problemática encontrada na amostra aponta para algo mais importante em relação à estratégia de avaliação e o objetivo ao qual o laudo supostamente deveria cumprir. Vamos retomar as indagações e as respostas encontradas neste trabalho.

Os laudos considerados falhos o foram por serem alheios às regras do discurso científico (respeitar as regras da lógica formal) e da prática científica (fazer afirmações de pessoa não avaliada). Um recurso do Direito no sentido de se constituírem prova também falhou, uma vez que tendo sido considerados deficientes pelo órgão da categoria seriam insustentáveis enquanto operadores de verdade e, por isso, seriam facilmente impugnados.

Levantamos como hipótese para tais ocorrências que, em primeiro lugar, os psicólogos denunciados teriam produzidos laudos sem conhecimento do campo da Psicologia Jurídica. Em segundo, por ignorarem o modelo adversarial do Direito teriam sido cooptados como aliados do responsável que se apresenta com a criança solicitando ajuda. Por outro lado, indagamos a razão que teria levado aqueles cujo laudo seria utilizado para solicitar algo ao juiz (interrupção de visitas, por exemplo) a fazer afirmações sem fundamentação. Sugerimos que uma deficiência na formação não seria a única razão, ou pelo menos não teríamos como aferir o quanto se deveria a esse fator. Verificamos que alguns dos profissionais têm alguns anos de formado com cursos de especialização, não permitindo creditar a uma suposta falta de experiência profissional tal percalço.

A primeira hipótese nos parece ser possível de ser respondida afirmativamente por duas razões. Em primeiro lugar, vimos que o contingente mais numeroso de psicólogos denunciados pertence ao grupo dos psicoterapeutas de criança ou psicólogos clínicos em realização de psicodiagnóstico (grupo 4) com 21 profissionais denunciados. Se esse grupo se autoidentifica como pertencente à área clínica (muitos colocam o nome e a especialidade como uma logomarca no próprio laudo), não estariam pensando que desenvolveriam uma prática referida à área da Psicologia Jurídica. Em segundo lugar, alguns dos laudos ou declarações trazem indicações para interrupção ou alteração de esquema de visita como recomendação técnica, ignorando a possibilidade da existência do colega, psicólogo judiciário, a ter tal incumbência. Portanto, do mesmo jeito que se ignora uma função específica dentro da área de especialidade da Psicologia Jurídica, reconhecida pelo CFP, também não se atenta ao fato de que estaria havendo uma sobreposição de papéis: o clínico, tendo a criança como objeto de sua ação psicodiagnóstica ou psicoterapêutica, e, o jurídico, ao intervir na instituição judiciária com consequências nos direitos parentais (guarda e visita).

A ignorância do princípio do Contraditório na justiça e como isso se coloca aos seus agentes é outra particularidade que especifica e corrobora a ignorância dos psicólogos denunciados da atuação no campo da Psicologia Jurídica. Como dizem Anderten et al. (1980, p. 764): A participação neste relacionamento [relacionamento dinâmico com o sistema jurídico, com o processo adversarial e seus participantes] pode produzir conflitos e, talvez, insensibilidade em relação a princípios éticos que guiam nossa profissão.

Vale a pena revermos a diferença de concepções e atuações dos profissionais advogado e psicólogo nesse campo. Atente o leitor para o fato de que o laudo escrito pelo psicólogo a ser utilizado no processo judicial é o suficiente para caracterizar a sua ação como a de um agente jurídico. Isso porque o seu laudo vai sustentar um discurso que se opõe ou se soma a de outros agentes do sistema jurídico (juiz, advogados, promotor, perito, assistente social, partes). Para tal compreensão, utilizamos, como mencionado, os assinalamentos feitos por Schmidt (1984) e Guirado (2005).

Anderten et al. (1980) apontam as diferenças entre os papéis do advogado e do psicólogo em relação à verdade. Eles sustentam que a lógica do modelo adversarial está baseada na crença de que a verdade será descoberta quando duas pessoas que possuem pontos de vista diferentes confrontam-se mutuamente, "apaixonadamente", em um debate bipartidário a respeito do mérito e suas conclusões. Há, segundo eles, um contraste com as regras do conhecimento científico em que se pressupõe que uma descoberta pode ser feita por uma pessoa singular, "desapaixonadamente", empregando métodos científicos para fazer todas as observações relevantes e testar todas as possíveis conclusões (p. 765).

Ainda continuando tal comparação, os dois sistemas lidam de forma diferente quanto à tolerância à dúvida. Por uma questão de necessidade, a lei requer a tomada de decisão sobre a "verdade" baseada nas evidências disponíveis em um determinado momento, independentemente da ambiguidade dessas evidências. Por outro lado, o fundamento científico da ciência não requer uma conclusão definitiva a respeito dos problemas sendo investigados. Há, em tese, uma tolerância indefinida para descobertas ambíguas – uma situação considerada necessária sob o risco de se formar conclusões sobre bases inadequadas (p. 765).

No sistema adversarial, dois indivíduos (por meio de seus advogados, no caso da Vara da Família) debatem para chegar a um resultado de ganho ou perda. A função do advogado é defender os interesses de seu cliente garantindo o correto andamento processual e uma apresentação a mais persuasiva possível do mérito de seu cliente. Geralmente, há pouco espaço para imparcialidade para o advogado nesse papel. Embora a maioria das provas possa ser contrária ao seu cliente, o advogado deve sustentar o mérito dos reclamos de seu cliente da forma tão vigorosa quanto possível baseado no que estiver à disposição.

Contrastando com isso, na prática psicológica seja no laboratório ou na clínica, espera-se que o profissional se conduza segundo as normas éticas e a tradição científica de forma diversa. Em princípio, não existe um antagonista no trabalho científico ou clínico. Pode-se prescrever condutas e encaminhamentos de acordo com a avaliação feita do cliente; a ele não é obrigatório o seu cumprimento.

O que acontece no encontro desses dois? Perguntam os Autores:

> A maioria dos psicólogos que se encontram trabalhando neste contexto jurídico, querem ser 'úteis' ao sistema e seus agentes. Para o advogado, os dados psicológicos que não sustentam o mérito de seus clientes não lhe são úteis para cumprir o papel esperado em sua atuação no sistema jurídico. Na arena jurídica, uma vez que é o advogado quem decide o que é "útil" para o seu cliente [que não é a criança], o advogado pode funcionar como um "triador" das informações disponíveis com os quais o psicólogo pode e vai trabalhar. (p. 766).

Anderten et al. (1980) sugerem três possíveis razões que justifiquem o desvio do psicólogo de sua estratégia de avaliação psicológica:

1. Ansiedade em participar da "mística" associada ao tribunal. Podemos citar o caso da psicóloga "fantasma" do caso PDE 15/40 que estava querendo "mostrar serviço", levando-se em conta que fora designada pessoalmente pela juíza da causa para atuar como perita. Nessa situação, principalmente em sustentação oral dos argumentos, pode-se buscar ser mais enfática do que os dados empíricos autorizariam.

2. Interesses pecuniários porque o psicólogo poderia se sentir ameaçado de não ser considerado "útil" ao advogado se ele continuar produzindo provas que não são favoráveis à defesa do seu cliente. Essa é a situação que pode comprometer aqueles que atuam como Assistentes Técnicos. No afã de apresentar argumentos úteis aos advogados maximizam os fatores vantajosos para seu cliente (o advogado ou a parte contratante) e os desvantajosos para a parte contrária. A criança é avaliada no sentido de fornecer subsídios para tais argumentos de parte a parte.

3. Desejo de fazer justiça contra ações feitas contra o tipo de pessoas que o cliente representa. Na minha defesa de mestrado fui questionado se eu não ficava com vontade de "fazer algo" quando via que um dos lados estava sendo "tratado injustamente". Colocando em nossos termos, às vezes não sentimos vontade de atuar nossa contratransferência mesmo sabendo que não seria tecnicamente a melhor coisa a fazer?

A tática do advogado é perscrutar o laudo em busca de evidências que sustentem sua tese, forçando o psicólogo a sair de sua postura de não fazer conclusões peremptórias sobre dados que têm valor indicativo/probabilístico em vez de certezas inabaláveis. Lembremos que em termos de avaliação psicológica, os resultados têm valor indicativo para o curso de uma intervenção terapêutica. Ao invés desse enfoque, o Direito busca nos dados psicológicos certezas na ordem da predição de fatos futuros ou constatação de fatos passados (ANDERTEN et al., 1980; WEINER, 2006).

> The psychologist who assists an attorney and client by providing expert testimony at the attorney's request must, to some extent, adopt the attorney's concern for legal strategy and defense (Brodsky & Robey, 1972) in order to allow the testimony to be heard and integrated as clearly as possible. For many psychologists this can be a new and exciting role – one that has no similar counterpart in science or the mental health system.
> *Although the client's legal welfare is not beyond the purview of the psychologist's ethical responsibility concerning client advocacy, the psychologist's enchantment with this new role in legal processes and estrategies can dull his/her normal sensitivity to the psychological welfare of the client, who is participating in the process.* (grifo nosso).

Voltando a abordar os laudos psicológicos considerados bons, podemos afirmar que elas preenchem as exigências da prova no Direito, ao mesmo tempo que conseguem se sustentar tecnicamente e eticamente frente ao CRP-06. Sendo assim, é perfeitamente possível conciliar as exigências do Direito e da Psicologia para o laudo psicológico ser uma prova válida em Vara de Família, isenta de falhas técnicas ou éticas.

Nesse mesmo sentido, a matéria de que trata a Psicologia é "traduzível" para o operador de Direito, contanto que se respeitem as regras da lógica formal e se procure utilizar uma linguagem acessível. Partindo disso, é imprescindível que o psicólogo domine a terminologia legal em cujo processo estará atuando. No nosso caso em Vara da Família, o profissional psi deveria saber o que é poder familiar, guarda compartilhada, regulamentação de visitas, modificação de guarda etc. Ainda, deveria ter conhecimento dos artigos do Código do Processo Civil que tratam sobre a perícia. Um conhecimento mais específico seriam os provimentos de cada tribunal que podem variar de estado a estado.

O psicólogo jurídico acaba sendo mais sensibilizado para a questão legal pela sua própria atuação que é configurada em função da competência das instituições que lidam com os limites legais. Talvez falte uma atenção aos aspectos legais das diversas instituições aos quais o trabalho do psicólogo pode ser requisitado. Souza (2007, p. 45), falando de uma outra realidade completamente diferente, identificou uma falta de conhecimentos legais no que diz respeito aos fundamentos pelos quais se solicitam avaliações psicológicas com queixa escolar.

> Há ainda um grande desconhecimento do que se passa na escola, incluindo informações legais, fundamentais para um profissional. Isto ocorre em relação às classes especiais, por parte dos supervisores que orientam os atendimentos de avaliação psicodiagnóstica com a finalidade de encaminhamento para salas de educação especial.

A Autora acima aponta não só o desconhecimento dos fundamentos legais, mas também da própria escola pelo psicólogo. O que aproxima nossa reflexão à da Autora é para a consequência de tais laudos que podem "selar destinos". Vimos em nossa pesquisa que as mesmas coisas poderiam ser afirmadas dos profissionais que elaboram laudos para a justiça sem conhecer os fundamentos legais e nem o uso que deles serão feitos na Vara da Família.

A Resolução CFP nº 07/2003 é uma contribuição válida para os psicólogos que elaboram documentos decorrentes de avaliação psicológica, pois permite uma distinção dos diversos documentos (atestado, declaração, laudo ou relatório psicológico e parecer) e fornece uma diretriz mínima para sua confecção. Apesar de contribuir para que o psicólogo não incorra em falhas básicas, ela não é suficiente para impedir erros do psicólogo numa área em que se desconhece a relação dinâmica das forças institucionais em jogo. O mesmo pode ser dito da Resolução nº 06/2019. Para tal, a normatização da redação não tem como e nem poderia dar conta do conhecimento de uma atuação em uma especialidade da Psicologia Jurídica. A tese nº 38 do VI Congresso Nacional de Psicologia (2007) contempla uma recomendação em relação a documentos escritos provenientes de avaliação psicológica[88] que, esperamos, possa preencher essa lacuna por nós apontada.

A ênfase na formação generalista do psicólogo, atual diretriz na formação do psicólogo no Brasil, é contrária a inserção de disciplinas de especialização na graduação da qual a Psicologia Jurídica faz parte. A discussão da problemática ética que caberia na disciplina de Ética Profissional não tem como abarcar as nuances e especificidades de uma atuação em particular, como seria a avaliação psicológica em casos de Vara de Família. Aqueles que se interessarem pela atuação na área poderão se especializar em cursos específicos após a graduação. Ao longo dos anos, vimos o aumento de tais cursos em todas as áreas. Contudo, como vimos que a maioria dos psicólogos denunciados não é psicólogo jurídico, essa problemática permanecerá intocada para aqueles que mais precisam.

O maior grupo de risco é o dos psicólogos clínicos que atendem crianças que podem ser procurados pelos responsáveis ou advogados em busca de uma "simples declaração". Trabalhos como o nosso po-

88 "b) Promover discussões em parceria com a Associação Brasileira de Ensino de Psicologia (ABEP) junto às Instituições de Ensino Superior (IES) para que sejam destacadas nas disciplinas já existentes, técnicas de elaboração de documentos escritos".

dem contribuir para uma maior conscientização de tal problemática. Iniciativas como o do CREPOP (op. cit.) que busca mapear a prática em Vara de Família e produzir um trabalho de referência na área também pode ter um efeito positivo de esclarecer a categoria.

Pudemos observar sobre o que versam as denúncias éticas contra os psicólogos que produzem documentos escritos. As denúncias questionam o caráter científico do trabalho em particular, uma vez que não se questiona a possibilidade da Psicologia enquanto ciência ser utilizada para dar um aval sobre o funcionamento de uma pessoa em particular, haja vista a aceitação do trabalho do perito psicólogo. É o erro técnico ou a postura antiética que é o foco da denúncia. A motivação para tal pode ser atribuído a uma sensação de injustiça e desejo de retaliação por parte de alguns denunciantes, mas não pode ser generalizado.

Nossa pesquisa é documental, partindo da análise das manifestações por escrito nos autos do processo de instrução e julgamento dos processos éticos. Não tivemos acesso às pessoas, denunciantes ou denunciados. A manifestação incisiva, de próprio punho, e a insistência em buscar o recurso do CFP "para uma pena mais severa" indicam as motivações apontadas. Entretanto, em muitos processos há a participação de advogados contratados pelos denunciantes que elaboram as petições. Em outros, o denunciante desiste de continuar o processo ficando satisfeito de ganhar a causa na Vara da Família, revelando que a denúncia foi uma forma de "enfraquecer" a prova no processo judicial, considerado como o foco principal. Em certos casos, vimos que a denúncia ocorre antes da produção de testemunho ou declaração por escrito. Essa manobra seria condizente como uma forma de intimidação e controle do profissional. Em via disso, a própria denúncia pode ser parte da estratégia jurídica dentro do modelo adversarial, na tentativa de influenciar o ganho da causa. É claro que a estratégia jurídica não exclui a motivação psicológica pela sensação de injustiça e desejo de reparação.

O contato com as amostras de PE's e PDE's mostrou que o conteúdo dos laudos psicológicos, naquilo que revelava enquanto estratégia, objeto e objetivo da avaliação, é um aspecto mais decisivo do que o formal, da redação do documento. Uma consequência disso foi reorientarmos a discussão em nossa tese para as questões éticas a partir das estratégias possíveis de avaliação psicológica e como elas se inseririam no campo específico da Vara da Família. Iniciamos nossa pesquisa orientados por uma questão aparentemente de somenos importância, indo desembocar em algumas das questões éticas já assinaladas por Brito (1992).

O principal erro técnico verificado foi o de fazer afirmações sobre pessoa que não foi diretamente avaliada. Atribuímos tal postura ao desconhecimento do modelo adversarial e a assunção de uma posição de "defesa dos interesses da criança". O discurso protecionista à criança veiculado pelo próprio adulto responsável que se volta ao profissional pedindo socorro tem um forte apelo do ponto de vista afetivo. Isso pode se constituir um "ponto cego" para o profissional da clínica não acostumado às manobras legais. Tal discurso sofre ainda um reforço da própria doutrina jurídica do "melhor interesse da criança", motivando o psicólogo a atuar de forma a se aproximar do advogado, ou seja, defendendo aquilo que pensa ser o melhor interesse da criança, considerada como seu cliente. Defender o "interesse da criança" no modelo adversarial foi entendido, pelos psicólogos denunciados, como aliar-se ao responsável "sadio" contra o outro considerado "doente", "inadequado", "agressivo" etc. Esse modelo é chamado de *advocacy*[89] no meio norte-americano, sendo alvo de críticas.

Afirmamos com Tsu (1984) que não considerar um foco mais amplo da demanda pode levar a sérios erros na avaliação. Reafirmamos tal fato a partir da própria dinâmica institucional que contribui para a "demonização" da parte contrária feita a partir de critérios como: certo versus errado, justo versus injusto e vítima versus algoz. Talvez se o psicólogo tivesse um treino e uma vivência maior em atendimento a famílias, esse problema pudesse ser minimizado. O atendimento familiar leva em conta a coexistência de vários pontos de vistas e de conflitos interrelacionais com os quais busca-se trabalhar. Essa vivência aproximaria o profissional de questões ligadas à separação e conflitos envolvendo filhos.

Wallerstein (1990) sugere que fortes reações transferenciais e contratransferenciais atuantes em quem trabalha com uma população voltada à questão do divórcio podem interferir na atuação do clínico quanto dos clientes. Falando sobre a postura "de salvador da criança" observada em certos casos Wallerstein (1990, p. 340) sugere:

---

89 *Serving as an advocate presents, perhaps, the most challenge and probably the most danger in terms of ethical pitfalls for the mental health professional in the courtroom. It would appear that the advocacy role may best be performed in the interest of social action in increasing the self-determination of children in general (Melton, 1987). When one takes an advocacy role in a specific court action, the mental health professional may have his or her own personal motives, which may or may not be directly related to the particular case. In this role the worker becomes a "team member" for a particular side or issue and has the goal of "winning"* (Barret et al., 1985). (BERRY, 1989).

> *Countertransference specific to circumstances in the divorce population are primarily evoked by the striking deterioration in parent-child relationships that follow so frequently in the wake of divorce. At the height of the crisis the clinician confronts many instances, such as those described by Wallerstein and Blakeslee (1989), of diminished parenting among previously devoted parents. These changes often elicit a combination of anguish and impotent rage in the clinician. Their emotional impact is powerful, because clinicians who choose to work with families tend to be especially sensitive to the suffering of children. For reasons rooted in their own early histories, they are eager, sometimes driven, to rescue the child. Divorce work often intensifies their inner conflicts by reinforcing the rescue fantasy at the same time rendering it painful to sustain and almost impossible to implement within acceptable roles.*

A Autora insiste que essa clientela pode apresentar irracionalidade no modo de pensamento associada a uma intensa raiva ego-sintônica. A raiva pode servir como forma de não cair em depressão, mas teria o efeito de diminuir a capacidade de pensar tanto da família quanto do psicólogo. A forma como o psicólogo é afetado e busca sair de tal situação se correlaciona com a tomada de posição unilateral que é incentivada pela dinâmica do modelo adversarial. Em suas próprias palavras:

> For the clinician, considerable anxiety and intense anger are attached to the realization of this potential violence. Typical countertransference defenses are the repression or denial of these realistic fears and anger. As a result, their influence may be even greater. It is not surprising, considering the power of these conflicts, that many therapists feel drawn to join in the marital fray, in order to resolve the anxiety of being caught at midpoint between dangerous antagonists and feeling safe nowhere. Indeed, the impulse to take sides is one of the major countertransference hazards in divorce work with high-conflict families, especially as the courts can provide a legitimate arena for their struggles. (WALLERSTEIN, 1990, p. 342, grifo nosso).

A Autora citada é uma autoridade em questões ligadas à separação e seus efeitos em crianças. Wallerstein (1998) desenvolveu um programa que ficou conhecido como *California Children of Divorce Project* dentro de um serviço oferecido às famílias com filhos em processo de divórcio pelo *Community Mental Health Center*, na Califórnia. O acompanhamento sistemático de sessenta famílias acompanhadas por esse programa resultou no livro Sobrevivendo à separação, publicado em 1998 no Brasil.

É impressionante como os relatos dos psicólogos denunciados se aproximam das defesas dos responsáveis legais que se apresentam nas entrevistas periciais. O principal argumento utilizado é que "fizeram pensando no melhor para a criança". Há casos em que o psicólogo denunciado, julgado e condenado fica se sentindo "injustiçado" – uma vivência também muito comum entre os responsáveis que "não conseguem ver como o outro não entende sua situação".

Os psicólogos em sua prática clínica privada, procurados por um dos responsáveis para atender a criança, "livram-se" de enfrentar a dinâmica conflitiva familiar ao se isentarem de entrar em contato com ambos os lados. Não questionam e nem põe em dúvida o ponto de vista do adulto que contrata seus serviços. Ainda mais, alguns dos Denunciados demonstravam em suas defesas escritas uma convicção de que fizeram um "bem à criança" e não se sentiam como tendo infringido a ética. Não há como saber se isso se devia somente à retórica processual em que o Denunciado tem que sustentar sua inocência até o fim ou se acreditavam no que afirmavam. Apenas uma pesquisa que buscasse o contato direto com as pessoas envolvidas poderia trazer maiores dados para compreensão.

A face mais perversa do atendimento à criança dentro da arena jurídica é que a criança passa de sujeito-fim para sujeito-meio. Dentre os casos analisados, por exemplo, a Assistente Técnica do caso PE 18/2004 é acusada de atender a menor de 8 a. com um gravador escondido a fim de colher uma fala que desconfirmasse as conclusões da Perita do caso de que a mãe teria usado de violência física contra a criança. Psicologicamente, independente do fato de ter ou não usado um gravador, buscar na criança uma refutação daquilo que ela teria expressado é colocá-la no foco da batalha judicial. Isso muito se aproxima perigosamente de uma violência psicológica.

Ao psicólogo judiciário, no lugar de perito, isentar-se de entrar em contato com uma das partes não é possível. Ele é posto no meio da discórdia, cabendo-lhe a posição institucionalmente conferida de "dublar" outro agente jurídico: o juiz. No próprio processo de atendimento, o psicólogo-perito é visto e considerado como o "juiz" do ponto de vista psicológico a dizer quem está com a razão versus quem é louco; quem é a vítima versus quem é o algoz etc.

Se o risco do psicólogo clínico incauto é ser cooptado para atuar tanto como clínico quanto como assistente técnico defendendo o mérito do seu cliente-contratante, o psicólogo judiciário pode ser posto no lugar do juiz a fazer um julgamento do mérito. Em ambas as situações, o risco de sofrer questionamentos éticos aumenta na medida que se sai do seu papel profissional, assumindo um objetivo que é alheio à sua prática e sobrepondo-se à atividade de outro profissional.

Essa situação é bem ilustrada no exemplo da psicóloga judiciária denunciada e condenada em nossa amostra. Nesse caso (PE 19/2005), o foco da queixa dizia respeito ao atendimento realizado de forma coercitiva, sendo o laudo utilizado como prova das afirmações da denunciante. A sua atuação não era a de realizar uma avaliação psicológica pericial propriamente dita. A situação já estava configurada sendo que à mãe das crianças havia sido determinada a obrigação de apresentar seus filhos para visita em dias e horários fixos para o pai na presença da psicóloga nas imediações do fórum[90]. Pelo que se depreende dos autos do processo, a psicóloga judiciária assumiu o mandato judicial de fazer cumprir tais visitas e sua atuação foi julgada viesada em relação à mãe resistente em apresentar seus filhos.

A psicóloga foi enquadrada no Art. 19º (op. cit.) por se colocar parcialmente a favor do pai no acompanhamento psicológico das crianças atendidas e contra a mãe. A seguir, a manifestação da Relatora:

> No entender desta Relatora, a denunciada infringiu tal artigo do Código de Ética dos Psicólogos, pois não ficam claros quais foram os indícios obtidos na única entrevista com a mãe e nas duas observações lúdicas com as crianças que lhe permitiram formular conclusões expressas no laudo encaminhado ao Poder Judiciário acerca da dinâmica psicológica da denunciante e suas repercussões nos conflitos familiares. Este documento demonstra frágil embasamento técnico e teórico, pois não descreve suficientemente os instrumentos utilizados e como foi possível chegar a tais conclusões.
>
> Nota-se que a Denunciada ultrapassou os limites das informações necessárias para a tomada de decisões, uma vez que faz afirmações taxativas a respeito da Denunciada ("possessiva e manipuladora"), emitindo juízos de valores.
>
> Existem ainda informações no laudo que extrapolam o momento da avaliação, tais como: "É uma pena que a família de M. e nem ela própria percebam o mal que estão fazendo às crianças, com essa situação, que ficam como joguetes nas mãos de uma genitora manipuladora e possessiva. (fl. 28).

É digno de nota que não haja mais casos semelhantes em nossa amostra, dado o número de psicólogos judiciários atualmente em desempenho de suas funções. Como afirmamos em trabalho anterior (SHINE, 2002), o limite entre avaliar e julgar pode ser muito tênue. Ferraz (1997, p. 122) corrobora tal afirmação quando destaca que o parecer

---

90 Esta prática ocorre em alguns fóruns do interior paulista por não contar com uma estrutura chamada CEVAT (Centro de Visitação Assistida do Tribunal de Justiça de São Paulo) em que as famílias fazem visitas monitoradas por técnicos aos finais de semana.

profissional existe no domínio da linguagem, refletindo as crenças morais que subjazem a seu vocabulário ou à sua semântica.

> Do ponto de vista da pragmática, um ponto que se destaca como de muito valor, para a reflexão da nossa ética profissional, é a constatação de que as realidades linguísticas, ainda que disfarçadas sob o manto do seu conteúdo descritivo – locutório – não são jamais neutras quanto a valores. Se eu afirmo que uma criança apresenta tais e tais dificuldades, de antemão fiz valer minhas crenças morais que me norteiam para achar que aquilo é uma dificuldade, e que o ideal seria uma outra realidade.

Convenhamos que o Autor fala de uma sutileza de análise que não é exatamente o problema em nossa amostra. As afirmações são muito mais contundentes e devastadoras em suas consequências jurídicas.

Contudo, é forçoso reconhecer que os psicólogos judiciários não se constituem como a categoria profissional mais acionada no CRP-06 em função de laudos psicológicos. Ressaltando o fato de que a instituição judiciária paulista conta com quase 300 profissionais[91], isso é algo a ser destacado. Sugerimos que a atuação no campo de certa forma prepara o profissional para as armadilhas que podem existir em função do modelo adversarial do Direito. Não descartamos também a proteção que o psicólogo pode ter, do ponto de vista institucional, do próprio magistrado que busca conter o conflito na dinâmica do processo judicial que conduz, resguardando o seu profissional de confiança. A possibilidade do trabalho continuado com os juízes faz com que os vínculos de confiança e solidariedade se estabeleçam. Em certo caso, em que uma colega sofreu denúncia no CRP-06, o juiz da causa se mostrou solidário e se colocou à disposição para servir de testemunha, caso fosse necessário. Note o leitor que se a hipótese colocada acima vier a se realizar, o perito passa a réu e o juiz, testemunha – a parte, continua sendo parte.

Um outro aspecto que pode determinar uma denúncia ética é a sobreposição de dois papéis: ser psicoterapeuta e testemunha ou ser psicoterapeuta e assistente técnico. Tal situação pode redundar em prejuízo de um e/ou outro trabalho em curso em discordância com o Art. 2º, alínea "j": Estabelecer com a pessoa atendida, familiar ou terceiro, que tenha vínculo com o atendido, relação que possa interferir negativamente nos objetivos do serviço prestado.

Vimos as razões que os advogados e partes apontam para tentar trazer o terapeuta "para o seu lado" (economia de tempo, dinheiro, imparcia-

91 Segundo dados atualizados em 2022, o Tribunal de Justiça de São Paulo conta com mais de 700 psicólogos.

lidade, credibilidade). Se a demanda pelo trabalho do psicólogo for uma tendência de crescimento nas Varas de Família no Brasil, não será somente o CRP-06 a se preocupar com tal questão. Outra vez, lembramos que a avaliação psicológica e a psicoterapia são as faces mais visíveis da atuação do psicólogo (MELLO, 1978; FIGUEIREDO, 1995). Seria altamente preocupante um aumento de denúncias contra psicólogos em função dos problemas aqui apontados, principalmente porque pode levar a uma imagem negativa do fazer psicológico não só no meio jurídico, mas na população em geral. Como indaga Figueiredo (1995, p. 40), "devemos conceber o psicólogo clínico como um ofertador de serviços (bens) a serem consumidos e a serem avaliados e regulados pela lógica e pela ética do mercado e dos direitos do consumidor?"

Uma outra situação que os profissionais dispostos a trabalharem nessa área terão que aprender a fazer é a criação de limites e regras de conduta entre o psicólogo Perito e o psicólogo Assistente Técnico. Como vimos no exemplo da Assistente Técnica denunciada, houve uma duplicação do conflito entre as partes na atuação profissional. A oposição do parecer do Assistente Técnico ao laudo do Perito é algo esperado no modelo adversarial do Direito.

Rovinski (2004) apresenta um quadro sinóptico das atribuições de cada um segundo o Código do Processo Civil:

Quadro 8 – Comparação das atribuições do perito e do assistente técnico

Perito	Assistente Técnico
É de confiança do juiz, sujeito a impedimento e suspeição.	É de confiança da parte, não-sujeito a impedimento e suspeição.
Auxilia o juiz em suas decisões.	Auxilia a parte naquilo que achar certo.
Examina, verifica e comprova os fatos de uma determinada questão.	Analisa os procedimentos e os achados do perito.
Elabora um laudo	Redige um parecer crítico.

Fonte: Rovinski (2004).

Rovinski (2004) acredita que o psicólogo não se sente preparado para realizar a tarefa de crítica ao laudo do colega. "Tanto o perito psicólogo quanto o assistente técnico sentem-se constrangidos com essa atividade de avaliação dos procedimentos periciais, levando à área pessoal o que é estritamente técnico." (p. 33). A Autora enfatiza que o parecer crítico do Assistente Técnico "seja sempre voltado à técnica utilizada, falhas éticas devendo ser dirigidas ao foro dos CRP's". Entretanto, na prática, os Assistentes Técnicos procuram fazer uma avaliação independente do caso. Isso não leva, necessariamente, à posição de assumir um papel de advogado da causa (advocacy) como mencionamos anteriormente. Sugerimos, pelos dados obtidos, que o Assistente Técnico está mais vulnerável a assumir tal posição.

O CRP-06 vem dedicando esforços à questão da atuação do Perito e do Assistente Técnico tendo sido formada um Grupo de Trabalho (GT) "Psicólogo Judiciário nas Questões de Família" com reuniões desde o segundo semestre de 2006. Recentemente, como fruto de tais encontros, o Tribunal de Justiça de São Paulo publicou do Diário Oficial uma circular a respeito do relacionamento entre Peritos e Assistentes Técnicos em dezembro de 2008 (em anexo I). O Comunicado tem o objetivo de estabelecer parâmetros para que o trabalho conjunto possa ocorrer com o mínimo de prejuízo possível para as partes. O aspecto favorável dessa iniciativa é que foi provocada por um grupo de profissionais com respaldo do CRP-06. Tal ação nos parece de acordo com a Tese nº 115[92], 125[93]e 150[94] do VI Congresso Nacional de Psicologia.

Em relação ao tempo de julgamento, vimos que um PDE pode levar mais de um ano até ser definido seu arquivamento e um PE pode levar mais de quatro anos do início da denúncia até o julgamento final. O problema do lapso temporal é tratado também por Frizzo (2004, p. 66). Ela está falando da realidade do CRP-12, mas como a passagem de tempo da nossa amostra é superior ao que ela obteve com a sua, a aplicação ao nosso caso parece ser autorizada:

> Tal fato é motivo de estranheza, já que os Conselhos Regionais mantêm uma maior proximidade com o psicólogo, com os denunciantes, têm fiscais, Conselheiros e estrutura administrativa à disposição para a apuração da denúncia e instrução dos processos, enfim, possuem uma organização que existe, entre outras razões, para a consecução destes fins. O que ressalta enquanto fato é que a administração do tempo para a condução dos processos éticos não têm sido considerado suficientemente enquanto um problema concreto das COE's, trazendo prejuízos para a categoria, tanto nas pessoas dos denunciantes quanto na dos denunciados, assim como para toda a so-

92 "6) Buscar uma constante interlocução com o judiciário, visando divulgar a importância o saber psicológico no âmbito da justiça, fomentando a interdisciplinaridade como ferramenta e promoção de uma justiça humana e eficaz".

93 "1) Criar referências teórico-metodológicas para a atuação do psicólogo, especialmente para o campo jurídico, estabelecendo permanente diálogo dos profissionais de psicologia e sua interface com o sistema judiciário favorecendo assim um maior conhecimento dos profissionais do Judiciário da nossa atuação".

94 "h) Divulgar a atuação do psicólogo, garantindo a efetivação da sua atuação em todos os setores do sistema judiciário".

> ciedade, representada pelos usuários ou pelos demais órgãos aqui apresentados. As dificuldades na realização de reuniões sistemáticas das COE's, de produção de consenso, de observância dos prazos e de definição de rumos são algumas das dificuldades encontradas para a concreta administração do tempo na condução dos processos, somado à falta de agilidade do sistema de cadastro nacional dos psicólogos, sempre que se torna necessário verificar a procedência da inscrição de origem do psicólogo citado na denúncia.

O trabalho de Frizzo (2004) levou em conta todos os tipos de denúncia e nós fizemos um recorte desse universo. Contudo, o nosso tipo de caso pode ter sido mais trabalhoso para a COE em função da pertinência com o modelo adversarial da justiça, a provocação frequente de advogados obrigando a consulta ao departamento jurídico, e ao acúmulo de provas na forma de laudos periciais juntados.

A sentença mais frequente em caso de condenação foi a advertência; em oito casos ela foi aplicada seis vezes. Como trata-se da pena mais branda, é possível depreender que o CRP-06 considerou tais casos como menos graves. O critério de qualquer julgamento é histórico e social, apontando para os valores morais vigentes dos julgadores no momento. Cumpre-nos apontar, contudo, que o caráter educativo da medida tem um efeito reduzido. A advertência é uma medida aplicada ao psicólogo condenado em caráter confidencial. Dessa forma, nem a categoria como um todo toma conhecimento do fato e pode não se atentar para a recorrência de tal problemática. Se para o psicólogo denunciado é uma vantagem que ninguém mais tome conhecimento de seu erro, para outros que poderão incorrer na mesma situação é um fator limitante de alerta.

A questão do julgamento toca em um último ponto polêmico. Ainda que o laudo psicológico esteja impecável do ponto de vista metodológico e da técnica utilizada, ainda assim, com que autoridade o psicólogo, perito ou em qualquer outra posição, pode proferir uma sentença? Por que terminar o laudo psicológico indicando uma pessoa em detrimento da outra para ter a guarda ou realizar visitas não seria dar uma sentença? Não seria adentrar ao mérito da causa judicial, em que já existe um titular para apreciá-la? Não seria desrespeitar o Art. 2º, alínea "b" que diz que ao psicólogo é vedado "Induzir a convicções políticas, filosóficas, morais, ideológicas, religiosas, de orientação sexual ou a qualquer tipo de preconceito, quando do exercício de suas funções profissionais"? Esta matéria não está de todo assentada no meio especializado. Não estamos sozinhos na posição de que o psicólogo ultrapassa sua competência em se arrogar a função de estabelecer não o critério, mas o quanto desse critério a pessoa preenche ou não (ANDERTEN et al., 1980; BERRY,

1989; BLAU, 1998; BRITO, 1992; MORSE, 1978; ROVINSKI, 2004). Esse fato precisaria ser melhor debatido dentro da categoria, mesmo porque em despacho da Relatora do Caso PDE 100/04 vemos a seguinte posição:

> [recorte do PARECER DA C. DE ÉTICA] em 13 de janeiro de 2006
> ENCAMINHAMENTO:
> Diante da análise dos autos, dos esclarecimentos trazidos pela psicóloga sobre o trabalho de perícia por ela realizado e do laudo psicológico em questão, esta Comissão não vislumbra materialidade nos fatos denunciados pelo representante.
> O documento aponta instrumental utilizado para avaliação psicológica, traz o relato de cada um dos envolvidos pela psicóloga, assim como síntese dos aspectos psicológicos observados, ponderando aspectos positivos e dificuldades de cada um.
> A conclusão da psicóloga indica a guarda da criança para uma das partes <u>como não poderia deixar de ser</u>, mas não o faz de maneira parcial, na medida em que utiliza dos mesmos recursos para observar as condições de ambas as partes e aponta conflitos entre os adultos envolvidos como prejudiciais à criança, indicando o acompanhamento psicológico para ambos.
> Assim, no trabalho realizado pela psicóloga T.N.N. da T. Como perita no caso, com os elementos disponíveis para nossa análise, não se configura falta ética.
> Sugerimos ARQUIVAMENTO do presente processo,
> São Paulo, 13 de janeiro de 2006. (grifo nosso).

Portanto, para essa Relatora Conselheira, a psicóloga "não poderia deixar de indicar a guarda para uma das partes". Como tal compreensão passou pela Plenária do CRP-06 sem emendas, depreende-se que não tenha chamado a atenção de ninguém o entendimento da abrangência da competência do psicólogo declarado nessa sentença. Chamo a atenção do leitor que não é a questão da parcialidade que estaria em jogo, mas a aceitação da possibilidade do exercício da função judicante. O que não é um ponto qualquer nessa área.

Finalizando, concordamos com Frizzo (2004, p. 24) quanto ao sentido que a denúncia ética assume em relação à categoria profissional.

> Há que se reconhecer que a queixa dos prejudicados por uma suposta prática equivocada pode ser vista como um exercício de sua cidadania, uma vez que é esperado da sociedade civil que exerça a função do controle social sobre as práticas que a ela se dirigem. Acolher as queixas sobre a atuação dos psicólogos é, portanto, reconhecer que os cidadãos exercem uma espécie de "controle de qualidade" social, ainda que atravessado por uma cultura que nem sempre oferece uma imagem clara do trabalho do psicólogo. E é um desafio permanente para todas as profissões a necessidade de dar respostas

> efetivas e adequadas sob os mais variados pontos de vista aos problemas que a realidade aponta em uma sociedade em constante transformação.

Esse "exercício de cidadania" estabelece analogia com a própria utilização do sistema judiciário para veicular demandas de toda ordem na busca de garantir direitos. Esse mesmo eco pode ser "ouvido" nos casos de divórcio de 70 anos atrás. Souza (1999, p. 166-167) ainda se referindo aos divórcios de imigrantes em São Paulo afirma:

> Em geral, em que pese o preconceito, não parecem intimidados pelo espetáculo da justiça. Buscam-na muitas vezes para decidir suas questões – não as trazem prontas, abstraídas do concreto, para serem enquadradas no motivo da lei, mas obrigaram o aparelho jurídico a amoldar-se a sua perspectiva. Cidadãos comuns deram ao corriqueiro o foro de cidadania.

O magistrado de Vara de Família exerce um efeito normatizador ao atribuir ganho de causa a quem está certo e negá-lo a quem está errado (ou não tem razão). O CRP e o CFP desempenham a mesma função social ao declarar alguns trabalhos como merecedores de sanção e isentar outros.

O psicólogo que escolher trilhar o caminho no meio do turbilhão de um conflito familiar pelo viés da justiça deve estar preparado para "andar no fio da navalha". Se o seu laudo sustenta seu saber-poder, é pelo mesmo laudo que será "conferido" em relação a um poder sem saber.

REFERÊNCIAS

ALCHIERI, J. C.; CRUZ, R. M. Avaliação psicológica: conceitos, métodos e instrumentos. São Paulo: Casa do Psicólogo, 2003. 127p. (Coleção temas em avaliação psicológica).

ALBUQUERQUE, J. A. G. A especificidade de ação do psicólogo. In: CONSELHO REGIONAL DE PSICOLOGIA SP, 1. Anais do I Conpsic. São Paulo: Conselho Regional de Psicologia SP, s.d. p. 46-54.

ALVES, J. F. Psicologia aplicada ao direito de família. In: FERNANDES, H. M. R. (Coord.). Psicologia, serviço social e direito: uma interface produtiva. Recife: Ed. Universitária da UPFE, 2001. p. 11-24.

ALVES, R. Tênis x frescobol. Disponível em: http://www.rubemalves.com.br/tenisfrescobol.htm. Acesso em: 05 jan. 2009.

AOKI, L. P. S.; TARDELI, R. Aspectos jurídicos da concepção de família na sociedade brasileira. Rer. Bras. Cresc. Des. Hum. São Paulo, v. 4, n. 1, p. 05-14, 1994.

AMENDOLA, M. F. As falsas denúncias de abuso sexual de pais contra filhos: caminhando na contramão. In: BRITO, L. M. T. Família e Separações: Perspectivas da Psicologia Jurídica. Rio de Janeiro: EdUERJ, 2008. p. 159-185.

AMERICAN PSYCHOLOGICAL ASSOCIATION. Guidelines for child custody evaluations in divorce proceedings. In: American Psychologist, n. 49, p. 677-680,1994.

ANDERTEN, P.; STAULCUP, V.; GRISSO, T. On being ethical in legal places. Professional Psychology. Washington, D.C., v. 11, n. 5, oct. 1980.

SILVA, M. T. A. O uso dos testes psicológicos no trabalho de perícia das Varas da Família e das Sucessões do Fórum João Mendes Jr. Boletim da Sociedade de Rorschach de São Paulo. São Paulo, v. 10, n. 1, 1999/2000.

ASSIS, L. M. S. F. de. A ciência "psi" nos tribunais: sobre o trabalho do psicólogo no âmbito judicial. 2007. Dissertação (Mestrado) - Faculdade de Psicologia, Pontifícia Universidade Católica de Minas Gerais. Belo Horizonte, 2007.

BENETI, S. A. Os direitos de guarda, visita e fiscalização dos filhos ante a separação dos pais. Revista dos Tribunais. São Paulo: Editora Revista dos Tribunais, v. 622, p. 27-45, agosto 1987.

BERGAMO, G.; de SALVO, M. P. Na mira das lentes. Revista Veja São Paulo, São Paulo: Editora Abril, ano 41, n. 46, p. 28-35, 19 nov. 2008.

BERNARDES, D. C. F. Avaliação psicológica no âmbito das instituições judiciárias. In: CRUZ, R. M.; MACIEL, S. K.; RAMIREZ, D. C. (Orgs.). O trabalho do psicólogo no campo jurídico. São Paulo: Casa do Psicólogo, 2005. p. 71-80.

BERRY, K. K. The mental health specialist as child advocate in court. In: TEXTOR, M. (Ed.) The divorce and divorce therapy handbook. New Jersey: Jason Aronson Inc., 1989. p. 135-147.

BICHARD, S.; SHINE, S. K. A perícia psicológica dentro do trabalho forense na Clínica Tavistock. In: CONGRESO IBEROAMERICANO DE PSICOLOGÍA JURÍDICA, 1., 1995, Santiango. Anales do I Congresso Iberoamericano de Psicologia Jurídica. Santiago, Asociacion Iberoamericana de Psicología Jurídica, 1995. p. 465-472.

BLAU, T. The psychologist as an expert witness. 2nd ed., New York: John Wisley e Sons, 1998. 596 p.

BLINDER, M. Marital dissolution and child custody: a primer for family therapists and divorce attorneys. Family Therapy. New York, v. 11, n. 1, p. 1-20, 1982.

BION, W. Uma teoria do pensar. In: Melanie Klein Hoje - Desenvolvimento da Teoria e da Técnica: Artigos predominantemente teóricos. v. 1. Rio de Janeiro: Imago, 1991. p. 185-193.

BOX, S. et al. (Org.). Psicoterapia com famílias. Uma abordagem psicanalítica. São Paulo: Casa do Psicólogo, 1994. 255p.

BRAUER, J. F. A disputa de guarda como oportunidade de intervenção sobre a família. In: CONGRESSO IBERO-AMERICANO DE PSICOLOGIA JURÍDICA, 3., Anais... São Paulo: Universidade Presbiteriana Mackenzie, 2000. p. 180-184.

BRODZINSKY, D. M. On the use and misuse of psychological testing in child custody evaluations. Professional Psychology - Research and Practice. Washington, D.C., v. 24, n. 2, p. 213-219, 1993.

BRANDÃO, E. P. A interlocução com o Direito à luz das práticas psicológicas em Varas de Família. In: GONÇALVES, H.S. & BRANDÃO, E.P. (Orgs.). Psicologia jurídica no Brasil. Rio de Janeiro: Nau, 2004. p. 51-97.

BRASIL. Ministério da Justiça. Código do Processo Civil. Lei nº 5.869, de 11 de janeiro de 1973. Institui o Código de Processo Civil. Disponível em: http://www.planalto.gov.br/ccivil_03/LEIS/L5869.htm. Acesso em: 24 jul. 2006.

BRASIL. Casa Civil. Novo Código Civil. Lei nº 10406, de 10 de janeiro de 2002. Institui o Código Civil. Disponível em: http://www.planalto.gov.br/ccivil_03/leis/2002/L10406compilada.htm. Acesso em: 14 set. 2007.

BRITO, L. M. T. Separando: um estudo sobre a atuação do psicólogo nas Varas de Família. Rio de Janeiro: Relume-Dumará, 1993. 120 p.

BRITO, L. M. T. Reflexões em torno da Psicologia Jurídica. In: CRUZ, R. M.; MACIEL, S. K.; RAMIREZ, D. C. (Orgs.) O trabalho do psicólogo no campo jurídico. São Paulo: Casa do Psicólogo, 2005. p. 9-17.

BRITO, L. M. T. Pais de fim de semana - Questões para uma análise jurídico-psicológica. Psicologia clínica. Pós-Graduação e Pesquisa, Rio de Janeiro: PUC, v. 8, n. 8, p. 139-152, 1996.

BURAK, C.; SALITERMAN, G. The family model and the legal and judicial system. In: GLICK, I.D.; KESSLER, D.R. Marital and family therapy. New York: Grune e Stratton Inc., 1980. p. 254-263.

BYRNE, K. Mental health professionals in child custody disputes: advocates or impartial examiners? In: Australian Family Lawyer, v. 6, n. 3, p. 8, 1991. Disponível em: http://fact.on.ca/Info/pas/byrne91.htm. Acesso em: 05 mar. 2002.

CAFFÉ, M. Psicanálise e Direito. A escuta analítica e a função normativa jurídica. São Paulo: Quartier Latin, 2003. 231p.

CAIRES, M. A. de F. Psicologia Jurídica. Implicações conceituais e aplicações práticas. São Paulo: Vetor, 2003. 205p.

CAMILLO, A. A. Psicodiagnóstico: instrumento de revelação? In: CONSELHO REGIONAL DE PSICOLOGIA SP. Anais do I Conpsic. São Paulo: Conselho Regional de Psicologia SP, s.d. p. 199-204.

CARONE, I. Metáfora e Psicologia: uma relação perigosa? Cadernos de Estudos e Pesquisas UNIP, São Paulo: UNIP, n. 1-007, 2004. 35 p.

CARTER, E. Famílias reconstituídas: A criação de um novo paradigma. In: ANDOLFI, M.; ÂNGELO, C.; FOÁ, S. F.; SACCU, C. O casal em crise. São Paulo: Summus, 1995. p. 192-195.

CASTRO, L. R. F.; PASSARELLI, C. A. F. A perícia psicológica nas Varas de Família. Libro de los resumenes Congresso Iberoamericano de Psicologia, Madrid: Asociacion Iberoamericana de Psicologia Jurídica, 1992.

CASTRO, L. R. F. Disputa de guarda e visitas: no interesse dos pais ou dos filhos? São Paulo: Casa do Psicólogo, 2003. 226p.

CLULOW, C. F.; VINCENT, C. In the child's best interests? Divorce Court Welfare and the search for a settlement. London: Tavistock Publications/Sweet and Maxwell, 1987. 260p.

COIMBRA, J. C. Algumas considerações sobre o parecer psicológico na Justiça da Infância e Juventude. Psicologia: Ciência e Profissão. Brasília, v. 24, n. 2, p. 2-13, 2004.

CONSELHO FEDERAL DE PSICOLOGIA. Resolução CFP nº 006/2007. Institui o Código de Processamento Disciplinar. Disponível em: https://site.cfp.org.br/wp-content/uploads/2012/07/Resolução-CFP-nº-006-07_timbrada-e-alterada.pdf. Acesso em: 10 nov. 2008.

CONSELHO FEDERAL DE PSICOLOGIA. Resolução CFP nº 007/2003. Institui o Manual de Elaboração de Documentos Escritos produzidos pelo psicólogo, decorrentes de avaliação psicológica e revoga a Resolução CFP º 17/2002. Brasília: Conselho Federal de Psicologia, 2003. Disponível em: http://www.crpsp.org.br/arquivos/conteudo_pendrive/Resolucao-CFP-N-007-2003.pdf. Acesso em: 21 nov. 2008.

CONSELHO REGIONAL DE PSICOLOGIA DE SÃO PAULO. Atenção Psicólogos! Fiquem atentos aos cuidados necessários na elaboração de laudos psicológicos. Jornal do Federal. Ciência & Ética, n. 60, 1999. p. 6.

CONSELHO REGIONAL DE PSICOLOGIA DE SÃO PAULO. Documentos escritos: uma boa redação evita denúncias no CRP-SP. Psi. Jornal de psicologia CRP-SP. São Paulo, set./out. 2003b. Questões Éticas, p. 06.

CONSELHO REGIONAL DE PSICOLOGIA DE SÃO PAULO. Elaboração de documentos escritos decorrentes de avaliação psicológica. Psi. Jornal de Psicologia CRP SP, n. 139, jan./fev. 2004.

CONSELHO REGIONAL DE PSICOLOGIA DE SÃO PAULO. Manual de orientações. São Paulo: s/e., 2006

CONSELHO REGIONAL DE PSICOLOGIA DE SÃO PAULO. Manual do Conselho Regional de Psicologia de São Paulo. São Paulo: Conselho Regional de Psicologia de São Paulo, 1999. 156p.

CONSELHO REGIONAL DE PSICOLOGIA DE SÃO PAULO. Psicólogos ainda têm dúvidas sobre as diferenças entre perícia e avaliação psicológica. Conversando com o Psicólogo. Psi. Jornal de psicologia CRP SP, São Paulo, set./out. 2003a, p. 03.

CONSELHO REGIONAL DE PSICOLOGIA DE SÃO PAULO. Psicologia acrescenta subjetividade ao Judiciário. Psi. Jornal de psicologia CRP SP. Seguimento, São Paulo, set./out. 1999.

CONSELHO REGIONAL DE PSICOLOGIA DE SÃO PAULO. Psi. Jornal de psicologia CRP-SP. Textos escritos: concisão e responsabilidade, set./out. 2003c, p. 07.

CORNELL, D. G. Role conflict in forensic clinical psychology: reply to Arcaya. Professional psychology - Research and practice. Washington, D. C., v. 18, n. 5, p. 429-432, 1987.

CORREA, O. B. R. O legado familiar: a tecelagem grupal da transmissão psíquica. Rio de Janeiro: Contra Capa Livraria Ltda., 2000. 143p. Coleção Primeiras Leituras.

CUNHA, J. A. Fundamentos do psicodiagnóstico. In: CUNHA, J. A. e colaboradores. Psicodiagnóstico – V. 5. ed. revisada e ampliada. Porto Alegre, Artmed, p. 23-37, 2000.

DeMAYO, R. A. How to present at case conference. The Clinical Supervisor. Binghamton, N.Y., v. 16, n. 1, p. 181-189, 1997.

DELERAY, J. E. The right choice! Consulting Psychology Bulletin, p. 9-10, 1988.

DEMO, P. Metodologia científica em ciências sociais. 3. ed. rev. e ampl. São Paulo: Atlas, 2007. 293p.

DERDEYN, A. Child custody contests in historical perspective. Am. J. Psychiatry. Arlington, v. 133, n. 12, dec. 1976. p. 1369-1376.

DOLTO, F. Quando os pais se separam. Tradução: Vera Ribeiro. Rio de Janeiro: Jorge Zahar Editor, 1989. 153p.

EMERY, R. E. Renegotianting family relationships. Divorce, child custody, and mediation. New York: The Guilford Press, 1994.

ERIBON, D. Michel Foucault. 1926-1984. Tradução: Hildegard Feist. São Paulo: Companhia das Letras, 1990.

ESPADA, A. A. El informe psicológico: La identidad profesional, el nível de La decision, El sentido del cambio. CONGRESO DEL COLÉGIO OFICAL DEL PSICÓLOGO, 1. Madrid, 1984. p. 56-60.

FACHIN, R. Em busca da família do novo milênio. PEREIRA, R. da C. (Coord.). Família e cidadania. O novo CCB e a vacatio legis. In: CONGRESSO BRASILEIRO DE DIREITO DE FAMÍLIA, 3., 2002, Belo Horizonte. Anais... Belo Horizonte: IBDFAM/Del Rey, 2002. p. 59-69.

FAIVICHENCO, S. O laudo diagnóstico no trabalho do psicólogo clínico. 1977. Dissertação (Mestrado) – Faculdade de Psicologia, PUC-RJ, Rio de Janeiro, 1977.

FELIPE, S. S. R. A contribuição do teste de apercepção infantil (CAT-A) e procedimento de desenhos da família com estórias (DF-E) na avaliação de crianças envolvidas em disputas judiciais. 1997. Dissertação (Mestrado) – Instituto de Psicologia, USP, São Paulo, 1987.

FERRAZ, F. C. Aspectos éticos do parecer psicológico. ENCONTRO DE TÉCNICAS DE EXAME PSICOLÓGICO: ENSINO, PESQUISA E APLICAÇÕES, 2., São Paulo, 1997. In: Boletim de Psicologia. São Paulo, v. 47, n. 107, p. 119-125, 1997.

FERREIRA, A. B.de H. Dicionário Aurélio Básico da Língua Portuguesa. Rio de Janeiro: Editora Nova Fronteira/Folha de São Paulo, 1995.

FERRY, L. Famílias, amo vocês. Política e vida privada na era da globalização. Tradução: Jorge Bastos. Rio de Janeiro: Objetiva, 2007. 141p.

FIGUEIREDO, L. C. Teorias e práticas na psicologia clínica: um esforço de interpretação. In: FIGUEIREDO, L. C. Revisitando as psicologias. Da epistemologia à ética das práticas e discursos psicológicos. Petrópolis: Educ/Vozes, 1995. p. 85-97.

FONSECA, M. A. da. Michel Foucault e o Direito. São Paulo: Max Limonad, 2002. 329p.

FONSECA, C. Caminhos da adoção. São Paulo: Cortez, 2002. 152p.

FONSECA, C. Criança, família e desigualdade no Brasil. In: Rizzini, I. (Org.). A criança no Brasil hoje. Desafio para o terceiro milênio. Rio de Janeiro: Editora Universitária Santa Úrsula, 1993. p. 114-131.

FONSECA, C. Mãe é uma só? Reflexões em torno de alguns casos brasileiros. Psicol - USP. São Paulo, v. 13, n. 2, 2002b. Disponível em: http://www.scielo.br/scielo.php?script=sci_arttext&. Acesso em: 18 ago. 2008.

FONTANA-ROSA, J. C.; COHEN, C. Psicopatologia forense na esfera penal. COHEN; C.; FERRAZ, F.C.; SEGRE, M. (Org.). Saúde mental, crime e justiça. São Paulo: Edusp, 2. ed. Ver. e atual., p. 109-118. 2006.

FOUCAULT, M. (1973). A verdade e as formas jurídicas. Tradução: Roberto Cabral de Melo Machado e Eduardo Jardim Morais. Rio de Janeiro: Nau ed., 1999. 158p.

FOUCAULT, M . (1974-1975) Os anormais: curso no Collège de France. Tradução: Eduardo Brandão. São Paulo: Martins Fontes, 2001.

FOUCAULT, M. (1975) Vigiar e punir. História da violência nas prisões. Tradução: Ligia M. Ponde Vassallo. Petrópolis: Vozes, 1977. 277p.

FOUCAULT, M. (1976) Em defesa da sociedade. Tradução: Maria Ermantina Galvão. São Paulo: Martins Fontes, 2000.

FOUCAULT, M. Soberania e disciplina. In: FOUCAULT, M. Microfísica do poder. Tradução: Roberto Machado. Rio de Janeiro: Edições Graal, 1979. p. 179-191.

FOUCAULT, M. Doença mental e psicologia. Tradução: Lilian Rose Shalders. Rio de Janeiro: Edições Tempo Brasileiro, 1975. 99p.

FRAYZE-PEREIRA, J. A. Psicodiagnóstico: instrumento de revelação? In: CONSELHO REGIONAL DE PSICOLOGIA SP. CONGRESSO DE PSICOLOGIA, 1. Anais... São Paulo: Conselho Regional de Psicologia SP, s.d. p. 209-216.

FRIZZO, N. P. Infrações éticas, formação e exercício profissional em Psicologia. 2004. 110p. Dissertação (Mestrado) – Centro de Filosofia e Ciências Humanas, Universidade Federal De Santa Catarina, Santa Catarina, 2004.

GLASSMAN, J. B. Preventing and managing board complaints: The downside risk of custody evaluation. Professional psychology - Research and practice. Washington, D.C., v. 29, n. 2, p. 121-124, 1998.

GOLDSTEIN, J.; FREUD, A.; SOLNIT, A. J. No interesse da criança? São Paulo: Martins Fontes, 1987. 119p.

GOMES, I. C. O sintoma da criança e a dinâmica do casal. São Paulo: Editora Escuta, 1998.

GOMES, I. C. O sintoma da criança e a dinâmica do casal na prática do psicodiagnóstico infantial. In: FERES-CARNEIRO, T. (Org.). Casamento e família. Do social à clínica. Rio de Janeiro: Nau, 2001. p. 23-37.

GONÇALVES, C. R. Direito de Família. São Paulo: Saraiva, 1997. 166p. (Coleção sinopses jurídicas, v. 2)

GONZALEZ, M. R. Cuando los padres se separan. Alternativas de custodia para los hijos (Guia Prática). Madrid: Editora Biblioteca Nueva, 2003. 284 p.

GRANJEIRO, I. A. C. L.; COSTA, L. F. O estudo psicossocial forense como subsídio para a decisão judicial na situação de abuso sexual. Psic.: Teor. e pesq.. Brasília, v. 24, n. 2, jun. 2008. Disponível em: http://www.scielo.br/scielo. Acesso em: 20 nov. 2008.

GREENBERG, S.A.; SHUMAN, D.W. Irreconcilable conflict between therapeutic and forensic roles. Professional Psychology - Research and Practice. Washington, D.C., v. 28, n. 1, p. 50-57, 1997.

GRISSO, T. Psychological assessment in legal contexts. In: CURRAN, W.J.C.; McGARRY, A.L.; SHAH, S.A. Forensic psychiatry and psychology: perspectives and standards for interdisciplinary practice. Philadelphia: F.A. Davis Company, 1986. p. 103-261.

GRISSO, T. The economic and scientific future of forensic psychological assessment. American psychologist, v. 42, n. 09, p. 831-839, 1987.

GUIRADO, M. O caso do psicodiagnóstico: um estudo institucional. Psicologia USP. São Paulo, v. 16, n. 4, p. 11-32, 2005.

GUMPERT, C. H.; LINDBLAD, F. Communication between courts and expert witnesses in legal proceedings concerning child sexual abuse in Sweden: a case review. Child Abuse & Neglect. Oxford, n. 25, p. 1497-1516, 2001.

HARVEY, V. S. Improving readability of psychological reports. Professional Psychology - Research and Practice, v. 28, n. 3, p. 271-274, 1997.

HEGENBERG, L. Significado e conhecimento. São Paulo: EPU/EDUSP, 1975. 185p.

HESS, A.K. Accepting forensic case referrals: ethical and professional considerations. In: Professional psychology - Research and practice. Washington, D.C., v. 29, n. 02, p. 109-114, 1998.

HESS, K.D. Understanding child domestic law issues: Custody, adoptions, and abuse. In:

WEINER, I.B.; HESS, A.K. The handbook of forensic psychology. 3rd ed. Hobken, N.J.: John Wiley & Sons, 2006. p. 98-123.

INSTITUTO BRASILEIRO de GEOGRAFIA e ESTATÍSTICA (IBGE). Síntese de indicadores sociais. Uma análise das condições de vida da população brasileira. Rio de Janeiro, 2008. Disponível em: http://www.ibge.gov.br/home/estatistica/populacao/condicaodevida/indicadoresminimos/sinteseindicsociais2007/default.shtm. Acesso em: 03 out. 2008.

JABLONSKI, B. Até que a vida nos separe. A crise do casamento contemporâneo. 2. ed. revista e ampliada. Rio de Janeiro: Agir, 1998.

JAPIASSU, H. Interdisciplinaridade e patologia do saber. Rio de Janeiro: Imago, 1976. 220p.

JESUS, F. de. Perícia e investigação de fraude. Uma análise psicológica e operacional na evidenciação de fraude. Goiânia: AB, 2000. 160p.

KING, M.; TROWELL, J. Children's welfare and the Law. The limits of intervention. London: Sage Publications Ltda., 1993. 150p.

KNAPP, S.; VANDECREEK, L. Ethical issues in personality assessment in Forensic Psychology. Journal of Personality Assessment. v. 77, n. 2, p. 242-254, 2001.

KOERNER, A. Justiça consensual e conflitos de família: algumas reflexões. AGOSTINHO, M.L.; SANCHES, T. M. (Orgs.). Família: conflitos, reflexões e intervenções. São Paulo: Casa do Psicólogo, 2002. p. 39-62.

LAGO, V. de M; YATES, D. B.; BANDEIRA, D. R. Elaboração de documentos psicológicos: Considerações Críticas à Resolução CFP nº 007/2003. Temas psicol. 2016, v. 24, n. 2, p. 771-786.

LANDRY, M. O psiquiatra no tribunal. O processo da perícia psiquiátrica em justiça penal. Tradução: Jurema Franco Camargo. São Paulo: Pioneira/Edusp, 1981. 112p.

LANYON, R. Psychological assessment procedures in court-related settings. Professional psychology - Research and practice, v. 17, n. 3, p. 260-268, 1986.

LEÃO, R. As armadilhas a ser evitadas pelos pais visitantes, que convivem com os filhos apenas no fim de semana. Revista VEJA. n. 29, jul. 2006.

LEMOS, J. Psicologia e Justiça. Uma delicada relação. Jornal do psicólogo. São Paulo: Sindicato dos Psicólogos de São Paulo, p. 4-6, jan./abr., 2003.

LIMA, L. P. O lugar da psicologia no processo judicial em Vara de Família. 1997, 143 p. Dissertação (Mestrado) – Instituto de Psicologia, Universidade de São Paulo, São Paulo, 1997.

LOFTUS, E.; MONAHAN, J. The psychologist as expert witness: Reply to Sokal. American psychologist. Washington, D.C., v. 36, n. 3, p. 316-317, 1981.

LOFTUS, E. Silence is not golden. American psychologist. Washington, D. C., v. 38, p. 564-572, 1983.

LOURENÇO, A. da S.; ORTIZ, M. C. M.; SHINE, S. Produção de documentos em Psicologia. Prática e reflexões teórico-críticas. São Paulo: Vetor, 2018.

LOURENÇO, A. da S.; ORTIZ, M. C. M.; SHINE, S. Produção de documentos em Psicologia. Prática e reflexes teórico-críticas. 2. ed.. São Paulo: Vetor. 2021.

LUNA, S.V. Planejamento de pesquisa. Uma introdução. São Paulo: Educ, 1996. 108p. (Série Trilhas).

MACEDO, R. M. S. A pesquisa sobre família em Psicologia a partir da década de 80. In: Cadernos da ANPEPP. Rio de Janeiro: Associação Nacional de Pesquisa e Pós-graduação em Psicologia, n. 2, p. 91-105.

MACHADO, M. C. L.; CORRÊA, Y. B. O casal em disputa pela guarda de filhos: um caso de psicopatologia da transicionalidade. In: CONGRESSO IBERO-AMERICANO DE PSICOLOGIA JURÍDICA, 3., 1999. São Paulo. Anais... São Paulo: Universidade Presbiteriana Mackenzie, 2000. p. 236-239.

MARAZINA, I. V. Sobre o trabalho com famílias em instituições públicas de saúde mental. In: RAMOS, M. (Org.). Casal e família como paciente. São Paulo: Escuta, 1994. p. 124-136.

MARTINS, S.R.C. Perícias psicológicas judiciais e a família: proposta de uma avaliação sistêmica. São Paulo, 1999, Dissertação (Mestrado) – Faculdade de Psicologia, Pontifícia Universidade Católica, São Paulo, 1999.

McCLOSKEY, M.; EGETH, H. Eyewitness identification: What can a psychologist tell a jury? American psychologist. Washington D.C., v. 38, p. 550-563, 1983.

MELLO, S. L. de. Psicologia e profissão em São Paulo. Reimpressão. São Paulo: Ática, 1978. 152p.

MELLO, S. L. de. Família, uma incógnita familiar. In: AGOSTINHO, M. L.; SANCHEZ, T. M. (Org.). Família: conflitos, reflexões e intervenções. São Paulo: Casa do Psicólogo, 2002. p. 15-25.

MELTON, G. B.; LIMBER, S. "Psychologists' involvement in cases of child maltreatment. Limits of roles and expertise". American Psychologist, v. 44, n. 9, p. 1225-1233, 1989.

MEYER, L. A família do ponto de vista psicanalítico. In: AGOSTINHO, M. L.; SANCHEZ, T. M. (Org.). Família: conflitos, reflexões e intervenções. São Paulo: Casa do Psicólogo, 2002. p. 27-38.

MEYER, L. Família: dinâmica e terapia. Uma abordagem psicanalítica. 2. ed. São Paulo: Editora Brasiliense. 178p.

MEZAN, R. Escrever a clínica. São Paulo: Casa do Psicólogo, 1998. 478p.

MIRANDA, L. Disputa familiar vira denúncia contra psicólogo. O Estado de São Paulo, jan. 2002.

MIRANDA JR., H. C. Psicologia e justiça. A psicologia e as práticas judiciárias na construção do ideal de justiça. Psicologia, Ciência e Profissão. Brasília: Conselho Federal de Psicologia, v. 18, n. 1, p. 28-37, 1998.

MIRANDA JR., H. C. O acompanhamento de visitas nos processos judiciais em Varas de Família. In: CONGRESSO IBERO-AMERICANO DE PSICOLOGIA JURÍDICA, 3., 1999, São Paulo. Anais... São Paulo: Universidade Presbiteriana Mackenzie, v. 1, 2000a. p. 168-171.

MIRANDA JR., H. C. Uma leitura psicanalítica do abuso sexual de crianças: estudo de caso. In: CONGRESSO IBERO-AMERICANO DE PSICOLOGIA JURÍDICA, 3., 1999, São Paulo. Anais... São Paulo: Universidade Presbiteriana Mackenzie, v. 1, 2000b. Não publicado.

MIRANDA JR., H. C. A avaliação psicológica em estudos periciais. AVALIAÇÃO PSICOLÓGICA E SUA INTERLOCUÇÃO COM O JUDICIÁRIO. Belo Horizonte, 2000c. Não publicado.

MIRANDA JR., H. C. O 'abuso sexual' como argumento e o sintoma parental: contribuições psicanalíticas. In: CONGRESSO BRASILEIRO DE PSICOLOGIA: CIÊNCIA E PSICOLOGIA, 1., São Paulo, 2002. Não publicado.

MIRANDA JR., H. C. Psicanálise e avaliação psicológica no âmbito jurídico. In: SHINE, S. (Org.). Avaliação psicológica e lei: Adoção, vitimização, separação conjugal, dano psíquico e outros termos. Belo Horizonte: Artesã, 2010.

MIRANDA JR., H. C. Um psicólogo no Tribunal de Família: A prática na interface Direito e Psicanálise. São Paulo: Casa do Psicólogo, 2005. p.159-174.

MORSE, S. J. Law and mental health professionals: The limits of expertise. Professional Psychology. Washington, D.C., v. 9, n. 3, p. 389-399, Aug. 1978.

MOSSMAN, D.; KAPP, M. B. "Courtroom whores"? – or Why do attorneys call us? Findings from a survey on attorneys' use of mental health experts. J. Am. Acad. Psychiatry Law, v. 26, n. 1, p. 27-36, 1998.

OCAMPO, M. L. S.; ARZENO, M. E. G.; PICCOLO, E. G. de. O processo psicodiagnóstico e as técnicas projetivas. 6. ed. São Paulo: Martins Fontes, 1979. 437p.

ORTIZ, M. C. M. A perícia psicológica. Psicologia, Ciência e Profissão, Brasília: Conselho Federal de Psicologia, ano 6, n. 1, p. 26-30, 1986.

PELLEGRINELLI, K. Considerações sobre a prática do psicólogo nas Varas de Família. Separata, 1993.

PEREIRA, R. da C. Direito de Família - Uma abordagem psicanalítica. 2. ed. rev e ampl. Belo Horizonte: Del Rey, 1999. 214p.

PEREIRA, T. da S. O princípio do "melhor interesse da criança" no âmbito das relações familiares. In: GROENINGA, G. C.; PEREIRA, R da C. Direito de família e psicanálise - Rumo a uma nova epistemologia. Rio de Janeiro: Imago, 2003. p. 207-217.

PEREIRA, T. da S. Famílias possíveis: novos paradigmas na convivência familiar. In: PEREIRA, R. da C. (Coord.). Afeto, ética, família e o Novo Código Civil Brasileiro. CONGRESSO BRASILEIRO DE DIREITO DE FAMÍLIA, 4., Anais... Belo Horizonte: Del Rey, 2004. p. 633-656.

PERRIN, G. I.; SALES, B. D. Forensic Standards in the American Psychological Association's New Ethics Code. Professional Psychology - Research and Practice. Washington, D.C., v. 25, n. 4, p. 376-381, 1994.

PIMENTEL, S. Perspectivas jurídicas da família: o Novo Código Civil e a violência familiar. Revista serviço social & sociedade. São Paulo, n. 71, set. 2002. p. 26-44.

POPE, B.; SCOTT, W. H. Forensic psychology. In: POPE, B.; SCOTT, W. H. Psychological diagnosis in clinical practice with applications in Medicine, Law, Education, Nursing, and Social Work. New York: Oxford University Press, 1967. p. 312-334.

PETRELLA, R. C.; POYTHRESS JR., N. G. The quality of forensic evaluations: Na interdisciplinary study. Journal of Consulting and Clinical Psychology, v. 51, n. 1, p. 76-85, 1983.

RAGO, M. O efeito-Foucault na historiografia brasileira. Tempo social - Rev. Sociol. USP, São Paulo, v. 7, n. 1-2, p. 67-82, out. 1995.

RAMOS, M.; SHINE, S. K. A família em litígio. In: RAMOS, M., (Org.). O Casal e a Família como Paciente. São Paulo: Escuta, 1994. p. 95-121.

RIBEIRO, M. L. A psicologia judiciária nos juízos que tratam do Direito de Família no Tribunal de Justiça do Distrito Federal. In: BRITO, L. M. T. (Org.). Temas de psicologia jurídica. Rio de Janeiro: Relume-Dumará, 1999. p. 161-170.

ROSA, E. Z. Dúvidas a respeito da instauração de Processos Éticos relativos a laudos e pareceres psicológicos no contexto judiciário. Novo tempo. Jornal da Associação dos Assistentes Sociais e Psicólogos do Tribunal de Justiça do Estado de São Paulo (AASPTJ – SP), n. 18, São Paulo, 2003. p. 07.

ROSA, M. D. A inserção dos testes psicológicos na psicologia atual. Temas, São Paulo, n. 53, 1997. p. 10-30.

ROSA, M. V. F. Perícia judicial -Teoria e prática. Porto Alegre: Sergio Antonio Fabris Editor, 1999. p. 115-128.

ROVINSKI, S. L. R. A perícia psicológica. Aletheia. Canoas: Ed. ULBRA/Departamento de Psicologia, n. 7, p. 55-63, jan./jun. 1998.

ROVINSKI, S. L. R. Fundamentos da perícia psicológica forense. São Paulo: Vetor, 2004. 176p.

ROVINSKI, S. L. R. Perícia psicológica na área forense. In: CUNHA, J. A. et al. Psicodiagnóstico V. 5. ed. rev. e aum. Porto Alegre: Artes Médica, 2000. p. 183-195.

SAMPER, T. B. Dificultades de la intervención psicológica en los procedimientos matrimoniales. In: CONGRESO IBEROAMERICANO DE PSICOLOGIA JURÍDICA, 1., 1995. Anais... Santiago: Asociacion Iberoamericana de Psicología Jurídica, 1995. p. 301-319.

SARTI, C. A. A família como espelho: um estudo sobre a moral dos pobres. Campinas: Autores Associados, 1996. 128p.

SCHAEFER, A. B. Forensic evaluations of children and expert witness testimony. In: WALKER, C. E.; ROBERTS, M. C. (Ed.). Handbook of Clinical Child Psychology. 2. ed. New York: John Wiley & Sons, 1992. p. 1057-1079.

SCHMIDT, M. L. S. Psicologia: Representações da profissão. São Paulo, 1984. Dissertação (Mestrado) – Instituto de Psicologia, Universidade de São Paulo, São Paulo, 1984.

SCHUMAN, T. M. Allegations of sexual abuse. In: STAHL, P. M. Complex issues in child custody evaluations. California: Sage Publications, 1999. p. 43-68.

SENNE, W. Psicologia e psicodiagnóstico - Bases epistemológicas. Petrópolis: Vozes, 2005. 253p.

SEVERINO, A. J. Metodologia do Trabalho Científico. 19. ed. São Paulo: Cortez, 1993. 252p.

SHINE, S.; CASTRO, L. R. F. Uma reflexão sobre o plantão de Sala de Visitas na cidade de São Paulo. In: CONGRESSO IBERO-AMERICANO DE PSICOLOGIA JURÍDICA, 2., Havana. Anais... Havana, 1997.

SHINE, S. Avaliação psicológica para determinação de guarda de filhos: um estudo de psicologia jurídica. São Paulo, 2002. Dissertação (Mestrado) – Instituto de Psicologia, Universidade de São Paulo, São Paulo, 2002.

SHINE, S. O conflito familiar transformado em litígio processual. In: AGOSTINHO, M. L.; SANCHEZ, T. M. Família: conflitos, reflexões e intervenções. São Paulo: Casa do Psicólogo, 2002. p. 63-74.

SHINE, S. Abuso sexual de crianças. In: GROENINGA, G. C.; PEREIRA, R. da C. (Coord.). Direito e Psicanálise: Rumo a uma Nova Epistemologia. São Paulo: Imago, 2003. p. 229-251.

SHINE, S. A espada de Salomão: A Psicologia e a disputa de guarda de filhos. São Paulo: Casa do Psicólogo, 2004. 302 p.

SHINE, S. Avaliação psicológica em contexto forense. In: SHINE, S. (Org.). Avaliação psicológica e lei: Adoção, Vitimização, Separação Conjugal, Dano Psíquico e outros temas. São Paulo: Casa do Psicólogo, 2005. p. 1-18.

SILVA, C. V. M.; VASCONCELOS, D. M. C. J.; MAGALHÃES, F. S. A experiência do psicólogo jurídico e o desafio de uma identidade profissional nas Varas de Família. In: FERNANDES, H. M. R. (Coord.). Psicologia, serviço social e direito: uma interface produtiva. Recife: Ed. Universitária da UPFE, 2001a. p. 115-122.

SILVA, C. V. M.; VASCONCELOS, D. M. C. J.; MAGALHÃES, F. S. Abordagem sistêmica no atendimento às famílias no judiciário. In: FERNANDES, H. M. R. (Coord.). Psicologia, serviço social e direito: uma interface produtiva. Recife: Ed. Universitária da UPFE, 2001b. p. 141-152.

SILVA, E. Z. M. Reflexões sobre a avaliação psicológica no âmbito do judiciário - CONSELHO REGIONAL DE PSICOLOGIA 13ª Região – PB/RN. A diversidade da Avaliação Psicológica: Considerações Teóricas e Práticas. João Pessoa: Ideia, 2001. p. 73-80.

SILVA, E. Z. M. Alcances e Limites da Psicologia Jurídica: o impacto das avaliações psicológicas na visão das partes envolvidas. 2005. Tese (Doutorado) – Faculdade de Psicologia, Pontifícia Universidade Católica, São Paulo, 2005.

SILVA JR., N.; FERRAZ, F. C. O psicodiagnóstico entre as incompatibilidades de seus instrumentos e as promessas de uma metodologia psicopatológica. Psicologia USP, v. 12, n. 1, p.179-202, 2001.

SOUZA, A. S. L. Pensando a inibição intelectual. 2. ed. São Paulo: Casa do Psicólogo, 2003. 122p.

SOUZA, C. V de; PRIMI, R.; MIGUEL, F. K. Validade do Teste Wartegg: correlação com 16PF, BPR-5 e desempenho profissional. Aval. psicol, v. 6, n. 1, p. 39-49, jun. 2007. Disponível em: http://pepsic.bvsalud.org/scielo.php?script=sci_arttext&pid=S1677-04712007000100006. Acesso em: 26 jan. 2009.

SOUZA, M. C. C. C. Crise familiar e contexto social: São Paulo – 1890-1930. Bragança Paulista: EDUSF, 1999. 252p.

SOUZA, M. P. R. da. Prontuários revelando os bastidores: do atendimento psicológico à queixa escolar. In: SOUZA, B. P. Orientação à queixa escolar. São Paulo: Casa do Psicólogo, 2007. p. 27-58.

SOUZA, P. G. de. ENCONTRO COM PSICÓLOGOS PERITOS E ASSISTENTES TÉCNICOS, 1., Relatório... São Paulo, 2005. São Paulo: Conselho Regional de Psicologia – 06. 2005. Disponível em http://crpsp.org.br/a_comis/etica/Relatorio_I.htm. Acesso em: 15 nov. 2018.

SOUZA, P. G. de. ENCONTRO COM PSICÓLOGOS PERITOS E ASSISTENTES TÉCNICOS, 2., Relatório... São Paulo, 2006. São Paulo: Conselho Regional de Psicologia – 06. 2006. Disponível em: http://crpsp.org.br/a_comis/etica/Relatorio_II.htm. Acesso em: 22 nov. 2018.

STAHL, P. M. Complex issues in child custody evaluations. Thousand Oaks: Sage, 1999. 216p.

STRASBURGER, L. H.; GUTHEIL, T. G.; BRODSKY, A. On wearing two hats: role conflict in serving as both psychotherapist and expert witness. American Journal of Psychiatry. v. 154, n. 4, p. 448-455, Apr. 1997. Special Article.

STRATHERN, P. Foucault em 90 minutos. Rio de Janeiro: Jorge Zahar Ed., 2003. 84p.

SUANNES, C. A. M. Psicanálise e Instituição Judiciária: atuação em Vara de Família. Pulsional revista de psicanálise, São Paulo, n. 128/129, p. 92-96, dez. 1999/jan. 2000.

SUANNES, C. A. M. A sombra da mãe. Psicanálise e Vara de Família. São Paulo: Casa do Psicólogo, 2011.

SWENSON, L. C. Psychology and law. 2. ed. Pacific Grove (CA): Brooks/Cole Publishing Company, 1997.

TAVOLARO, D. A Casa do Delírio. Reportagem no Manicômio Judiciário de Franco da Rocha. São Paulo: Editora SENAC São Paulo, 2002.

TEPEDINO, G. A disciplina da guarda e a autoridade parental na ordem civil-constitucional. PEREIRA, R. da C. Afeto, ética, família e o novo Código Civil Brasileiro. CONGRESSO BRASILEIRO DE DIREITO DE FAMÍLIA, 4., 2003. Anais... Belo Horizonte: IBDFAM/Del Rey, 2004. p. 305-324.

THEODORO JR., H. Prova pericial. In: THEODORO JR., H. Curso de direito processual Civil. Teoria Geral do Direito Processual Civil e Processo de Conhecimento, v. 1, Rio de Janeiro: Editora Forense, 2002. p. 428-436.

TRIBUNAL DE JUSTIÇA DE SP. Manual do Curso de Iniciação Funcional para Assistentes Sociais e Psicólogos judiciários. São Paulo: Convênio Tribunal/FCBIA, 1991/1992. 275p.

TSU, T. M. J. A. A relação psicólogo-cliente no psicodiagnóstico infantil. In: TRINCA, W. Diagnóstico psicológico: a prática clínica. São Paulo: EPU, 1984. p. 34-50.

TRENTINI, C. M.; BANDEIRA, D. R.; ROVINSKI, S. L. R. Algumas considerações acerca do psicodiagnóstico nos contextos jurídico/forense e clínico. NORONHA, A. P. P.; SANTOS, A. A. A. dos; SISTO, F. F. (Orgs.). Facetas do fazer em avaliação psicológica. São Paulo: Vetor, 2006. p. 225-235

TURKAT, I. D. Questioning the mental health expert's custody report. American Journal of Family Law, New York, v. 7, p. 175-179, 1993. Disponível em: http://fact.on.ca/Info/pas/turkat93.pdf. Acesso em: 05 mar. 2002.

VAISBERG, T. M. J. A. A disputa de guarda sob um olhar winnicottiano. CONGRESSO IBERO-AMERICANO DE PSICOLOGIA JURÍDICA, 3., 1999. Anais... São Paulo: Universidade Presbiteriana Mackenzie, 2000. p. 366-368.

VASCONCELLOS, D. A avaliação psicológica na clínica atual: evolução cultural e valores éticos. Aletheia, Canoas: Universidade Luterana do Brasil, n. 12, jul./dez. 2000. p. 121-126.

VIZARD, E. Format for court reports in civil proceedings involving children. London: Tavistock Clinic, 1992. p. 1-5.

WAGNER, A.; SARRIERA, J. C. Características do relacionamento dos adolescents em famílias originais e reconstituídas. In: FERES-CARNEIRO, T. Casal e família: entre a tradição e a transformação. Rio de Janeiro: Nau, 1999. p. 16-30.

WALLERSTEIN, J. S. Transference and countertransference in clinical intervention with divorcing families. Amer. J. Orthopsychiat. Washington, D. C. v. 60, n. 3, p. 337-345, Jul. 1990.

WALLERSTEIN, J. S.; KELLY, J. B. Sobrevivendo à separação. Como pais e filhos lidam com o divórcio. Tradução: Maria Adriana Veríssimo Veronese. Porto Alegre: Artmed, 1998. 374p.

WEINER, I. B.; HESS, A. K. (Ed.). The handbook of forensic psychology. 3rd ed. New Jersey: John Wiley & Sons, Inc., 2006.

WEINER, I. B. Writing forensic reports. In: WEINER, I. B.; HESS, A. K. (Ed.). The handbook of forensic psychology. 3rd ed. New Jersey: John Wiley & Sons, Inc., 2006. p. 631-651.

WILCOXON, S. A. Family therapy with the noncustodial parent and children: unique preliminary considerations. Family Therapy, New York, v. 21, n. 2, p. 107-115, 1994.

ZARIAS, A. Negócio público e interesses privados. A interdição civil e os dramas de família. São Paulo: Hucitec, 2005. 269p.

ZARZUELA, J.L.; MATUNAGA, M.; THOMAZ, P.L. Laudo pericial. Aspectos Técnicos e Jurídicos. São Paulo: Editora Revista dos Tribunais, 2000. 371 p.

ANEXO A

ILMA. SRA. PATRÍCIA GARCIA de SOUZA
Presidente da Comissão de Ética
Conselho Regional de Psicologia – CRP – 06

EU, SIDNEY SHINE, psicólogo inscrito neste Conselho sob o número 18.950, especialista em Psicologia Clínica e Jurídica, ex-colaborador da Comissão de Justiça do CRP 06, Doutorando no Instituto de Psicologia da USP sob orientação da Professora Audrey Setton Lopes de Souza; psicólogo judiciário lotado na Seção Técnica de Psicologia da Vara da Família e Sucessões do Fórum João Mendes Jr., venho por meio desta solicitar o que se segue:

ACESSO, PARA FINS DE PESQUISA, AOS PROCESSOS ÉTICOS JULGADOS PELO CRP 06 CUJA QUEIXA ESTEJA VINCULADA A LAUDO PSICOLÓGICO PERICIAL EM VARA DE FAMÍLIA.

Gostaríamos de usar uma amostra de pesquisa única que seriam os laudos psicológicos ligados a casos de Vara de Família (portanto, no campo jurídico) que tivessem sido objeto de contestação por parte de pessoas que se sentiram prejudicadas pela avaliação psicológica realizada. Seria importante o acesso ao laudo psicológico (objeto da queixa), à queixa da(o) cidadã(o); e à sentença final do CRP.

O nosso objeto de estudo é o laudo psicológico. O estudo pretende uma análise do laudo enquanto um objeto interdisciplinar (Psicologia e Direito)[95].

De nosso ponto de vista a questão da identificação dos atores é desnecessária. Para a nossa pesquisa não necessitamos identificar seja o psicólogo (autor do laudo) seja o periciando (que faz a queixa) e, muito menos, os membros da referida Comissão de Ética. Deixamos ao critério do CRP a melhor forma de preservar o sigilo quanto a informações confidenciais. O que nos interessa é encontrar meios de responder a

95 Este seria o objetivo deste projeto de pesquisa – realizar um estudo deontológico do laudo pericial em Vara de Família. Buscarei levantar as determinações técnicas e éticas da Psicologia em sua atividade de avaliação psicológica aplicada a uma questão legal consubstanciada, por escrito, em um documento-instrumento. Uma vez que o laudo psicológico é a própria ferramenta que os operadores do Direito manuseiam para se chegar a uma solução jurídica, portanto, ela é na sua execução o pólo de chegada do trabalho psicológico e na sua utilização, o próprio recurso jurídico pelo qual se busca a saída de um conflito litigioso (SHINE, S. Projeto de Pesquisa do Doutorado, 2004, p. 4).

uma de nossas hipóteses de pesquisa, qual seja: O psicólogo jurídico tem como responder à demanda de trabalho (perícia psicológica) da instituição judiciária, mantendo-se coerente com as diretrizes de seu próprio Código de Ética?

DA JUSTIFICATIVA

É notório que houve um crescimento na demanda por avaliações psicológicas ligadas a processos judiciais em Vara de Família. Da mesma forma, cresceram os problemas e as demandas ao próprio Conselho ligadas às insatisfações em relação a esta prática[96].

O nosso projeto de pesquisa se insere em um histórico de atuação técnica, compromissada em resguardar a identidade e o fim social da profissão. Atuamos dentro de uma instituição que cobra um posicionamento profissional que pode afetar as vidas de muitas pessoas que são usuárias do sistema judiciário. Estamos cientes de que uma boa atuação neste lugar é imprescindível para a ampliação desta área de atuação para o reconhecimento do fazer psicológico para além das áreas normalmente mais conhecidas.

Por outro lado, percebemos que somente há pouco tempo as questões pertinentes à esfera jurídica têm sido levadas ao meio acadêmico na forma de dissertações, teses e pesquisas qualificadas. Aos poucos, pensamos que vai se constituindo um corpo e um interesse da inclusão de disciplinas que abordem as questões específicas desta área de atuação.

Parece-nos que a atuação da Comissão de Ética tem se deparado com exemplos gritantes de ignorância, ingenuidade, inexperiência e falta de um posicionamento profissional consciente no que tange à produção de documentos resultantes de avaliação psicológica. O Jornal Psi tem trazido um box onde relata casos de procedimentos psicológicos passíveis de crítica e de sanção por parte deste Conselho em uma clara tentativa de informar, esclarecer e estimular a discussão de aspectos problemáticos da profissão[97].

O esforço concatenado de vários Conselhos redundou na redação da Resolução nº 30/2001, revista e aperfeiçoada pelas de nº 17/2002 e 07/2003. Até que ponto tais orientações são seguidas pelos psicólo-

---

96 LIEBESNY, B.; ALVIM, R. C.; LEONARDI, A. I. ; AOKI, M. O trabalho da Comissão de Ética na interface com o Jurídico. In: *Anais do III Congresso Ibero-americano de Psicologia Jurídica*. São Paulo, Universidade Presbiteriana Mackenzie, v. 1, p. 63-64, 2000.

97 CONSELHO REGIONAL DE PSICOLOGIA SP. Elaboração de documentos escritos decorrentes de avaliação psicológica. nº 139, p. 09, 2004.

gos em sua prática? Pretendemos contribuir com a nossa pesquisa para um aprofundamento dos problemas técnicos, éticos e metodológicos concernentes a esta atividade específica (elaboração de laudos) e emblemática da perícia Pensamos que nosso trabalho possa reverter para a própria categoria na forma de subsídios para um melhor entendimento das questões interdisciplinares que ligam a Psicologia e o Direito neste campo de atuação.

DA RELEVÂNCIA DO PROJETO DE PESQUISA

Por meio de uma revisão bibliográfica realizada sobre o tema "Avaliação Psicológica para Determinação de Guarda de Crianças"[98] observamos uma carência na literatura nacional e estrangeira sobre o preparo e redação do laudo psicológico.

Esta lacuna ressignificou nossa própria experiência enquanto estudante e, depois como professor universitário, da falta de uma disciplina que enfatize a escrita e o esforço de integrar, sistematizar e comunicar informações provenientes de avaliações psicológicas.

Neste sentido, pretendemos estudar uma amostra de laudos psicológicos efetivamente produzidos e extrair desta análise elementos para pensar quais tipos de faltas metodológicas, imprecisões conceituais e dificuldades de compreensão ou o seu oposto, laudos impecáveis em sua estrutura e coerência, mas que são, ainda assim, contestados. Poder-se-ia apontar para uma dimensão realista de quais são as principais dificuldades nesta atividade específica, própria do mister pericial e, intrinsecamente ligada à atuação do psicólogo na esfera forense. Isto poderia abrir perspectivas de novas pesquisas e estudos na área que, por sua vez, orientariam na reelaboração e implementação dos currículos do curso de Psicologia frente a uma demanda mais bem conhecida.

DA IMPORTÂNCIA PARA O CONSELHO REGIONAL DE PSICOLOGIA

Em nossa humilde intenção pretendemos contribuir para que este estudo, mediante tal amostra, possa servir de parâmetros indicativos para que o próprio Conselho possa bem cumprir sua finalidade institucional, qual seja, como reza o Art. nº 9 da Lei nº 5.766, alínea b: orientar, disciplinar e fiscalizar o exercício da profissão em sua área de competência;

Pensamos que ao final do trabalho poderemos discriminar os tipos de deficiências mais comuns nos laudos que os tornam passíveis de serem questionados. Poderemos entender melhor quais os erros de or-

98 SHINE, S.. Avaliação Psicológica Para Determinação de Guarda de Filhos: Um Estudo de Psicologia Jurídica. São Paulo, 2002. 362p. Dissertação (Mestrado) – Instituto de Psicologia, Universidade de São Paulo.

dem técnica que se encontram nos laudos falhos. Teremos condições de apreciar a amplitude das conseqüências em relação a possíveis faltas éticas cometidas. Enfim, um estudo com tal amostra poderia nos indicar se realmente existe uma lacuna na formação, pelo menos em termos de atuação na esfera jurídica, do psicólogo no que diz respeito à necessidade de demonstrar, por escrito, suas conclusões psicológicas decorrentes do processo de avaliação forense.

Agradecemos desde já a atenção recebida. Estamos abertos para todo e qualquer contato necessário para dirimir dúvidas a respeito de nossas intenções e da proposta realizada. Solicitamos, mui respeitosamente, deferimento deste nosso pedido.

Despedimo-nos, reiterando nossos protestos de estima e consideração.

São Paulo, 15 de março de 2005.

SIDNEY SHINE

CRP 06/18950

Rua das Rosas, 55 – Ap. 505

04048-000 - tel. (11) 577-0585

ANEXO B

Conselho Federal de Psicologia

RECEBIDO PELA COMISSÃO ÉTICA

Nome:

CONSELHO REGIONAL DE PSICOLOGIA DA 6ª REGIÃO

Em atenção ao ofício desta Comissão de Orientação e Ética n.o 375 encaminhado a este Conselho Federal de Psicologia esclarecemos que a pesquisa em tela é relevante para o Sistema Conselhos de Psicologia. A Comissão de Orientação e Ética do Conselho Regional de Psicologia da 63 Região deve estabelecer e formalizar condutas relativas aos procedimentos por parte do pesquisador que visem salvaguardar os dados e o acesso aos documentos, bem como a rotina de consulta no Conselho Regional.

I Àinda que se trate de pesquisa documental, mas que envolve sigilo de responsabilidade da instituição, a referida pesquisa deve passar pela Comissão de Ética em Pesquisa da Universidade de São Paulo - USP, a fim de que este, enquanto órgão consultivo traga alguma contribuição no sentido que na referida pesquisa seja alcançado o máximo de zelo.

3. Por último, que estes encaminhamentos sejam enviados aos Conselho Federal de Psicologia a tim de que possam ser construídos procedimentos norteadores e estimuladores de pesquisa dos dados existentes na autarquia.

Atenciosamente

Conselheira Secretária de Orientação e Ética

HÁ SINAIS DE NOVOS VENTOS!

A Senhora

'PATRÍCIA GARCIA DE SOUZA

Conselheira Presidente da Comissão de Orientação e Ética Conselho Regional de Psicologia - 63 Região

ANEXO C

TERMO DE RESPONSABILIDADE

EU, SIDNEY KIYOSHI SHINE, psicólogo inscrito no Conselho Regional de Psicologia - 06 sob o número 18.950, especialista em Psicologia Clínica e Jurídica, Doutorando no Instituto de Psicologia da USP sob orientação da Professora AUDREY SETTON LOPES DE SOUZA, Psicólogo Judiciário lotado na Seção Técnica de Psicologia das Varas da Família e Sucessões do Fórum João Mendes Jr. venho por meio desta formalizar o meu compromisso frente a esta entidade.

Para realizar a pesquisa referente ao meu projeto do doutorado (O QUE DEVE CONTER UM LAUDO PSICOLÓGICO EM PERÍCIA JUDICIAL DE VARA DE FAMÍLIA) estou solicitando vistas dos processos éticos julgados por esta instituição que tenha como objeto laudos psicológicos periciais em Vara de Família.

Comprometo-me a manusear tais processos com toda o cuidado e sigilo que requerem. Tomarei todas as precauções para que nem os sujeitos avaliados em tais laudos e nem seus autores sejam identificados. Não utilizareis tais dados para nenhum fim que não seja o da pesquisa acadêmica a fim de contribuir para a melhoria da prestação de serviços psicológicos aos operadores jurídicos e às famílias que deles se utilizam.

Ao final, comprometo-me a doar um exemplar da tese à instituição para que esta sirva como procedimento norteador e estimulador de pesquisa dos dados existentes na autarquia.

Nestes termos, firmo a presente.

São Paulo, 28 de setembro de 2005.

SIDNEY KIYOSHI SHINE

ANEXO D

UNIVERSIDADE DE SÁO PAULO INSTITUTO DE PSICOLOGIA

COMITÊ DE ÉTICA EM PESQUISA HUMANA-CEPH

FORMULÁRIO DE ENCAMINHAMENTO

USO EXCLUSIVO DO COMITÊ

PROTOCOLO N° :

RECEBIDO EM: f f

TÍTULO DO PROJETO DE PESQUISA:

O que deve conter um laudo psicológico em perícia judicial de Vara de Família?

BREVE RESUMO DO PROJETO DE PESQUISA:

Este seria o objetivo deste projeto de pesquisa - realizar um estudo deontológico do laudo pericial em Vara de Família. Buscaremos levantar as determinações técnicas e éticas da Psicologia em sua atividade de avaliação psicológica aplicada a uma questão legal consubstanciada, por escrito, em um documento-instrumento. Uma vez que o laudo psicológico é a própria ferramenta que os operadores do Direito manuseiam para se chegar a uma solução jurídica, portanto, ela é na sua execução o pólo de chegada do trabalho psicológico e na sua utilização, o próprio recurso jurídico pelo qual se busca a saída de um conflito litigioso (SHINE, S. Projeto de Pesquisa do Doutorado, 2004, p. 4).

Neste sentido, pretendemos estudar uma amostra de laudos psicológicos efetivamente produzidos e extrair desta análise elementos para pensar quais tipos de faltas metodológicas, imprecisões conceituais e dificuldades de compreensão ou o seu oposto, laudos impecáveis em sua estrutura e coerência, mas que são, ainda assim, contestados. Poder-se-ia apontar para uma dimensão realista de quais são as principais dificuldades nesta atividade específica, própria do mister pericial e, intrinsecamente ligada à atuação do psicólogo na esfera forense. Isto poderia abrir perspectivas de novas pesquisas e estudos na área que, por sua vez, orientariam na reelaboração e implementação dos currículos do curso de Psicologia frente a uma demanda mais bem conhecida (Carta proposta para CRP 06).

QUESTÕES ÉTICAS ENVOLVIDAS E PROCEDIMENTOS ADOTADOS RELATIVOS A ESSAS QUESTÕES:

De nosso ponto de vista a questão da identificação dos atores é desnecessária. Para a nossa pesquisa não necessitamos identificar seja o psicólogo (autor do laudo) seja o periciando (que faz a queixa) e, muito menos, os membros da referida Comissão de Ética Portanto, pensaríamos na melhor forma de resguardar os dados de identificação dos sujeitos.

ESCLARECIMENTOS SOBRE OS DADOS DA PESQUISA:

Gostaríamos de usar uma amostra de pesquisa única que seriam os laudos psicológicos ligados a casos de Vara de Família (portanto, no campo jurídico) que tivessem sido objeto de contestação por parte de pessoas que se sentiram prejudicadas pela avaliação psicológica realizada. Seria importante o acesso ao laudo psicológico (objeto da queixa), à queixa da(o) cidadã(o}; e à sentença final do CRP.

FINALIDADE DA PESQUISA:

INICIAÇÃO CIENTÍFICA ( ) MESTRADO ( ) DOUTORADO (X)
PESQUISA CIENTÍFICA REGULAR ( ) APLICAÇÃO TECNOLÓGICA ( )

ANEXO E

ANEXO AO PROJETO DE PESQUISA PARA O COMITÊ DE ÉTICA DA USP

JUSTIFICATIVA:

Em contato com LÍGIA FURUSAWA, Representante Discente no Comitê de Ética, tomei conhecimento da data da apreciação do projeto por este Comitê e dos pontos ainda abertos à discussão.

Relendo o Projeto de Pesquisa encaminhado junto com minha orientadora, Dra. AUDREY SETTON LOPES de SOUZA, ponderamos que havia certas indefinições que poderiam ser melhor explicitadas (vide Questões éticas envolvidas e procedimentos adotados relativos a essas questões).

É com este intuito que venho, mui respeitosamente, à presença deste Comitê apresentar maiores esclarecimentos que, penso, podem deixar claros as dificuldades que prevemos na execução da pesquisa e os cuidados que divisamos como adequados para respeitar os princípios éticos de acordo com as Diretrizes e Normas Reguladoras de Pesquisas Envolvendo Seres Humanos (Decreto nº 93933 de 14-01-1987) e a Resolução do CFP 16/2000 (Dispõe sobre a realização de pesquisa em Psicologia com seres humanos de 20-12-2000).

Da Pesquisa

O projeto de pesquisa ora submetido a este respeitável Comitê é fruto das indagações iniciadas por meio da Dissertação de Mestrado "Avaliação psicológica para determinação de guarda de criança: um estudo de Psicologia Jurídica" defendida nesta mesma instituição em 2002.

A relevância do tema se impôs também por estar atuando na área e em sintonia com o Conselho Regional de Psicologia CRP-06, tendo coordenado e participado de um Grupo de Trabalho (Comissão de Justiça) em 1999[99]. A Comissão de Ética já dava sinais de preocupação quanto às queixas que tinham o laudo psicológico no âmbito jurídico como foco (LIEBESNY et. al., 2000, p. 63)[100].

As denúncias estão diretamente relacionadas com a prática profissional.

---

99 SHINE, S. et. al. Comissão de Justiça: para quê? In: ASSOCIAÇÃO BRASILEIRA DE PSICOLOGIA JURÍDICA. *Anais do III Congresso Ibero-Americano de Psicologia Jurídica.* São Paulo: Universidade Presbiteriana Mackenzie, p. 338-339, 2000.

100 LIEBESNY, B. et.al. O trabalho da Comissão de Ética na interface com o jurídico. In: ASSOCIAÇÃO BRASILEIRA DE PSICOLOGIA JURÍDICA. *Anais do III Congresso Ibero-Americano de Psicologia Jurídica.* São Paulo: Universidade Presbiteriana Mackenzie, p. 63-64, 2000.

Na interface com o Setor Judiciário, elas se concretizam de formas específicas:

> • a ação do profissional psicólogo é questionada quando as expectativas – ou interpretação dos fatos – por parte do usuário, não são satisfeitas. O sujeito atendido, em geral, desconhece o lugar do psicólogo, o seu papel; não diferencia, por exemplo, o papel de um perito do de assistente técnico; não necessariamente coloca a questão judicial no seu devido patamar, levando o litígio aos níveis de desrespeito pessoal, envolvendo dados de análise psicológica. O desconhecimento e mau uso do material psicológico levam a que as relações resultantes da prática profissional – independente da validade da mesma – sejam questionadas pelo usuário (são exemplos dessa demanda: disputa de guarda na Vara da Família; pais querendo confirmar seu poder sobre o filho adolescente...).
>
> • o dado complementar e grave à demanda anterior (do usuário) se refere à própria prática do psicólogo: o usuário só poderia construir devidamente suas expectativas a partir de práticas consolidadas, de contratos claros dos serviços a serem prestados; e esbarramos, então, com o desconhecimento dos próprios profissionais quanto a suas possibilidades de atuação, a função de cada um na conformação jurídica, o não discernimento quanto à adequação de instrumentos de pesquisa e relato dos fatos psicológicos referentes à questão em litígio (são exemplos dessa demanda: desconhecimento da forma de elaboração de laudos, pareceres ou atestados...). [itálicos ausentes no original]

De lá para cá, as demandas ligadas à atuação na interface Psicologia e Direito cresceram em número e complexidade[101]. Culminou, mais recentemente, com a iniciativa do Conselho Regional 06 de organizar e realizar o I e o II Encontro com psicólogos peritos e assistentes técnicos (17 de setembro de 2005 e 06 de maio de 2006, respectivamente). Participei em ambas as ocasiões, tendo proferido palestra intitulada "A Atuação do Psicólogo no Poder Judiciário: Interfaces entre a Psicologia e o Direito" a convite do CRP-06 no I Encontro.

Portanto, esta pesquisa vai de encontro à necessidade de se estudar melhor as especificidades da atuação do psicólogo frente às demandas da Justiça e como, ao prestar tal serviço aos operadores do Direito ou indivíduos interessados, manter-se dentro dos parâmetros técnicos e éticos de nossa profissão.

---

101 "Ciclo de debates busca redefinir as fronteiras entre a justiça e a saúde mental" In: Psi. Jornal de psicologia do CRP-SP, jul./set. 2002, p. 09; "Psicologia e Justiça. Uma delicada relação". In: Jornal do psicólogo do Sindicato dos Psicólogos de São Paulo, jan./abril 2003, p. 04-05; "Processos Éticos. Elaboração de documentos escritos decorrentes de avaliação psicológica". In: Psi. Jornal de psicologia do CRP-SP, jan./fev. 2004, p. 09).

Da Operacionalização

Pretendo analisar laudos psicológicos transitados e julgados pelo Comitê de Ética do CRP-06, bem como entrar em contato com as estatísticas referentes a tais processos.

Uma vez que são laudos que subsidiaram processos judiciais, eles mesmos estariam sob segredo de justiça, como também está sob sigilo o processo ético que o toma agora como objeto de análise frente à queixa que dá entrada no CRP.

Tomarei as medidas necessárias para eliminar os dados de identificação seja do profissional, autor do laudo psicológico, seja de seu ex-cliente ou ex-clientes ou examinandos, comprometendo-me em atender as disposições legais referentes ao segredo de justiça, respeitando o artigo 155, inc. II do CPC e artigo 27 da Lei n. 8.069/90, bem como a conduta ética e disciplinar exigida pelo Conselho Regional de Psicologia CRP-06.

Lembro aos membros desta douta Comissão, com a devida vênia, que sou psicólogo judiciário do Tribunal de Justiça de São Paulo desde 1987. No exercício da atividade profissional estou sob o dever de zelar pelo sigilo profissional quanto resguardar o segredo de justiça a partir da minha dupla identidade como psicólogo e membro da instituição judiciária.

Concluindo, solicito parecer favorável para o andamento da pesquisa, estando aberto para incluir qualquer procedimento adicional que este Comitê julgar necessário para o resguardo dos preceitos éticos na condução da mesma.

São Paulo, 04 de agosto de 2006.

SIDNEY KIYOSHI SHINE

N.º USP 2062316

ANEXO F

UNIVERSIDADE DE SÃO PAULO

INSTITUTO DE PSICOLOGIA

Of. 2006/CEPH-23/08/06

Senhora Professora,

O Comitê de Ética em Pesquisa com Seres Humanos do IPUSP (CEPH-IP), em reunião de 21/08/06, verificando estar garantido o anonimato dos profissionais e dos clientes ou examinados, aprovou o projeto intitulado "O que deve conter um laudo psicológico em perícia judicial da Vara de Família?", a ser desenvolvido pelo doutorando Sidney Kiyoshi Shine, sob a orientação de V. Sa., na área de concentração Psicologia Escolar e do Desenvolvimento Humano, do Instituto de Psicologia da Universidade de São Paulo.

Atenciosamente,

Prof. Dr. Eduardo Ottoni
Presidente do CEPH-IP

lima. Sra.

Profa. Dra. Audrey Setton Lopes de Souza

Área de Concentração Psicologia Escolar e do Desenvolvimento Humano Instituto de Psicologia da Universidade de São Paulo

Av. Prof. Mello Moraes, 1721 - Cidade Universitária - 05508-020 - São Paulo _. SP - Brasil Fone: (11) 3031.2965 - Fax: (11) 3097.0529 - www.ip.usp.br

ANEXO G

FICHA DE COLETA DE DADOS	
I-DADOS DE IDENTIFICAÇÃO DO PROFISSIONAL	
INÍCIO DO PROCESSO:	
INICIAIS:	
SEXO:	
LOCAL DE TRABALHO:	
LOCALIDADE:	
SUBSEDE OU CAPITAL	
ANO DE GRADUAÇÃO:	
TIPO DE ATIVIDADE:	
QUAL É O ENQUADRAMENTO:	
CULPADO, QUAL É A PENA:	
EM CASO NEGATIVO, ABSOLVIDO COM QUAL JUSTIFICATIVA:	
TÉRMINO DO PROCESSO:	
TRANSCRIÇÃO DO LAUDO PSICOLÓGICO	
II – DADOS DO DENUNCIANTE	
INICIAIS:	
SEXO:	
IDADE:	
PROFISSÃO:	
PARTICIPAÇÃO DE ADVOGADO?	
QUEIXA:	
OUTRAS PESSOAS DA FAMÍLIA? QUEM? SEXO? IDADE?	

ANEXO H

Extrato do CÓDIGO DO PROCESSO CIVIL

CAPÍTULO V

DOS AUXILIARES DA JUSTIÇA

Art. 139. São auxiliares do juízo, além de outros, cujas atribuições são determinadas pelas normas de organização judiciária, o escrivão, o oficial de justiça, o perito, o depositário, o administrador e o intérprete.

Seção II

Do Perito

Art. 145. Quando a prova do fato depender de conhecimento técnico ou científico, o juiz será assistido por perito, segundo o disposto no Art. 421.

§ 1o Os peritos serão escolhidos entre profissionais de nível universitário, devidamente inscritos no órgão de classe competente, respeitado o disposto no Capítulo Vl, seção Vll, deste Código. (Incluído pela Lei nº 7.270, de 1984)

§ 2o Os peritos comprovarão sua especialidade na matéria sobre que deverão opinar, mediante certidão do órgão profissional em que estiverem inscritos. (Incluído pela Lei nº 7.270, de 1984)

§ 3o Nas localidades onde não houver profissionais qualificados que preencham os requisitos dos parágrafos anteriores, a indicação dos peritos será de livre escolha do juiz. (Incluído pela Lei nº 7.270, de 1984)

Art. 146. O perito tem o dever de cumprir o ofício, no prazo que Ihe assina a lei, empregando toda a sua diligência; pode, todavia, escusar-se do encargo alegando motivo legítimo.

Parágrafo único. A escusa será apresentada dentro de 5 (cinco) dias, contados da intimação ou do impedimento superveniente, sob pena de se reputar renunciado o direito a alegá-la (Art. 423). (Redação dada pela Lei nº 8.455, de 1992)

Art. 147. O perito que, por dolo ou culpa, prestar informações inverídicas, responderá pelos prejuízos que causar à parte, ficará inabilitado, por 2 (dois) anos, a funcionar em outras perícias e incorrerá na sanção que a lei penal estabelecer.

Seção VII

Da Prova Pericial

Art. 420. A prova pericial consiste em exame, vistoria ou avaliação.

Parágrafo único. O juiz indeferirá a perícia quando:

I - a prova do fato não depender do conhecimento especial de técnico;

II - for desnecessária em vista de outras provas produzidas;

III - a verificação for impraticável.

Art. 421. O juiz nomeará o perito, fixando de imediato o prazo para a entrega do laudo. (Redação dada pela Lei nº 8.455, de 1992)

§ 1o Incumbe às partes, dentro em 5 (cinco) dias, contados da intimação do despacho de nomeação do perito:

I - indicar o assistente técnico;

II - apresentar quesitos.

§ 2o Quando a natureza do fato o permitir, a perícia poderá consistir apenas na inquirição pelo juiz do perito e dos assistentes, por ocasião da audiência de instrução e julgamento a respeito das coisas que houverem informalmente examinado ou avaliado. (Redação dada pela Lei nº 8.455, de 1992)

Art. 422. O perito cumprirá escrupulosamente o encargo que lhe foi cometido, independentemente de termo de compromisso. Os assistentes técnicos são de confiança da parte, não sujeitos a impedimento ou suspeição. (Redação dada pela Lei nº 8.455, de 1992)

Art. 423. O perito pode escusar-se (art. 146), ou ser recusado por impedimento ou suspeição (Art. 138, III); ao aceitar a escusa ou julgar procedente a impugnação, o juiz nomeará novo perito. (Redação dada pela Lei nº 8.455, de 1992)

Art. 424. O perito pode ser substituído quando: (Redação dada pela Lei nº 8.455, de 1992)

I - carecer de conhecimento técnico ou científico;

II - sem motivo legítimo, deixar de cumprir o encargo no prazo que lhe foi assinado. (Redação dada pela Lei nº 8.455, de 1992)

Parágrafo único. No caso previsto no inciso II, o juiz comunicará a ocorrência à corporação profissional respectiva, podendo, ainda, impor multa ao perito, fixada tendo em vista o valor da causa e o possível prejuízo decorrente do atraso no processo. (Redação dada pela Lei nº 8.455, de 1992)

Art. 425. Poderão as partes apresentar, durante a diligência, quesitos suplementares. Da juntada dos quesitos aos autos dará o escrivão ciência à parte contrária.

Art. 426. Compete ao juiz:

I - indeferir quesitos impertinentes;

II - formular os que entender necessários ao esclarecimento da causa.

Art. 427. O juiz poderá dispensar prova pericial quando as partes, na inicial e na contestação, apresentarem sobre as questões de fato pareceres técnicos ou documentos elucidativos que considerar suficientes. (Redação dada pela Lei nº 8.455, de 1992)

Art. 428. Quando a prova tiver de realizar-se por carta, poderá proceder-se à nomeação de perito e indicação de assistentes técnicos no juízo, ao qual se requisitar a perícia.

Art. 429. Para o desempenho de sua função, podem o perito e os assistentes técnicos utilizar-se de todos os meios necessários, ouvindo testemunhas, obtendo informações, solicitando documentos que estejam em poder de parte ou em repartições públicas, bem como instruir o laudo com plantas, desenhos, fotografias e outras quaisquer peças.

Art. 430.

Parágrafo único. .(Revogado pela Lei nº 8.455, de 1992)

Art. 431. (Revogado pela Lei nº 8.455, de 1992))

Art. 431-A. As partes terão ciência da data e local designados pelo juiz ou indicados pelo perito para ter início a produção da prova. (Incluído pela Lei nº 10.358, de 2001)

Art. 431-B. Tratando-se de perícia complexa, que abranja mais de uma área de conhecimento especializado, o juiz poderá nomear mais de um perito e a parte indicar mais de um assistente técnico. (Incluído pela Lei nº 10.358, de 2001)

Art. 432. Se o perito, por motivo justificado, não puder apresentar o laudo dentro do prazo, o juiz conceder-lhe-á, por uma vez, prorrogação, segundo o seu prudente arbítrio.

Parágrafo único. (Revogado pela Lei nº 8.455, de 1992)

Art. 433. O perito apresentará o laudo em cartório, no prazo fixado pelo juiz, pelo menos 20 (vinte) dias antes da audiência de instrução e julgamento. (Redação dada pela Lei nº 8.455, de 1992)

Parágrafo único. Os assistentes técnicos oferecerão seus pareceres no prazo comum de 10 (dez) dias, após intimadas as partes da apresentação do laudo.(Redação dada pela Lei nº 10.358, de 2001)

Art. 434. Quando o exame tiver por objeto a autenticidade ou a falsidade de documento, ou for de natureza médico-legal, o perito será escolhido, de preferência, entre os técnicos dos estabelecimentos oficiais especializados. O juiz autorizará a remessa dos autos, bem como do material sujeito a exame, ao diretor do estabelecimento. (Redação dada pela Lei nº 8.952, de 1994)

Parágrafo único. Quando o exame tiver por objeto a autenticidade da letra e firma, o perito poderá requisitar, para efeito de comparação, documentos existentes em repartições públicas; na falta destes, poderá requerer ao juiz que a pessoa, a quem se atribuir a autoria do documento, lance em folha de papel, por cópia, ou sob ditado, dizeres diferentes, para fins de comparação.

Art. 435. A parte, que desejar esclarecimento do perito e do assistente técnico, requererá ao juiz que mande intimá-lo a comparecer à audiência, formulando desde logo as perguntas, sob forma de quesitos.

Parágrafo único. O perito e o assistente técnico só estarão obrigados a prestar os esclarecimentos a que se refere este artigo, quando intimados 5 (cinco) dias antes da audiência.

Art. 436. O juiz não está adstrito ao laudo pericial, podendo formar a sua convicção com outros elementos ou fatos provados nos autos.

Art. 437. O juiz poderá determinar, de ofício ou a requerimento da parte, a realização de nova perícia, quando a matéria não lhe parecer suficientemente esclarecida.

Art. 438. A segunda perícia tem por objeto os mesmos fatos sobre que recaiu a primeira e destina-se a corrigir eventual omissão ou inexatidão dos resultados a que esta conduziu.

Art. 439. A segunda perícia rege-se pelas disposições estabelecidas para a primeira.

Parágrafo único. A segunda perícia não substitui a primeira, cabendo ao juiz apreciar livremente o valor de uma e outra.

ANEXO I

Publicação Oficial do Tribunal de Justiça do Estado de São Paulo - Lei Federal nº 11.419/06, art. 4º

Disponibilização: Terça-feira, 16 de Dezembro de 2008 Diário da Justiça Eletrônico - Caderno Administrativo São Paulo, Ano II - Edição 378 11

NÚCLEO DE APOIO PROFISSIONAL DE SERVIÇO SOCIAL E PSICOLOGIA

COMUNICADO Nº 01/2008 – Núcleo de Apoio

O Núcleo de Apoio de Serviço Social e de Psicologia comunica o decidido no processo 22/2001- SRH 5.3 – Assunto Sugestão de Recomendação para Atuação do Psicólogo no Tribunal de Justiça: nas questões de família – CRP, e entendendo como extensivo a prática profissional do Assistente Social Judiciário;

Considerando o n.º crescente de representações junto ao Conselho Regional de Psicologia de São Paulo referente ao trabalho realizado pelo Psicólogo no contexto do Poder Judiciário, especificamente na atuação enquanto Peritos e Assistentes Técnicos frente as demandas advindas das questões atinentes à família;

Considerando as recorrentes consultas sobre a matéria dos Assistentes Sociais e Psicólogos Judiciários, da capital e interior, encaminhadas ao Núcleo de Apoio Profissional de Serviço Social e de Psicologia, da Corregedoria Geral da Justiça;

Considerando que o Código de Ética Profissional do Psicólogo (Resolução do CFP 10/05), em seu artigo 1º alínea "j" prevê como dever fundamental do psicólogo ter respeito, consideração e solidariedade para com o trabalho dos demais psicólogos, devendo colaborar com estes quando solicitado, salvo impedimento por motivo relevante; e em seu artigo 2º, alínea k, coloca que é vedado ao psicólogo ser perito ou parecerista em situações nas quais seus vínculos profissionais, atuais ou anteriores, possam afetar a qualidade do trabalho a ser realizado ou a fidelidade aos resultados da avaliação;

Considerando que o Código de Ética Profissional do Assistente Social (Resolução do CFESS n.º 273 de 13/03/93, em seu artigo 10º - deveres do Assistente Social, alínea "a" ser solidário com outros profissionais, sem, todavia, eximir-se de denunciar atos que contrariem os postulados éticos contidos neste Código. O código veda ao Assistente Social, em seu artigo 11º, alínea "a" intervir na prestação de serviços que estejam sendo efetuados por outro profissional, salvo a pedido desse profissional; em caso de urgência, seguido da imediata comunicação ao profissional; ou quando se tratar de trabalho multiprofissional e a intervenção fizer parte da metodologia adotada; e em seu Artigo 20º - alínea "b", aceitar nomeação como perito e/ou atuar em perícia, quando a situação não se caracterizar como área de sua competência ou de sua atribuição profissional, ou quando infringir os dispositivos legais relacionados a impedimentos ou suspeição.

Considerando que a Lei n.º 5.869, de 11 de janeiro de 1973 (Código de Processo Civil), atualizada pela Lei n.º 8.455 de 24 de agosto de 1992 prevê, nos artigos 145 a 147, 276 e 420 a 439, as atuações do Perito e Assistente Técnico;

Considerando a necessidade de se estabelecer parâmetros de atendimento que favoreçam o exercício profissional de qualidade aos usuários da Justiça:

Comunica para conhecimento geral, as recomendações abaixo, com objetivo de aprimorar a atuação dos Psicólogos e Assistentes Sociais Judiciários nas Varas da Família e Sucessões, favorecendo a comunicação e uma relação de cooperação entre estas categorias profissionais e demais operadores do Direito.

1- Estar atento para a qualificação do Assistente Técnico no início dos trabalhos, visando evitar que seu nome seja utilizado inadequadamente em processos por eles desconhecidos;

2- Relação Assistente Social e/ou Psicólogo Perito/ Assistente Técnico – esta relação deve se pautar pelo espírito de colaboração, sendo recomendado que o material coletado proveniente da avaliação social ou psicológica, seja compartilhado com o outro assistente social ou psicólogo, mediante anuência das partes por escrito, sendo indicado também a realização de reuniões para início e conclusões dos trabalhos.

Entende-se ser o Assistente Social e/ou Psicólogo Assistente Técnico o profissional capacitado para questionar tecnicamente a análise e conclusões realizadas pelo Assistente Social e/ou Psicólogo Perito.

Para evitar comprometimento técnico-ético e interferência no trabalho realizado, em eventual prejuízo das partes, zelando pela preservação das condições inerentes a avaliação de natureza social e psicológica, com a privacidade necessária, recomenda-se que o Assistente Técnico solicite ao Perito do juízo, caso deseje estar na sala no momento da realização da avaliação social ou psicológica a ser realizada por este último, cabendo ao Perito levar em conta as variáveis que integram uma avaliação, dada ciência por escrito para as partes.

Recomenda-se ainda que a atividade seja exercida por profissional que não parente próximo, irmão ou amigo íntimo das partes.

3- Compromisso dos Assistentes Sociais e/ou Psicólogos Perito/ Assistente Técnico – Recomenda-se que o trabalho dos profissionais seja pautado pelo compromisso de oferecer os conhecimentos do Serviço Social ou da Psicologia colaborando com o Poder Judiciário, garantindo como fundamental o bem estar de todos os sujeitos da família envolvida.

São Paulo, 13 outubro de 2.008.

Construindo ideias
e conectando mentes

Este livro foi composto com tipografia ITC Berkeley Oldstyle Std e impresso
em Papel pólen soft 80gr. na gráfica Promove em março 2022.